持続可能な交通へ

～シナリオ・政策・運動

上岡直見 著

緑風出版

はしがき

社会のさまざまな分野で、従来の延長線上のやり方を続けていると、暮らしの質が低下し、さらに社会の仕組みも崩壊して、本当に困窮した暮らしを余儀なくさせられるのではないかという不安を、多くの人が抱いていると思う。「持続可能」という用語を使うと、環境問題の議論のように感じられるかもしれないが、福祉や教育など、私たちの暮らしのあらゆる分野にかかわりがある。なかでもクルマは、私たちの暮らしに利便をもたらしている反面で、クルマへの過度の依存がもたらすさまざまな弊害は、大気汚染や地球温暖化など物理的な環境面にとどまらず、社会や経済、都市のあり方にまで深く影響を及ぼしている。

源にさかのぼって考えると、クルマ依存社会をもたらした政治と経済のあり方そのものが、社会の持続性の妨げとなっている。すなわち、クルマ依存社会を転換し、クルマに代わる交通手段を整備できるように政治と経済のしくみを変えてゆくことは、社会の他の多くの分野にとっての持続性にも貢献する。すなわちシナジー効果（交通分野での対策が、他の分野にも役立つ）が期待できる。直接の対象は交通政策であっても、それぞの過程に、社会のあり方の変革そのものに通じる多くの手がかりが含まれている。

ところで、環境政策や交通政策に関して、海外の先進事例の情報はすでに多くもたらされている。環境面ではドイツのフライブルク、都市交通ではフランスのストラスブールなど、日本人の視察団や個人の見学者が絶えず訪れている。ところが肝心の日本では、環境においても交通においても、現実の政策や、その実施面での展開が遅れている。もちろん、政治的・文化的背景の異なる欧州での事例を単純に日本に持ち込むことはできないにしても、なぜできないか、できるにはどうすれば良いのか、あるいは日本型の最適なシステムがあるのか、それらを考えるために必要な情報は何か、といった基本的な整理もまだ不十分である。このため本書では、海外事例の紹介は最小限にとどめ、記述の対象を国内に絞った。

これまで道路の建設・補修に用途が限定されていた特定財源（第2章参照）を、公共交通の充実にも使えるようにするなど、クルマ依存社会を加速させてきた旧来の枠組みに変化の兆しが見られるが、まだ局部的な変化にとどまっている。道路の建設計画は止められず、大気汚染がすでに環境基準を大きく超えている住宅地に、さらに幹線道路を乗り込ませる計画が今なお続いている。公共交通の充実を提唱する一方で、駅前に巨大な駐車場を整備するなど、整合性に欠けた交通政策も随所に見られる。しかしこれらは、大多数の市民からの「もっと道路を、もっと駐車場を」という声を背景にして選択されている政策であり、市民の認識の転換こそ最も大きな難題と言えるかもしれない。

このように難問が山積する中、新しい動きがある。いろいろな地域で、クルマ依存からの脱却をめざす市民運動が起きていることである。それは「市民」対「行政・企業」という対立的な構図ではなく、関係者が一体となって意見を出し合い、考えながら、住み良い環境を作ってゆこうとする動きである。このため、市民も活動の対象とする事項について専門的な知識を持つことが求められる。また政策が企画されてから実施されるまでの過程をみとおして、目標を効果的に達成するノウハウや、さまざまな利害関係者のなかだちをする能力が問われるようになってきた。この点については筆者も模索中であるが、本書が多少の手がかりとなれば幸いである。

本書の第1章では、クルマに依存した交通体系、あるいはクルマに依存した私たちの社会が、持続性に対して様々な面からおよぼす負の影響について解説する。第2章では、クルマに依存した社会が、どのような要素によって形成されてきたかを述べる。クルマ依存社会からの転換をめざす対策を考えるにあたって、なぜそれが形成されてきたのか、メカニズムと経緯をたしかめておくことがまず必要だからである。

第3章では、交通体系の変革を政策化することに重点を置き、その要素について考えてみたい。本文で述べるとおり、心がけや呼びかけによって、クルマ社会が転換できるほど甘い問題ではない。かりに個人や企業の行動や選択を変えるにしても、政策による裏づけと支援が不可欠である。ここで、持続的な交通政策の重要な指針となる、EST（環境面で持続的な交通・OECDの政策ガイドライン）を紹介する。またこの章では、筆者の大学における講義や、それに対する学生の反応を通じて、環境と交通に関心を持つ人に必要な基礎知識や、よく誤解されている事項の説明も取り入れたい。

第4章では、政策の企画と評価に役立てるために、また市民の合意形成などにとって重要な指標化について述べる。単に「環境に良いことをしましょう」と言っていても、数量的な指針がなければ、行政も市民も、何をどれだけ実行すればよいのか判断がつかないので、具体的な行動に移そうという動機づけができない。可能なかぎり数量的な目標を定めることが必要である。ここで、特に自動車のユーザーが負担していない「社会的費用」について触れ、政策の立案や市民運動の指針として提示する。一方で、クルマの負の側面ばかり強調する発想でなく、クルマに依存しない社会や経済がもたらすプラス面についても考察する。

第5章では、クルマ依存社会の転換をめざして、いろいろな分野で行われている優良事例（ベストプラクティス）を紹介・解説する。通常、ベストプラクティスというと実施例の意味であるが、何分にも国内の交通政策は未熟な段階にあり、欧州で続々と新設・拡充されている路面電車も、日本国内では細々と車両の取替えを行っている段階にある。こうした現状もあって、実施例のみに限定せず、有望な考え方や枠組み（組織）、試算段階の事例も含める。

これらの検討を総合すると、持続可能な交通への道は、まず交通に対する科学的・合理的な考え方を普及させ、公共交通の独立採算制への固執や、道路建設が渋滞を緩和するという迷信から脱却すること、交通に関する政策や財源を統合化して公共交通・歩行者・自転車のためにより多くの社会的資源（人・物・金）を配分すること、という点に要約されるであろう。なお参考（引用）資料としてインターネットからの情報があるが、インターネットの情報は予告なく変更されたり、提供が停止されることがあるので、あくまで執筆時点での情報としてご了解いただきたい。

持続可能な交通へ〜シナリオ・政策・運動

目次

第2章　クルマ依存のしくみ　61

第3章　転換と政策への展開　141

第4章　クルマ依存転換の指標　199

第5章 ベストプラクティスと体系的施策 247

第1章　クルマ依存と持続可能性の危機

1 持続性と交通

暮らしの「質」をどうするか

いま社会のあらゆる面にわたって、もはや量的な意味での右肩上がりの増加は望めない。さらに人口の減少と資源やエネルギーの制約が強まる条件の下で、どのように私たちの暮らしの質を維持してゆくのか、すなわち「成長」でなく「持続」が課題となっている。持続性の一つの重要な柱が、資源やエネルギーの浪費の防止にあることは、多くの人が合意すると思う。しかしその具体的な方策は、節約を旨とした禁欲的な生活であろうか。必ずしもそう簡単には決められない。暮らしの質は多様な側面を持っており、多くの人の合意を得る道を探ることはむずかしい。

弱者や少数者を排除しない社会、人権を重視する社会をめざすことも、暮らしの質にとって重要な要素である。しかしそれにも、一定の資源とエネルギーの消費を前提にせざるをえない側面がある。障害者が自宅で自立した生活を営むために、あるいは介助する人にとって、二四時間いつでもスイッチを押すと電気がつく、蛇口をひねると水や湯が出る、ダイヤルを回すとコンロやレンジが使える、という基本的なライフラインが必要不可欠である。しかし、これらの社会システムの維持に必要な資源・エネルギーのほとんどが現状では国内で自給できない。あえて意地悪く言うなら、地球レベルで考えて、貧しい国から富める国に向けて、資源とエネルギーを絶えず移動させる経済の仕組みの一環に私たちもすでに属しているというディレンマがある。

日本人一人あたりの一次エネルギー消費量[1]を年代によって比べると、終戦直後の一九四六年には年に約三七〇万キロカロリーであったが、これは大正時代の前半と同じ水準である。すなわち、最低水準の暮らしを余儀なくされた終戦直後といえども、エネルギーの面では大正時代以前の暮らしには戻れなくなっていた。またエネルギーの種類や使い方からみても、すでに一定水準の「電化社会」に慣れ、少なくとも照明については電気を使わざるをえなくなっていた人々は、頻繁な停電に悩まされながらも、この機会に電気に依存した生活をやめようという社会的な動きは起こさず、より「安定」した電気の供給を求めたのである。

社会的な面ではどうだろうか。生活ゾーンの道に一五分おきに循環バスを通す、東京都武蔵野市のムーバスという交通サービスは、移動制約者のモビリティを向上させたとして高く評価されている。しかし一方で、これにより伝統的な子どもの道遊びは（もしそれまであったとすれば）できなくなるだろう。また、障害者ができるだけ自宅で生活できるように訪問サービスを提供する事業は、今後ますます需要が増加するだろう。そのサービスに使用される自動車は、たいてい路上に駐車せざるをえないが、こうした用途での自動車の使用を否定することはできない。福祉の充実が道路交通の負荷を増大させる可能性も充分に考えられる。

クルマが普及したのは、公共交通や徒歩・自転車で充足できない移動のニーズを、クルマが埋めることができたためでもある。また便利（不便）とは、ある社会や文化の枠内での、人々の相対的な感じかたである。したがって「昔はクルマなどなくても困らなかった」という説明では、説得力が乏しい。大部分の人がクルマに依存した生活を営み、社会のしくみがクルマの使用を前提とした仕組みに組み替えられてしまった中で、クルマを持たずに生活を営もうとすることが「不便」なのである。

健康の増進や、外気に触れる爽快感を求めて、クルマの代わりに徒歩や自転車を奨励する議論もあるが、すべての状況に適用できるわけではない。あくまで個人的な選択が及ぶ範囲での移動にとどまる。生理学的に同じ労働量であっても、自発的なスポーツや登山と、生計を立てるための義務を伴う移動では、人間にとっての負担の感じ方が全く異なることを考えなければならない。持続的な交通をめざす議論は、クルマを所有・運転しなくとも生計を維持できる人のライフスタイルや、モータリゼーション以前へのノスタルジーを価値の基準にするのではなく、社会のしくみと政策の議論でなければならない。

選択の自由と生活の質（QOL）

生活の質（QOL）の一つの要素として、生活に困らないだけの物資やエネルギーの量的な供給が確保されていることのほかに、あてがい扶持でなく本人の意志により選べる、少なくともその可能性が必要である。お金が人々の心を蝕む弊害を持つことから「お金のいらない社会」を作ることが昔からいろいろな人によって何度も試みられた。しかし筆者の知るかぎり、恒常的にうまく行った例はない。たとえ少額であっても、あるいは実際に使うことができなくても、自分の意志でお金を使う可能性、正確にはお金の使いみちを選ぶ自由が存在することが重要であり、生活の質を構成する重要な要素である。

ある意味で、クルマは「選べる」点をマーケティングに活用して普及した。一九六六年にトヨタから初代カローラが売り出されたとき、それまでの大衆車にはみられなかった多様な車体色のチョイスが用意されていた。各々にギリシャ神話に由来するイメージカラーの名称が付され、筆者も子どもながら前途に限りない夢が広がっているような気分になった。現実には、特別なクルマ好きの人でないかぎり、クルマを次々と買い替えることはない。大部分の人は「大衆車」を購入し、平均で七〜八年くらい使用する。そうであっても、カタログを集めるだけでも容易でないほどの多岐にわたる選択の一環に自分が加わることができる喜びが、クルマを持つ動機の一つになっているのではないだろうか。[2]

こうした要素を考えるとき、単に「A地点からB地点に移動できればよい」という物理的な目的だけで、交通手段を考えることは危険である。ある研究会で、車いすを使用する人たちも参加してスペシャル・トランスポート・サービス（STS）について議論する機会があった。STSとは、障害により移動が困難な人のために、公営あるいはボランティアにより、リフト付のワゴン車などを使って自宅から目的地まで、個別の送迎サービスを行うシステムのことである。その議論で、車いすを使っている人から「移動の用が足りるだけではなく、人々とのコミュニケーションも重要である。そのために、我々は通常の公共交通にも乗りたい。」と指摘があった。

交通の「豊かさ」は、単に物理的な移動手段が提供されるだけではなく、すべての人々が、社会の標準的な交通に抵抗なく参加できるかどうかも一つの側面である。STSはドア・ツー・ドアの移動ができ、状況によっては公共交通より楽に移動できる一方で、日常の用を足すだけの移動のために予約や連絡をしなければならなかったり、どこへ何をしに行くのかプライバシーの開示を伴わざるをえないなど、利用に際しての抵抗も多い。STS自体は状況に応じて必要であるが、それにより通常の公共交通の利用が不要になるわけではない。

最近、「タクシーバス」といわれるシステムが試みられている。農山村部で、あらかじめ電話によって予約を受けて（予約ゼロなら運行中止）一定のルートを運行するバスである。公共交通の経営が成立しがたい人口希薄地帯で、移動制約者のモビリティを何とか確保しようとする試みである。「タクシー」という名称を持つ理由は、車両として乗用車タイプを使用することによって、経費やエネルギー・環境の面の負担も軽減する目的からである。

しかし通常の路線バスの利用に際しては必要のない「予約」という手続きによって、利用者の行動は制約される。「利用者がゼロのとき運休」ということは、逆に利用者が一人でもいると運行するわけであり、ほとんどの住民が顔見知りであるような農山村地域では、むしろ利用者側に「自分一人のために申しわけない」という心理的負担を与える可能性も考えられる。黙ってバス停に行けば時間どおりにバスが来る「普通の路線バス」こそが、たとえダイヤが不便であっても、最も使いやすい交通機関なのである。

暮らしとエネルギー消費

私たちの暮らしにかかわって、クルマが環境に対してどのような影響を及ぼしているかを数量的に確かめてみたい。全国の一世帯あたり平均で、暖房、冷房、給湯など用途別にどのくらいエネルギーを使用しているかをみると、クルマに使用するガソリンに起因するエネルギー消費が最も多く、全国平均で二六パーセントを占める。[3] さらに、公共交通のサービスが乏しいために生活をクルマに頼らざるをえない地方へゆくほどこの比率は高まり、農山村部になると、図1―1のようにクルマの使用によるエネルギーの比率が四〇パーセントを超える。[4]

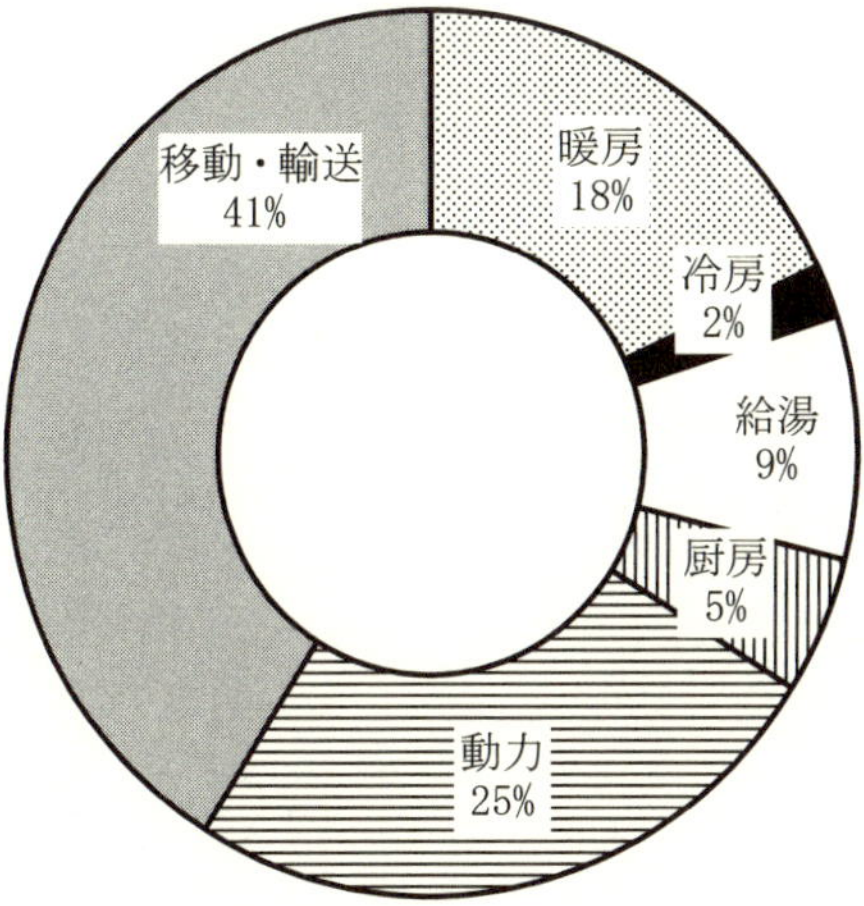

図1―1
家庭部門の世帯あたりエネルギー消費

群馬大学の宝田恭之助教授が、生活行動の変化によってどのくらいCO_2（二酸化炭素）を削減できるか、学生に実地体験させた報告がある。いつもクルマを使っていた学生は、これをやめることでCO_2の発生量を三分の一程度に削減できた。ところが、もともとクルマを使っていなかった学生は、テレビも見ない、風呂をやめてシャワーにするなど、現代の生活水準に照らしてかなりの節約生活を試みたにもかかわらず、CO_2の削減効果はわずかであった。[5]

これを逆に解釈するなら、もし将来のある時点で、エネルギーの供給が現在よりも強く制約されるようになったときに、なおクルマを前提とするライフスタイルを続けるとしたら、クルマ以外の家庭生活におけるエネルギー消費を極度にがまんせざるをえなくなるのである。

ガソリンの原料である原油は、日本国内ではほとんど産出されず、海外からタンカーで長距離を輸送されてくるが、[6]全国どこでもガソリンスタンドにさえ行けば、あたかも地下から湧いてくるかのように難なく手に入れることができる。価格は、同じ量の清涼飲料水よりも安い。また電気、ガスいずれもその源を同じく海外からの輸入に依存しているが、絶えず供給され、費用の制約を除いて自由に使うことができる。しかし、当面は供給に制約がないと仮定しても、エネルギーの使用にともなって発生する環境面の負荷から、エネルギーの消費に何らかの制約を課さなければ、私たちの暮らしそのものの質の維持が危ぶまれる事態となっている。

日本は二〇一〇年までに、[7]一九九〇年に対して温室効果ガス（CO_2が中心）の排出量を六パーセント削減することを条約によって国際的に約束している。ところがこれに逆行して、国内の各分野の中で排出量が最も増えているのが交通部門である。日本全体で、交通部門からのCO_2排出量が、一九九〇年から二〇〇〇年度の間に、四三八〇万トン（二〇・六パーセント）増加した。そのうち三九六〇万トンが旅客（人の移動）にかかわる増加であり、そのほとんどがクルマによるものである。[8]

より詳しくみると、同期間にクルマの保有台数が四九・六パーセント増加、走行距離も四二・〇

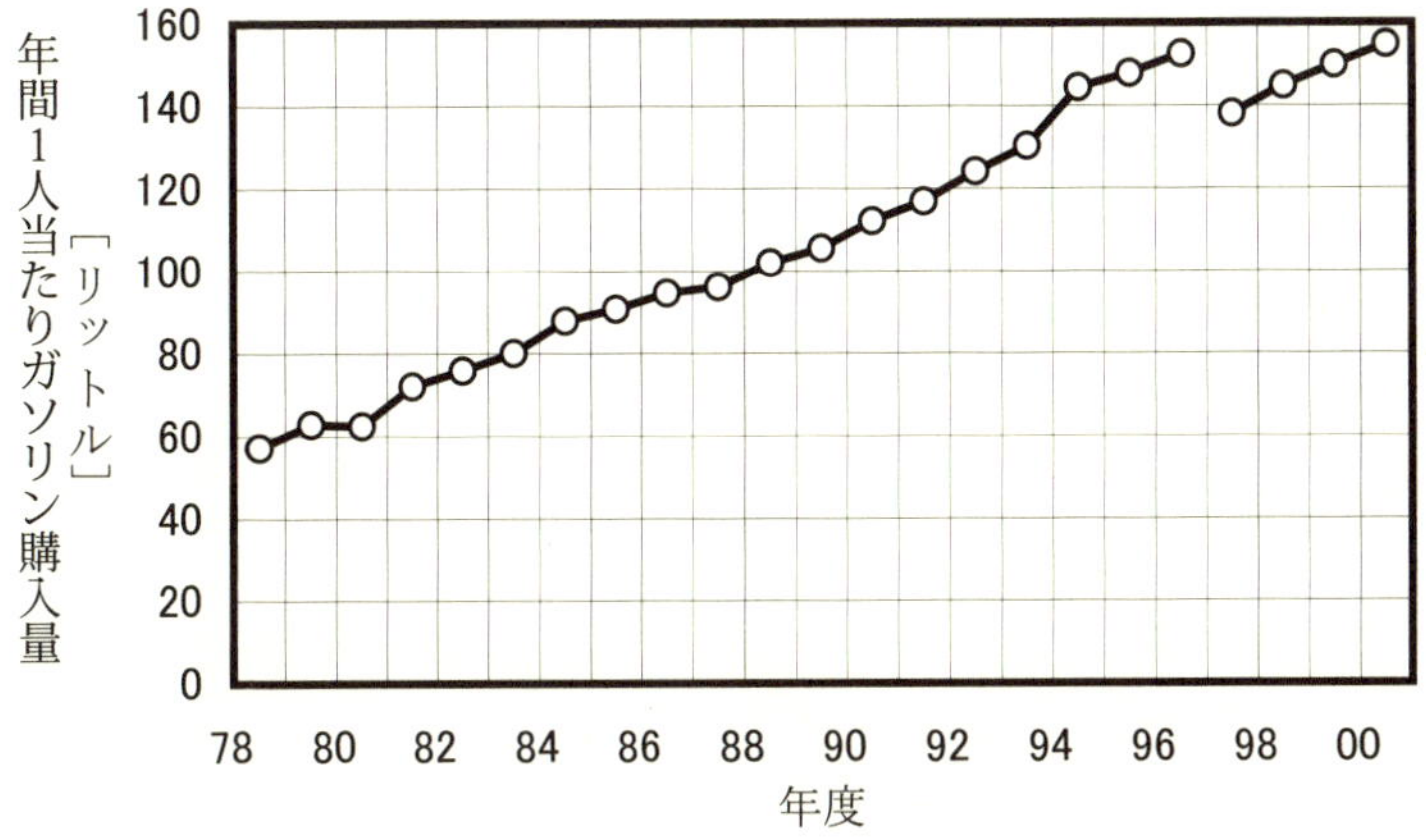

図1―2　国民1人あたりのガソリン使用量の増加

パーセント増加している。一方で、技術開発の努力によって、クルマ単体の燃費が総合的に[9]一・七パーセント改善されたものの、全体として、総走行距離の伸びを打ち消すにはとうてい足りず、結果的にはCO_2排出量が大きく増加してしまった。

　これまで右肩上がりの勢いをつけてきたクルマ依存社会は、なかなか方向転換ができずにいる。図1―2は、全国平均で国民一人あたりのガソリン消費量（リットル）の経年の変化を示している。[10]一九九七年に統計上の不連続が生じているが、それを別として、一九七〇年代後半から、一貫してガソリン消費量が伸び続けている。これは、私たちの暮らしが、クルマに依存する度合いが年々増加しつづけていることを示す典型的な指標の一つである。別の側面から、人々の交通行動をじかに計測している「パーソントリップ調査」からみても、一回のトリップ（移動）あたりの平均移動距離が、一九八七年の七・五キロメートルから、一九九九年には九・四キロメートルと伸びている。[11]

ガソリンの消費が増えているということは、それだけ家計の負担が増えていることも意味する。支出に占める自動車関係費は一九八〇年の三・五パーセントに対して、一九九〇年が四・七パーセント、二〇〇〇年が六・四パーセントと増加を続けている。[12] 平均的な給与生活者でも、かつてのように定期昇給とベースアップが慣例として期待され、ボーナスもほとんど定収入とみなして生計に算入し、終身雇用が暗黙の前提となっていた時代とは異なる。逆にベースダウンが公然と提示され、さらにはリストラが珍しくない時代となった。たしかにクルマは便利であるが、このような状況で、われわれの社会はどこまでクルマ依存を続けてゆけるのだろうか。

2 物の動きと自動車

便利さの陰で

「クルマ」というと、乗用車の私的使用すなわち、日本語でいうマイカーが議論の対象になることが多いが、自動車は私たちの暮らしにさまざまな面で深くかかわっている。図1—3に、宅配便の取り扱い個数の増加を示す。一九八〇年に、宅配便のサービスが本格的に提供されるようになってから、その取り扱い個数は飛躍的な増加を示している。宅配便の特徴として、工場から工場へ大

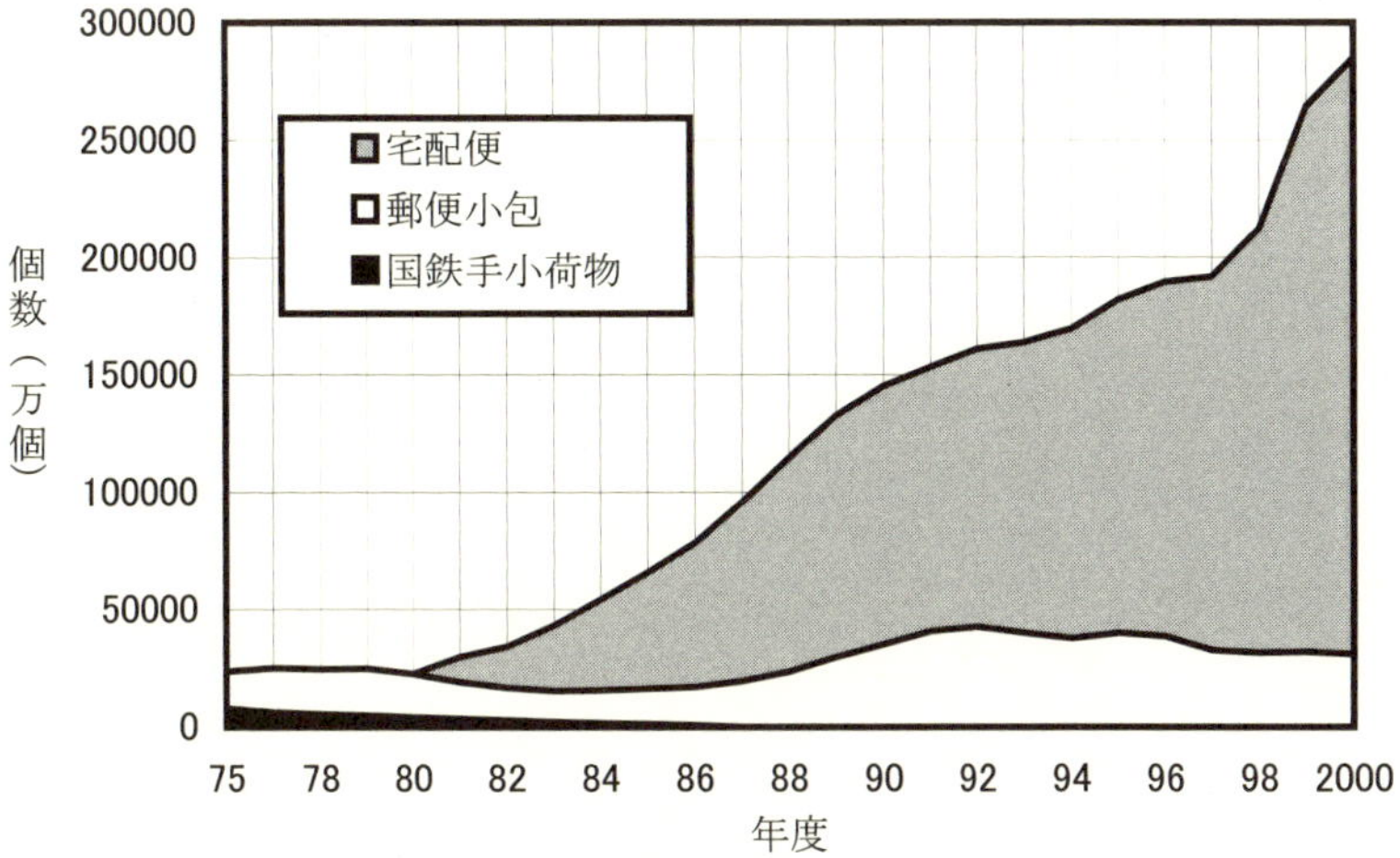

図1－3　宅配便の取り扱い個数の増加

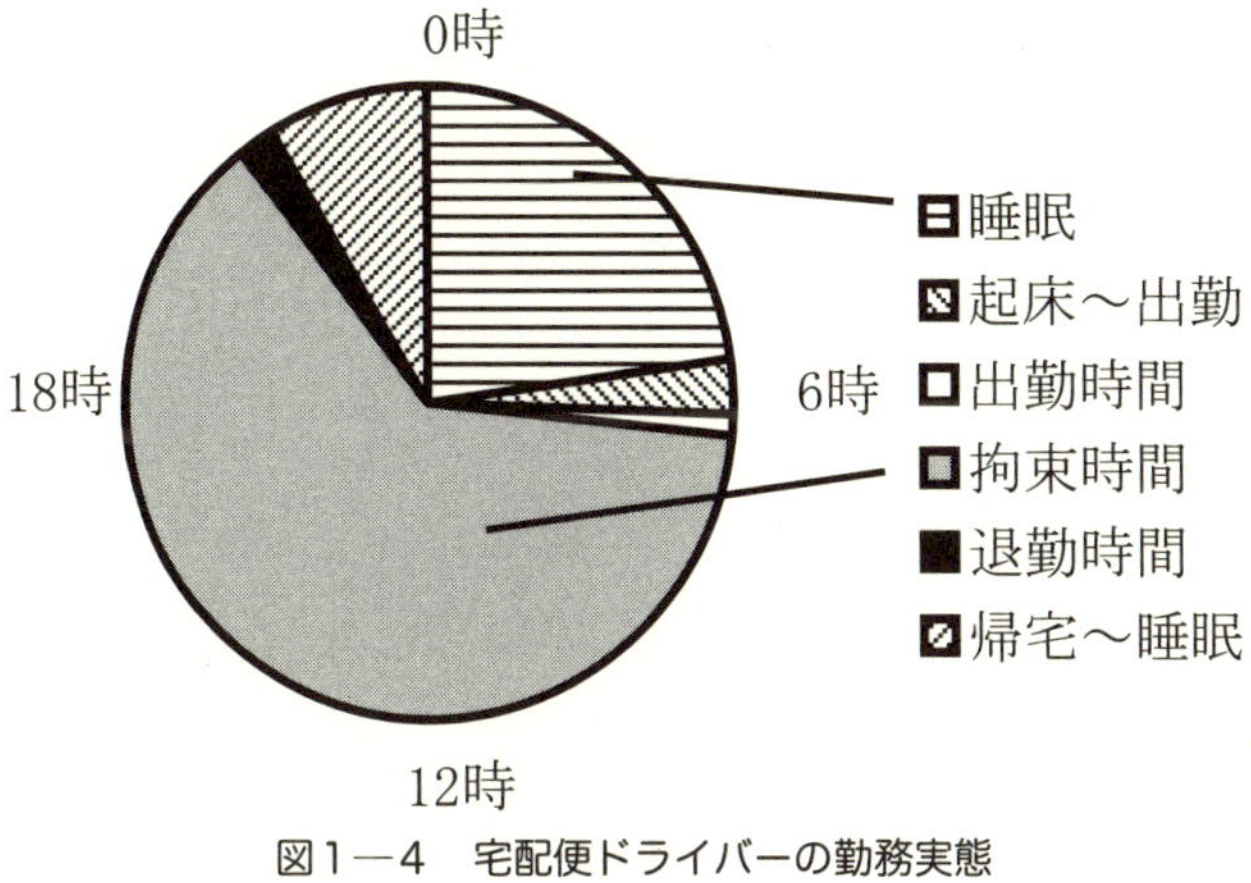

図1－4　宅配便ドライバーの勤務実態

口の貨物を輸送するのとは異なり、戸口から戸口へ、極端なケースでは雑誌や封筒ひとつを届けるにも、住宅街のすみずみまでトラックが走ることになる。二〇〇三年四月からの郵便業務への参入規制緩和にともない、この傾向はいっそう加速されるだろう。

一方で、こうした私たちの「便利」の追求が、そのサービスの提供に従事する人々の生活の質にどのような影響を及ぼしているだろうか。図1―4は、こうした宅配便をトラックで配達するドライバーの勤務実態である。宅配ドライバーに同行して、生活と勤務の時間サイクルを調査した例[13]によると、毎日五時前後の起床から、出勤して帰宅するまで一三〜一四時間の拘束時間があり、睡眠時間も時として五時間を切るなどの実態が記録されている。もし届け先が不在であると、通常の勤務者が帰宅する時間帯になってから、再配達の作業が始まる。落ち着いた雰囲気で食事がとれないこと、さらに再配達の作業を行っても、手当てそのほか何の補償もされないことなど、過重な勤務状況が示されている。

こうした状態が、いわゆるデスクワークの職種であればまだしも、一瞬の集中力の途切れによって、自分あるいは他人の命にかかわる事故につながる運転という職種であるだけに、問題が大きい。このような生活サイクルでも短期間なら比較的問題が軽いとしても、長期にわたって続くとどのような影響が生じるであろうか。前述の調査で最近の数年間のデータによると、中元・歳暮などが集中する繁忙期には、月間の休日数がゼロあるいは一〜二日という実態が記録されている。このように、社会のある人々が利便性を享受するために、別の人の暮らしの質を低下させるという不公正な状態が存在すれば、持続性を高める方向とは言えない。

「遠距離」食品

私たちの日常の食卓に上る食品は、自動車による輸送に依存する比率が増え続けている。一般に食の問題で指摘される事項として、食材そのものの安全性、さらに食料の国内自給率の低下、メニューの洋風化（肉類や脂肪の摂取増加）による健康への影響などが挙げられる。しかしそれらを別として、伝統的な和食の食材だけでみても、都市の市場へ、より遠方から搬入する輸送が増加している。たとえば一九六〇年代中期には、東京都中央卸売市場に入荷する生鮮食料品の約四〇パーセントが一〇〇キロメートル以内、すなわち都内や近隣から輸送されていたものが、一九九〇年代になると、その割合が二〇パーセント台に減っている。

逆に、九〇〇キロメートル以上の遠方、すなわち東京からみると北海道などの遠隔地から輸送される生鮮食料品の割合が、同じく一九六〇年代中期に一五パーセント程度であったものが、一九九〇年代になると二〇パーセントを超えている。そのほか、一〇〇〜三〇〇、三〇〇〜九〇〇キロメートルなど、あらゆる距離帯において、長距離輸送の増加の傾向が明確にみられる。[14] 長距離の輸送に耐えるために梱包・包装が強化され、それが結局はごみを増やす結果を招いたり、冷凍・冷蔵のエネルギー消費、防腐剤の使用の増加など、副次的な影響も少なくない。

この結果、典型的な一日のメニューを用意するのに、その陰で輸送に消費しているエネルギーが一九六〇年代には一三三キロカロリーであったのに対して、一九九〇年代終わりには、七七五キロカロリーに増加している。[15] ここではカロリーで表示しているが、それに対応してトラックの燃料が消費され、トラックの走行距離が増え、汚染物質も放出されていることを想起しなければならないであろう。また「農地」が不動産財市場で取引される対象となると、もし住宅その他の目的に使用したほうが貨幣経済的に有利であれば、農地が失われ住宅地や商業施設になってゆく。それがますます遠方からの食品の移入を必要とすることになる。

3 地域の暮らし

低下する地域環境の「質」

大気汚染や騒音など、自動車のもたらすマイナス面は、人口密度の低い農山村部ではたいして問題にならなくても、自動車が集中する都市では、その量の多さによって耐えがたいレベルに達する。もし現状の延長上のまま、都市で自動車を使い続けていたら、すべての面にわたって、都市の生活の質がいっそう低下するだろう。ほんらい人々の移動の自由を促進し、生活の質を向上させると期待されてきた自動車であるが、マイナス面もまた大きくなりつつある。

ある地方都市（人口二〇万人弱）で、市内の三〇〇カ所で音源別（自然音、生活音を含む）に聞こえた音を測定して整理したところ、音のエネルギーに換算して八八・八パーセントが自動車の走行音であり、商業地域に限ると、九九・六パーセントが自動車の走行音であったという。[16] 都市生活の「質」として、大気汚染や騒音の数字が一定レベル以下に保たれているかどうかが基準として採用されているが、その中身も検討する必要がある。もっと総合的な生活の質、いわゆるアメニティが問題とされるようになっている。物売りの呼び声、人々の会話、子供の遊ぶ声など、都市の雰囲気を形作っていたはずの音環境が、すべて自動車の音に覆われてしまった都市は、たとえ騒音が基準値以下であったとしても、快適で住みやすい都市と言えるであろうか。

幹線道路沿いの交通公害に典型的に見られるように、その地域の暮らしに関係のない自動車交通によって、住民が大気汚染や騒音の被害をこうむる場合もある。さらにその被害は、身体的弱者に対して、より深刻に作用する。一九五九年～一九六九年にかけて発生したサリドマイド薬害は、妊娠初期の妊婦が、サリドマイド剤を含む睡眠剤を服用することによって、胎児に先天的障害が発生した薬害である。製薬メーカーと厚生省の責任が問われたことはもちろんであるが、服用の誘因として、妊婦が道路騒音で睡眠を取れないために、やむなく睡眠薬を使用した事例があり、薬害であると同時に道路公害であると指摘する論者もある。[17]

また、都市の熱帯化にもクルマが関与している。都市の熱帯化の仕組みは、地球規模の温暖化とは異なっており、ある地域に加えられる熱（自然現象および人工熱）と、持ち去られる熱（風や放射）のバランスで決まる温度である。東京都における熱帯夜（一日の最低気温が二五℃以上の日）の出現回数を計測すると、一九〇〇年頃（明治期）までは年にゼロから数日であったものが、昭和になって直線的に増加を始め、二〇〇〇年には年に五〇回も出現する年もみられるようになった。[18] 熱帯夜が多くなると、冷房が多く使われるようになり、空調機器を運転するための排出熱が増えて、それがさらに都市の熱帯化を加速する。

クルマから排気ガスにともなって排出される熱が、直接的に気温を上昇させる影響もあるが、自動車の利用を便利にするために、路地にまで舗装を敷きつめ、駐車場を作り、水面、植物、土を消失させてしまった影響も大きい。ビル街での測定によると、直射日光の他に、路面やビル壁からの照り返し、その他の人工熱なども重なり、人間が一〇〇〇ワット／㎡の放射を受けている。この値は火災時の限界放射強度（人間が三〇分生存できない）の値とされる二三八〇ワット／㎡の四割に達しており、不快を通り越して、危険なレベルに達している。[19]

一般に自動車による大気汚染というと、大型車の交通量が多い幹線道路沿いの問題であると考えられている。しかしこれは、汚染の一部だけに注目した見方であり、自動車排気ガスによる影響は多岐にわたっている。

懸念される一つの問題として、住宅街などに縦横に通じている細街路[20]での、自動車からの汚染物質の排出があげられる。国立環境研究所の推定[21]によると、国内で自動車から排出されるＮＯｘ（窒素酸化物）やＰＭ（粒子状物質）の約二割と、ベンゼンの約三割が、細街路で排出されている。ベンゼンのほうが比率が大きい理由は、細街路ではトラックよりも、ガソリン（ベンゼンが含まれる）を使用する乗用車の通行が多いためと推定される。

もう一つ考えるべき要素として、排出量の多少だけではなく、人間にどれだけその汚染物質が到達するかという問題がある。すなわち細街路では、人々が生活を営む住居の目と鼻の先で汚染物質が放出されているため、かりに同じ量の汚染物質が放出されたとしても、それが遠くの幹線道路で放出される場合に比べて、人間に対してより高濃度で摂取される。自宅の周辺の環境について、「この付近は大きな道路もなく環境が良い」と思っていても、街路にクルマが走っているかぎり、実際に思っているよりも多種の、また量的にも多くの有害物質を摂取している可能性がある。

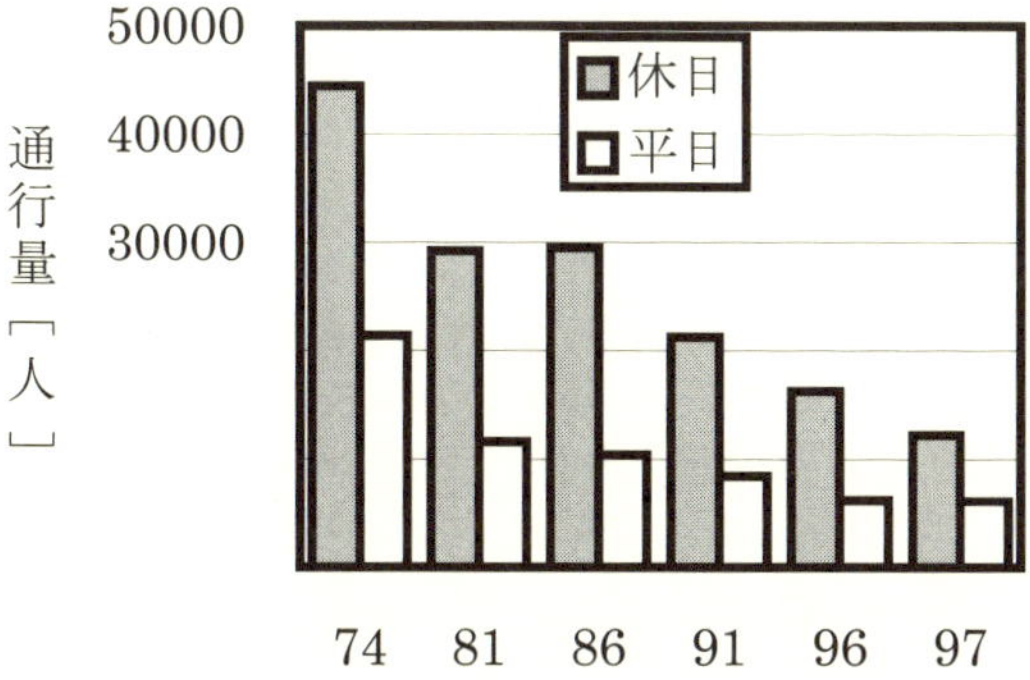

図1―5　中心街の人通りの減少（高知市）

「まちこわし」に作用するクルマ

クルマは、物理的に環境に負荷をもたらしたり、交通事故の原因になるだけでなく、都市にせよ農村にせよ、地域の伝統的な構造を変えてしまう影響力も持っている。いま、多くの都市で中心部の活気が低下し、商店や飲食店などが不振になるとともに、住民が日用品を買うにも不自由するようになった地域さえ見られ、人々がクルマで郊外の大型店に買物に行くライフスタイルが当たり前になっている。図1―5は高知市の繁華街である新京橋での測定であるが、市内の繁華街の人通りが最盛時に比べて激減している様子が示されている。[22] 全国の自治体を対象に実施した都市交通に関するアンケート[23]によると、アンケートに回答した自治体の六割が「商店街が閑散としている」ことを問題として回答している。

農村地域でも、クルマ社会によるさまざまな地域の変化が起きている。このような地域では、農業の低迷もあって、広い土地が比較的容易に取得できる。ただし、資金さえ出せば常に自由に土地が取得できるわけではなく、自治体の土地利用政策との関連（第2章参照）で土地利用の規制があるものの、現実には農村部に、広大な駐車場を併設した郊外型のショッピングセンターが数多く建設されている。

これらは、地元の人口や購買力に対してはきわめて過剰な規模の店舗であるが、こうした店舗は、市町村の行政区域と関係なしに周辺数十キロメートルの範囲を商圏として設定しており、すべてクルマの利用を前提として客が来るのである。いまや農家の人もクルマでショッピングセンターに買い物に行く時代であるから、かろうじて住民の生活必需品を扱っていた地元の商店街は完全に崩壊してしまう。このような町の鉄道駅に降りたってみると、町には人通りが絶えてゴーストタウンのように感じられる。ところが、前述のようなショッピングセンターに行ってみると、いったいどこにこれだけの人が住んでいるのかと不思議に思うほど多数の客がいる。これもクルマ社会がもたらした歪みの一つである。

コミュニティの持続性と交通

もし「持続性」の内容を、人々が楽しく安心して住みつづけられ、いきいきと暮らせるという側面から捉えるなら、より多面的な評価が必要となる。米国の都市計画の研究者であるT・リットマンは、都市の持続性と交通のかかわりを次のように述べている。[24]
「コミュニティの活力とは、地域の環境の質、コミュニティ内での交流、生活の基本的なニーズを、そのコミュニティで充足できる機能（食料、住居、教育、福祉サービス）などの要素を含む。コミュニティの活力は、持続性そのものの目標とも考えられるし、さらにそのほかにも、移動の必要性を減少したり、公共交通の利用、マイカー共同使用、自転車や歩行の促進といった、持続性の目標に役立つ。コミュニティの活力は、公共スペース、つまり人々が交流できるスペースの質にも強く影響される。その主要な要素は、街路の構成である。つまり、より魅力的で、交流が可能で、歩行者を指向し、別の意味では、非自動車交通を促進する体制が、持続的な発展にとって重要であることを示している」

また市川嘉一氏は、最近の欧州における都市政策のトレンドについて次のように指摘している。「気をつけてもらいたいのは、欧米都市が悪戦苦闘しながらも公共交通の役割を軽視していないのは、このままモータリゼーション化が進めば、大気質の悪化など環境問題をはじめ、街中の景観破壊、高齢者など移動困難者の足の確保難、そしてスプロールによる都市全体の空洞化など様々な問題がより深刻化するだろうとの強い危機感があるからである。

ヨーロッパの自治体関係者から『クルマがこのまま増大したら、〈Quality of Life〉（生活の質）が低下する』といった言葉をしばしば耳にする。ここで言う『Quality of Life』とは街の景観や大気など環境面だけでなく、人が快適に生活を送れるための広い意味の環境概念である。例えば、クルマの増大は駐車場の増大につながり、そのことが公園や住宅など生活の質を高めるための施設を整備すべきはずの土地の有効利用を妨げるといった場合にも使われる。

『Quality of Life』はとりわけ、そこに暮らす住民だけでなく、買い物や遊び、散策、語らいなど様々なシチュエーションのために多くの人が集い出会う中心部に強く求められている」[25]

前述のリットマンは、より具体的な「持続的な交通」の指標として、在来の交通を評価する指標にかわって、表1―1に示すような持続的な交通を評価する指標を提案している。在来の交通の質の指標の大部分は、自動車にとっての費用と障害を取り除くことが考えられてきた。しかしそれらはますます自動車交通を増加させる方向に作用する。すなわち、道路のサービスの質、渋滞がないこと、平均走行速度が高いこと、駐車場が便利で価格が安い（もしくは無料）などである。これに対して、持続的交通の指標は、交通へのアクセスの容易さ、交通の外部費用が反映（第4章参照）されること、移動の公平性に配慮することがあげられる。

表1―1　持続的交通の指標

○交通手段の分担（多様性があるほど良い）。
○収入階層、クルマ所有の有無、身体の障害などいくつかの条件ごとの、家計に占める交通費の割合（車両費、公共交通の運賃、駐車場の費用、交通関係の税金を含む）。少ないほど良いと評価する（特に社会的に不利な条件の人々に対して）。
○収入階層、クルマ所有の有無、身体の障害などいくつかの条件ごとの、平均通勤時間。少ないほど良いと評価する（特に社会的に不利な条件の人々に対して）。
○クルマを運転しない人々が、教育や雇用、買い物にアクセスするための公共交通の機能について。

○土地利用の混在度。住宅・商業・職場など、異なった用途の混在度が大きいほど良いと評価する。

○運行時間、頻度、表定速度、安全性、快適性（ピーク時の立客の数、バス停の屋根の数、車両の清潔度）、情報の入手の容易性、他の交通手段との整合性の度合いなどの、公共交通のサービスの質。

○公共交通の利用の容易性。（低所得帯の収入に比較して）

○歩行者と自転車の交通環境の質。

○配達サービスの質。（荷物、食品店など）

○人口あたりの交通事故と被害者の数。

○人口あたりの交通部門のエネルギー消費。

○人口あたりの交通起源の汚染物質の量。

○人口あたりの土地に占める交通施設の面積。

○ユーザーが直接負担している自動車の費用の比率。（多いほど良いと評価する）

○交通計画に際して考慮されている選択肢の範囲。（交通容量の増加だけでなく、例えばTDM[26]、ロードプライシング、土地利用、歩行者への配慮が考慮され、財源措置がとられていること。）

○交通計画と、土地利用に関する決定に、住民（特に、社会的に不利な条件にある住民）の参画があること。

4 人間の心身とクルマ依存

子どもの心理と身体への影響

クルマが人間の暮らしにマイナスの影響を及ぼす影響は多岐にわたる。たとえば子どもに及ぼす影響である。近年、少年の凶悪犯罪の増加と、その対処に関する議論があるが、問題が起きてしまってから加害者の処遇を論じるよりも、より根源的な対策を講じるべきであろう。

少年犯罪に関して「少年犯罪の増加と凶悪化の原因はモータリゼーションにある。家族単位で移動する場合、おおむね昭和四十年以前ならバスや鉄道などを利用したから、他人に迷惑をかける行為は抑制された。現在はマイカーという家族占有空間の中で移動する。自分の車だけをきれいにし、道路などにゴミをポイと捨てる大人の姿を見ていれば、子どもに公衆道徳は育たない。マイカーでは座れることが当たりまえ。そんな環境で育ったら、たまに公共交通機関に乗っても席を譲るといった思いやりも欠如する。雨の日に歩行者に泥をかけても、あっという間に逃げられるから、罪の意識も希薄になる。［後略］」という議論[27]がみられる。

また原田勝正氏は次のように述べている。「教育の問題が結構大きいですね。子どもを育てるときに、車に閉塞させてしまうでしょう。そうすると子どもの公共心が育たないですね。幼児を連れて車に乗る、で、海へ行く。『どこへ行ってきた?』と質問すると、『海岸』と答えるんです。どこの海へ行ったかわからないわけ。結局自動車の中で何やってるかというと、パソコンやってるか、ゲームやってるかして、外を見ないんです。その子どもたちを電車に乗せれば、いろんな人を見ますね。いろんな人と接するわけです。さらに、足を投げ出してはいけないとか、いろんなしつけもできるんです。車はしつけが全然要らないです」[28]。

一番ヶ瀬康子氏は子どもの身体の「おかしさ」の経年的な増加と、モータリゼーションの因果関係を指摘している[29]。子どものアレルギーの増加は、食事との相関が指摘されている一方で、自動車その他に起因する大気汚染も関与していると推定される。また体力の低下の問題では、子どもの日常的な運動や遊びの不足との関連が推定されている。保育所から高校までの教師（保育士）に対して、子どもの身体の異常が増えていると感じる比率を調査すると、一九七九年と一九九〇年の間に、いずれの年齢でもアレルギーの増加率が一位を占めているが、二位以下に共通して「よく転ぶ」「転んでも手が出ない」「姿勢が保てない」などの項目が挙げられている。

「(アレルギー以外の項目は)さらに子どもが〝遊べない〟状況と密接な関係があるのではないだろうか。まず第一に指摘されるのは、住宅のせまさ、せまいので思いきり子どもらしい動きができず、小さくちぢこまってしまう。さらに第二には公園など遊び場不足で、戸外遊びが少なくなることがよく指摘されている。とくに第二の理由との関連でいえるのが、クルマ社会の問題である。かつて子どもの遊び場だったところが、駐車場に変わったところは、随所に見られる現象である。家の前にある道路も、クルマが通るので遊べない。けっきょく屋外で遊べないで家庭に閉じこもる子ども、あるいはひとりでファミコンだけに熱中する子ども、社会性を欠き、連帯、協力してみんなでまとまって何かをすることが出来ない子などがふえている。」

クルマ交通と道遊びの関係を調査した例によると、道で遊ぶ子どもの割合は、図1―6のようにクルマ交通量と明確に関係がある。[30] およそ一分間に一台以上の頻度でクルマが通ると、子どもが道で遊ぶことがほとんどできなくなることが示されている。

大気汚染と子どもの健康被害の間には、より直接的な関係がみられる。最近、道路公害に関する住民訴訟で、次々と国や自動車メーカーの責任を指摘する判決が出されている一方で、現実の大気汚染は目だって改善が見られず膠着状態になっている地域が多い。図1―7は、神奈川県横浜市内の小学校から高等学校までの児童・生徒のぜん息保有率を示す。全国平均よりも明確に高くなっていることが示されており、市内の小学校では、児童のぜんそく保有率が二〇パーセントを超える学校がある。

公衆衛生の観点から

WHO（世界保健機構）でも、成人および子どもに対して、クルマに依存した生活と、健康への害の影響を次のように指摘している。[31] 欧州のデータに基づいた分析であるが、モータリゼーションが普及した日本でも同様の状態であると推定される。

「欧州の成人の三〇パーセント以上が日常充分な運動をしておらず、運動の機会は減少している。

英国の統計の示すところによれば、カロリーの摂取が大きく増加している中で、肥満が増加しているが、これはほとんどの欧州の国に共通である。一九八〇年代の終わりから、九〇年代の終わりにかけて、肥満の割合は一〇～四〇パーセント増加している。健康被害を生ずるリスクとして、工業化され

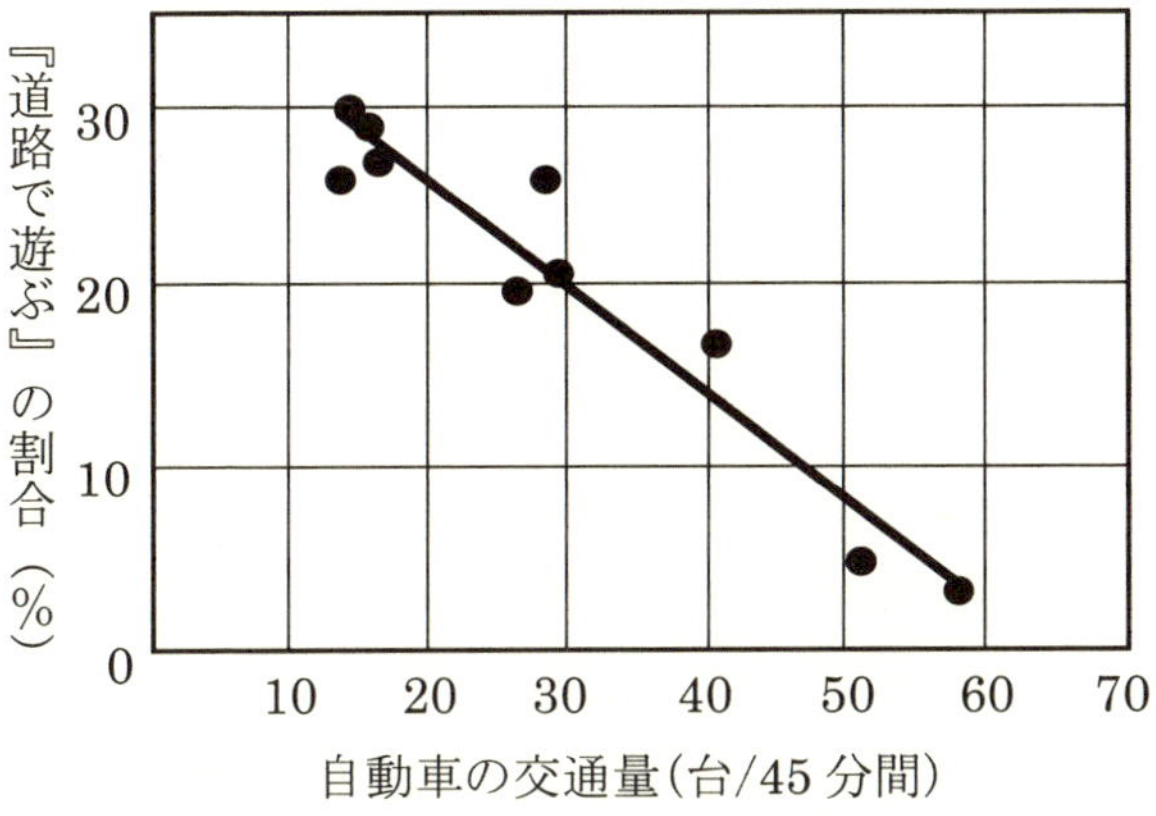

図1―6　道遊びとクルマ交通量の関係

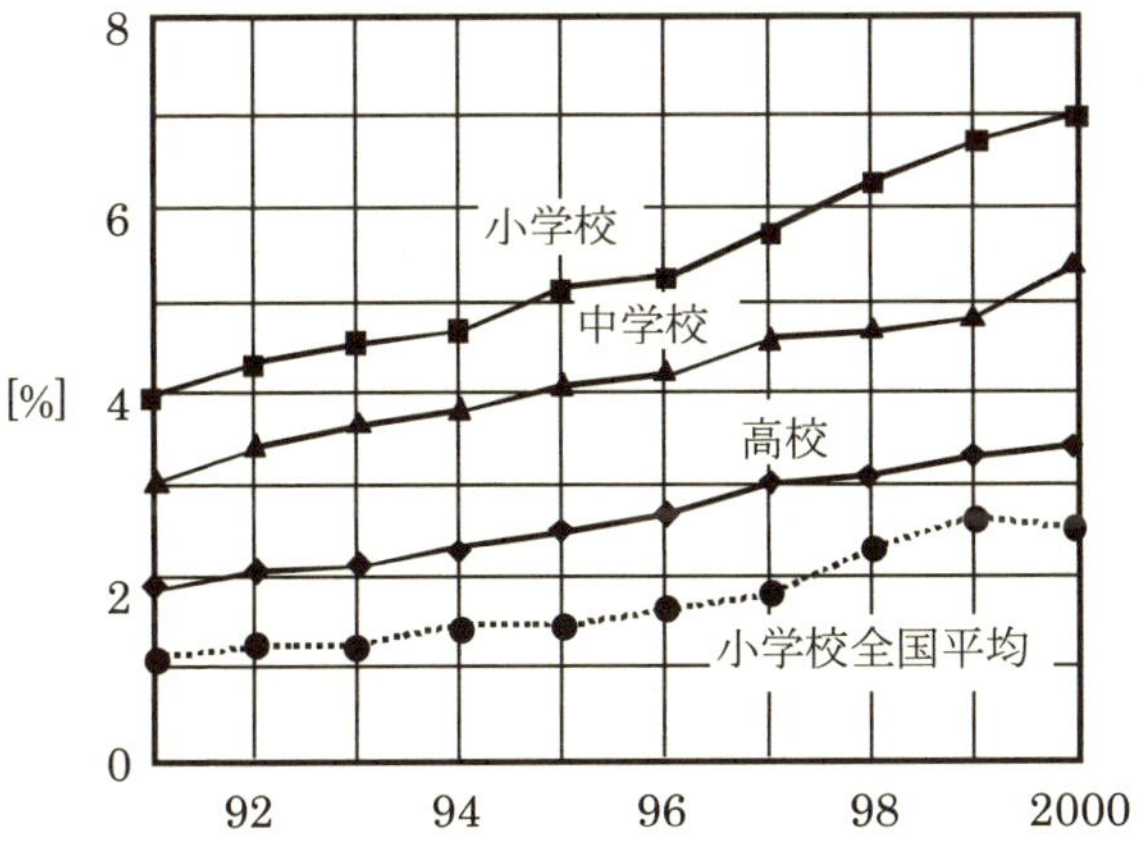

図1―7　横浜市内の児童・生徒のぜん息保有率

た国では、運動不足は喫煙に次ぐ大きな要素である。

英国では、移動の二五パーセントは一・六キロメートルより短い。その八〇パーセントは徒歩によっている。しかし三キロメートル以内の移動となると、三〇パーセントがクルマにより行われている。五キロメートル以内では五〇パーセントになる。このような移動は、自転車なら一五〜三〇分、元気の良い歩行なら三〇〜五〇分で代替することができるが、それは健康の維持に有効な運動も提供する。

運動不足を経済的コストとして推定したいくつかの報告がある。米国のある試算では、その費用が直接の医療費用だけでも二四三億〜三七二億米ドル（二兆九一〇〇億〜四兆四四五〇億円相当）[32]に達する。スイスでの試算によると、運動不足は年間に一四〇万件の疾患と二〇〇〇件の死亡に相当し、二四億スイスフラン（二〇五〇億円相当）に相当する。英国では、一九九八年に肥満の間接的（健康の損失）コストが二六億英ポンド（五〇二〇億円相当）に達しており、現在の傾向を放置するならば、毎年一〇億英ポンドずつ増加すると推定されている。

逆に、運動不足になりがちな人々が定期的に歩くことにより回避される心臓疾患の費用は、米国での試算によると、成人の一〇パーセントが日常歩行プログラムを開始するならば、五六億米ドル（六七〇〇億円相当）になると試算されている。

子どもの頃から運動習慣をつけることは、大人になって活動的なライフスタイルを実現するのに役立つ。しかし子どもの運動習慣は減少しつつある。現在と将来の健康的な生活に寄与する充分な運動をしている青少年は、全体の三分の一以下であると推定されている。［中略］こうした背景から、ロンドン大学交通研究センターでは、子どものクルマ依存に関する健康と長期的影響に関する調査プロジェクトを、二〇〇一年から三か年計画で開始した。①子どもの身体的活動度と健康に対するクルマの使用を調査すること、②子どものクルマ依存と、それが長期的におよぼす影響について調査すること、③『徒歩通学プロジェクト（Travel-to-School)』の効果を評価すること、が目的である。この『徒歩通学プロジェクト』というのは、英国の行政・教育機関・NGOなどが全国的に共同して行っている活動で、徒歩による通学に適した環境を整え、組織的に生徒が徒歩（自転車）で通学することを支援する活動である」

クルマ依存と交通事故

交通事故は、人間の身体に対して、クルマが最も直接的にマイナスの影響を及ぼす影響であろう。交通事故の防止は常に交通政策上の課題となっているものの、種々の対策の効果が飽和状態に達しつつある。自動車走行キロあたりの事故件数は、一九六〇年をピークとして次第に低下し、一九八〇年代後半におよそ一〇〇件（一億キロメートルあたり）前後にまで低下したが、その後ほとんど変化がなく、二〇〇〇年前後からは逆に微増の傾向に転じている。

すなわち現在は、自動車の走行距離が伸びるのに比例して事故が起きるという関係になっている。交通事故の死者数だけで見ると、一九九五年から減少を続けているものの、事故の総件数と負傷者数は増加しており、道路交通全体の安全性が向上したとはとうてい考えられない。警察や、その他の交通団体が行っている「交通安全運動」等も悪いことではないとしても、啓蒙活動を繰り返して、個人の注意力に期待するだけでは、交通事故の絶対数の減少に結びつかない。現在の膠着状態を打ち崩す抜本的な対策としては、自動車走行量の削減しかないのである。

図1―8は、東京都と周辺四県のすべての市区町村ごとに、自動車分担率（すべての人の移動回数のうち、主な手段が自動車である移動回数が占める比率）と、住民一万人あたりの交通事故死者数の関係を示した図である。[33] ばらつきは見られるが、全体として自動車分担率が大きいほど、住民の人口あたりの交通事故死者数が増える傾向が示されている。

また図1―9は、同じく東京都と周辺四県のすべての市区町村ごとに、住民一人あたりの自動車トリップ数（一日に自動車を主な手段として使って移動した回数で、自宅から勤務先へ、勤務先から買物へなど、行き先と目的を変えて移動するごとに一回と数えた統計）と、住民一万人あたりの交通事故死者数の関係を示した図である。これも、ばらつきはあるものの、そこの市区町村の住民が自動車を使う回数が多いほど、その住民が交通事故で死亡する確率が高くなる関係を示している。

日本の都市は、少なくともこれまで世界の中でも安全と考えられ、かつ全国どこでも均質であるように思われてきたが、図1―8および図1―9のように整理してみると、住民が交通事故に遭遇する確率が地域によって数倍も異なる。全国どこでも、同じようなクルマを、同じような道路で、平均的に同じ程度の技能や注意力を持った、ごくふつうの人々が運転している。したがってクルマが使われる度合いに応じて、一定の確率で交通事故が必然的に起こるのである。このことを逆に言うなら、交通政策として事故を確実に減らすためには、人々の交通がクルマに依存する度合いを減らすしかないのである。

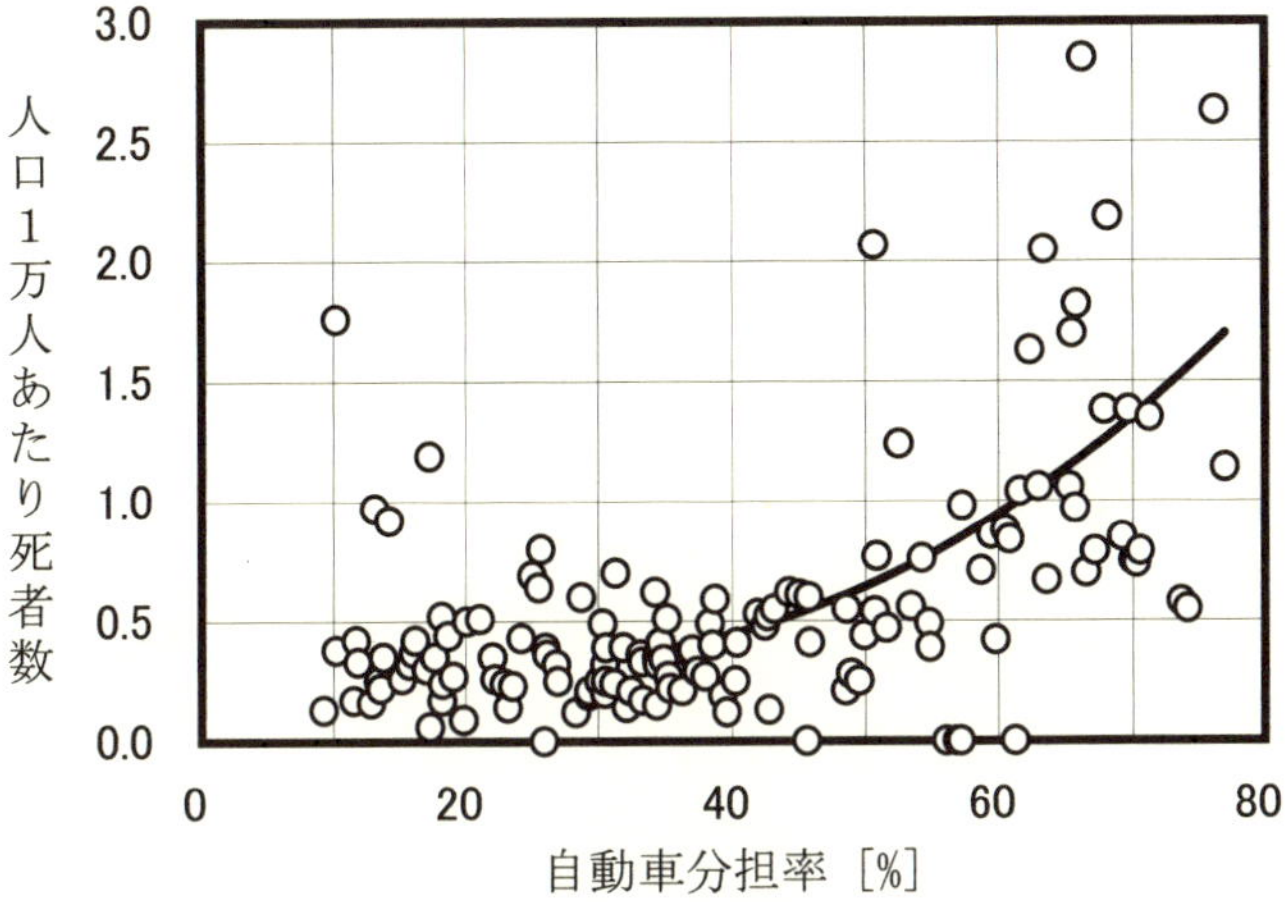

図1－8　市町村ごとの自動車分担率と交通事故の確率

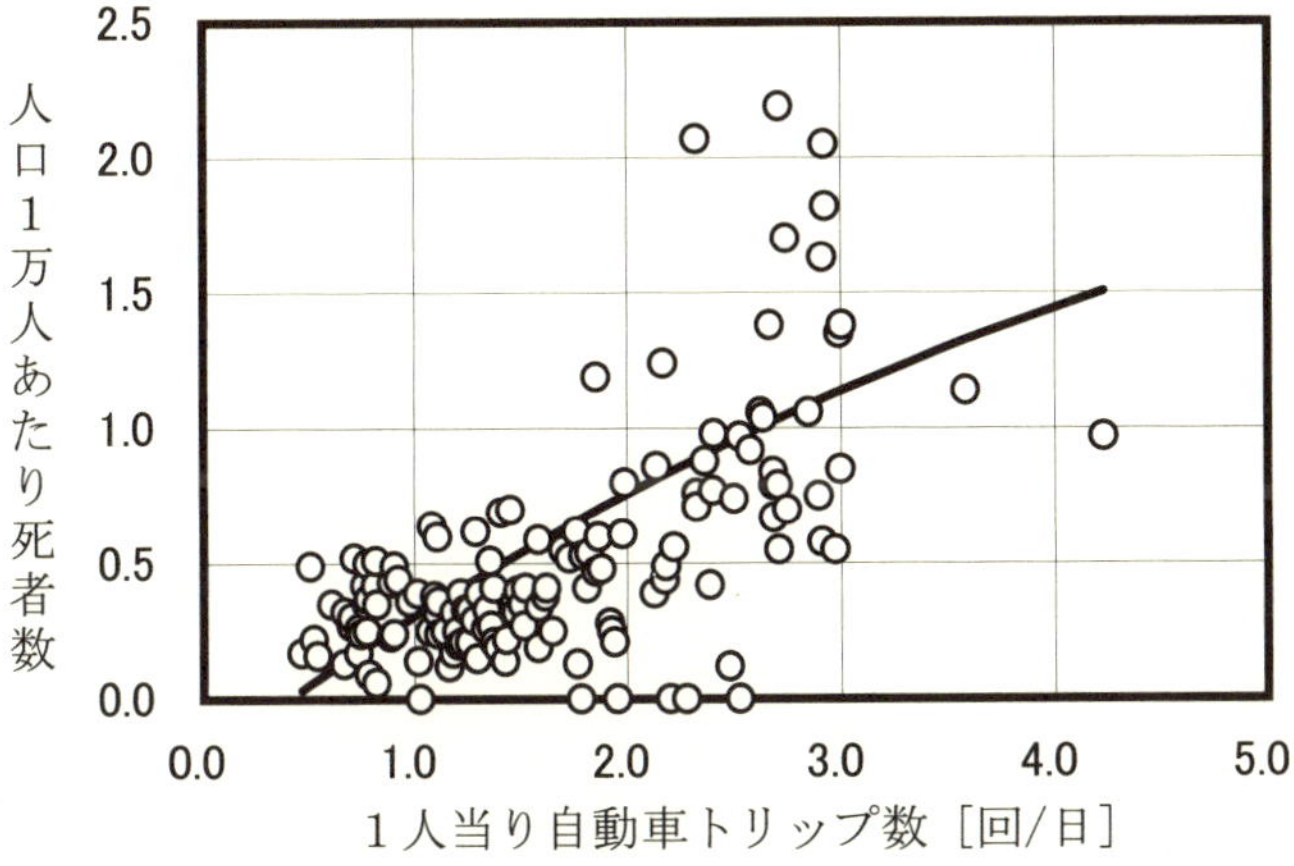

図1－9　市町村ごとの自動車トリップ数と交通事故の確率

5 社会と文化の持続性

「乗り合い」の意義

公共交通を別の言い方で表現すれば、「乗り合い」である。交通と社会のかかわりという観点から、公共交通の本質的な特徴である「乗り合い」という仕組みこそ、民主主義の原点である。「乗り合い」が成立するためには、少なくとも初等教育が普及していること、他人の権利を尊重する姿勢が普及していること、治安が良いことなどの条件が必要である。これらはいずれも民主主義が成立するために必要な条件と一致する。

日本の明治維新前の一八六〇年（万延元年）、幕府の訪米使節団は日本人としてはじめて正式に鉄道に乗り、随員の村垣範正がその驚きを記録している。原田勝正氏[34]によると「この体験は、当時身体をよせ合って交通機関に乗る、すなわち乗合いの機会がほとんどない、少なくとも陸上交通機関ではまったくないために、非常におどろくべきものであったにちがいない。また、上級武士として、彼は自分の身分より低い者が、身体を接して同席するなど思いもよらぬことだったであろう。それは、いちじるしく彼の身分意識を刺激したにちがいないのである」と述べられている。

「乗り合い」イコール「詰め込み」、つまり乗り合いではかえって人々の自由と権利の増進に逆行すると指摘する説もあるが、それは公共交通が充分な輸送力を提供できていないためであり、公共交通を冷遇してきた日本の交通政策によって生じた現象である。

モータリゼーション以前は、多くの犯罪が暗闇の下で行なわれたが、クルマの普及により、白昼堂々と行なわれるようになったという指摘もある。[35]

交通と民主主義の関係について、次のような事例もある。コロンビアのボゴタ市では、二〇〇〇年一〇月に、平日のラッシュ時に市内への自動車の乗り入れ（緊急車両などを除く）を禁止する住民投票（レファレンダム）が行われ、大差でこれを支持する結果が得られた。またこれは、交通問題にとどまらず、政策に対する市民参加を実現する試みでもあった。

この住民投票を推進したエンリケ・ペナローサ市長（当時）は、インターネットを通じて次のメッセージを公表している。

「今回の取り組みを通じて、ボゴタ市民は、持続的で幸福な生活を営める都市を作るために、皆で共同して取り組むことが可能であると確信しました。［中略］ボゴタの新しいやり方は、環境面で重要な効果をもたらすだけでなく、貧富の差による対立を緩和するための新しいやり方でもあることを強調したいと思います。バスの中で、企業の幹部が労働者と並んで座り、スラム街の住民も、自転車に乗って、交差点の信号で上流階級のビジネスマンと交差点で並んで信号待ちをするようになります。もはや、高級車の窓ガラスを隔てて双方が対立することはないでしょう[36]」と述べ、交通のあり方が民主主義に大きく影響すると訴えている。

文化資産としての鉄道

一九九四年に環境庁（当時）は、「残したい日本の音風景一〇〇選」を公募により選定した。その基準は「全国各地で人々が地域のシンボルとして大切にし、将来に残していきたいと願っている音の聞こえる環境（音風景）を広く公募し、音環境を保全する上で特に意義があると認められるもの」であり、全国七三八件の中から選定された。選ばれた一〇〇選の中に、鉄道関係の音が三件含まれている。「大井川鉄道のＳＬ（静岡県）」「山口線のＳＬ（山口県・島根県）」「千頭川の渓流とトロッコ（鹿児島県・屋久島）」である。

この他に、間接的に鉄道に関係あるものとして「水沢駅の南部風鈴（岩手県）」があり、さらに交通という分類まで広げて数えると、船の汽笛に関して数件が選定されている。すべての自然音、環境音の中に混じってこれだけの点数があることはかなりの確率である。これらはもともと機械の音であり、一般に騒音に分類される音であるにもかかわらず、社会環境の中に溶け込んで、残したい快い音として認識されているわけである。これらの音はすべて公共交通にかかわる音であるが、その一方で「道路（自動車）の音」は一つも選定されていない。このことからも、鉄道の文化的意義の一端が示されている。

また梶浜誠氏（中国新聞社論説委員）は、ローカル線の文化的意義だけでなく、公共財としての意義にも触れ、その維持について下記のように述べている[37]。

「文化を支え、その地域を結び付ける在来線を別の言葉で言うと、『地域の生活線』と言い換えられるでしょう。我々は少なくとも最低のレベルではそれを維持することをコンセンサスにしておきたい。社会、地域ぐるみでそれを検討する時期だろうと思います。一企業になったＪＲにその面倒を全部見てもらうのは非常に酷な話なので、まず、生活線として成り立たせるため、成り立つための最低規準、あるいは最低標準というものを皆で作るべきではないか。地域の生活が成り立つ最低の条件を決めておくのです。［中略］国、自治体を引き入れて、最低規準の生活線を守る財政措置を講じるべきで、それができなければ、地域が崩れていくことを肝に銘じたい」

「繰り返すようですが、やはり、鉄道、中でもローカル線の生活路線は、最低限の生活基盤であり、社会基盤（インフラ）です。ローカル線が地域社会を維持するという点では田んぼだとか山林が治山治水、国土保全、海の環境保全を担うのと同じ意味を持つ。ローカル線が文化の山林であり、田んぼであると考えれば、皆で公的支援、財政投入をしてもおかしくない。むしろ積極的に支援策を考えよう。そのために、公的支援の限界、地域の生活を維持するに不可欠の最低規準を今、皆で作るべきだととりあえず思っています」

一般に地方都市では、クルマ依存度が高く、現に公共交通の分担率は低いものの、人々が公共交通の必要性を軽視しているわけではない。

高知市における市民アンケートによると、「公共交通は必要か」という設問に対して、必要八一パーセント、不必要一七パーセントという回答であった。また「運行維持に補助金は妥当か」という設問に対して、賛成三四パーセント、仕方がない・条件付き賛成合わせて三六パーセント、反対一一パーセントであった。[38]

6 自動車の広域へのインパクト

自動車と植物への負荷

都市の表面を緑で被うことは、都市の環境改善に大きな効果がある。直接には夏の気温上昇の緩和など、都市の気象を穏やかにする効果があり、大気の浄化効果や、無機質な都市の景観を和らげ、季節感を与えたり、日影を提供する機能などもある。

クルマは、こうした植物に対しても多くの負担を与えている。植物がCO_2（二酸化炭素）を吸収する能力があることはよく知られているが[39]、SO_2（二酸化硫黄）、NO_2（二酸化窒素）などの汚染物質も、あるていど吸収してくれる。SO_2やNO_2の濃度が余りにも高くて、植物そのものが枯れてしまうような高濃度になっては無効であるが、国内の平均的なSO_2やNO_2の環境濃度のレベルであれば、植物には大気浄化機能がある。

統計によると、日本の国土面積のおよそ三分の二が森林に分類され、合計でおよそ二五万平方キロメートルの森林がある。森林といっても、樹種と樹齢の構成が地域によりさまざまであるし、地域によって大気中の環境負荷物質の濃度が異なること、環境負荷物質が発生する場所と吸収する場所が必ずしも同じでないなど、いくつか不確定要素があって精密な計算ができないものの、現状の CO_2・SO_2・NO_2 の環境濃度から推定すると、国内の全森林で、CO_2 を約八億トン、SO_x を約一四万トン、NO_x を約二三万トンを、総合的に吸収できる可能性があると推定される。[40] そこで、このような大気浄化機能と、自動車から発生する環境負荷物質の量を比べてみるとどうであろうか。

国内の自動車交通から、CO_2 がおよそ二億六〇〇〇万トン発生しているので、これだけなら国内の森林で吸収できる計算である。ただし他の産業、民生、家庭部門から、合わせて CO_2 がおよそ一二億二五〇〇万トン発生しているから、日本全体の収支としては吸収しきれない。一方、大気汚染物質のうち NO_2 についてみると、国内の自動車交通からおよそ七九万トンの NO_2 が発生していると推定されるから、すでにそれだけで、国内の森林による大気浄化能力をはるかに超えている。自動車の環境負荷が大きいことが、こうした検討からも理解できるであろう。

別の見方として、自動車一台から一年間に発生する環境負荷物質を、植物の浄化機能で吸収するためには、どのくらいの面積の森林が必要であろうか。平均的なガソリン乗用車でも、CO_2 に対して約二〇〇平方メートル、また NO_2 に対して九二〇平方メートルの森林が必要となる。またディーゼル乗用車は、遠乗りの頻度が大きいRV車の比率が大きく、またガソリン車よりも窒素酸化物の排出が多いことを考慮すると[41]、CO_2 に対して約二四〇平方メートル、また NO_2 に対して五四〇〇平方メートルの森林が必要となる。「アウトドアライフ」を求めてRV車による遠乗りを好む人は、これだけの面積の森林がなければ吸収しきれないほどの環境負荷を、自然に対して与えていることを自覚する必要があるだろう。

トラックはさらに窒素酸化物の排出が多く、年間の走行距離が多いので、大型トラック一台から排出されるNO²に対して一七万平方メートルの森林が必要となる。幹線道路の沿道に、環境対策として植樹がなされているが、少なくとも大気汚染の浄化に関して、量的な効果は全く不十分である。植樹には、大気浄化機能だけでなく、騒音を遮蔽したり日光をさえぎり日影を作り出すなどの機能もあるので、植樹そのものが無意味とは言えないが、その効果の量的な限界を理解しておく必要がある。

なお自動車は、地球規模でみると核戦争なみの大気汚染を引き起こしている。地球上のすべての自動車から発生する窒素酸化物の量を推定[42]すると、毎年二七〇〇万トンとなる。これに達して、大国間の全面核戦争——現在は可能性が低くなっているが——による汚染物質の発生量を推定した試算によると、アメリカ・旧ソ連西部・ヨーロッパの上空八〇〇〇～一万七〇〇〇メートルで核爆発が起きた場合、三二〇〇万トンの窒素酸化物（一酸化窒素として）が発生すると推定されている。[43]すなわち自動車は、わずか一年間で全面核戦争に匹敵する大気汚染物質を発生させるのである。

エネルギー体系とクルマ

エネルギーの技術的な面にかぎっていえば、太陽、風力などを源とする自然エネルギー[44]の普及が望まれている。しかしこれらも、一定の割合までは増やせるが、それ一本槍では成り立たない。自然エネルギーも、個別の技術的な比較の問題で有害性が少ないというだけであって、それが全国いたるところに、大規模に設置されるようになったときの弊害も考えておかねばならない。そもそも自然エネルギーの導入には、その前に社会の各分野で省エネを徹底させ、本当に必要なエネルギー需要を絞り込んでおくことが必須の条件である。

現在の日本全体のエネルギーの需要と供給のバランスをみると、原子力によって年間約七〇〇兆キロカロリーのエネルギーが供給されている一方で、交通部門で約九三〇兆キロカロリーが消費されている。双方は分野が異なるため、無関係な数字と思われるかもしれないが、実際は石油を通じてかかわりがある。交通部門で使用されるエネルギーは、大部分が石油によって供給される。一方で石油は、火力発電を通じて電力にも転換できる。交通部門のエネルギー消費を減らすことにより、その分を火力発電にシフトすれば、日本全体として、石油の使用量すなわちCO_2を増やすことなしに、原子力発電への依存を軽減させることが可能である。

そのエネルギーが現実にどの程度の量になるのか検討してみよう。二〇〇二年に原子力発電所のトラブル隠しが発覚し、これに関連してほとんどの原子炉が停止されたが、電力の供給には支障はなかった（二〇〇三年三月現在）。これに対して東京電力は、再稼動しなければ同年夏の電力ピーク時に九五〇万キロワットの電力が不足すると発表した。[45] 本書の執筆時点で実際の結果は不明であるが、不足するとされるエネルギーを、東京電力の供給エリア（関東の一都六県プラス山梨県・静岡県）に対応する地域で消費される自動車用エネルギーと比べてみる。

同地域で、一日に平均でおよそ三八〇〇億キロカロリーのガソリン・軽油が自動車によって消費されている。一方で、ピーク時に電力が不足するとされる時間帯が日に四時間発生するとして、その合計のエネルギーは約八六〇億キロカロリーとなる。概略で比較すると、ピーク時に不足するとされる電力（エネルギー）は、自動車で消費されているエネルギーの二割ほどに過ぎない。実際には、より細かく時間帯を細分して検討しなければならないが、五回に一回クルマの使用を控えるか、あるいは使用せざるをえない事情があるなら、車体重量が二割軽いクルマに買い換えるなど、クルマに関してはその程度の省エネにより、夏のピーク時でさえも、原子炉を運転する必要がないほどのエネルギーの「貯金」ができる。省エネルギーこそ最大の新エネルギーである。

地球規模のクルマの重圧

図1―10は、一九九四年のデータで、地球上の人間のうちどのくらいの人数が、一人あたり何台の乗用車を保有しているかを示している。統計の制約から地球上の全人口は網羅されていないものの、今のところ人類のうち、クルマの利便性を享受できるのは、一～二割に過ぎないことがわかる。しかしこの状態でも、地球上でクルマから放出されたCO_2は一五億トン（一九九四年、炭素換算）にのぼり、地球上の全CO_2放出量の二割を占める。

この図の破線より下側の面積が、世界中に存在する自動車の総量を示している。いまアジアでも、アフリカでも、南米でも、世界中の人々がクルマを欲しがっている。二輪車によるモータリゼーションが浸透したアジアでは、これから二輪車から四輪車への乗り換えも行われるだろう。燃料電池などエネルギー効率が高い自動車が開発されているとはいえ、世界的に自動車の保有状況が日本や西欧の水準まで増加したら、世界中の自動車の総量、つまり図の下の面積は現在より飛躍的に増加する。そうなれば、環境への負荷と資源の消費は、耐えがたい量に達するにちがいない。

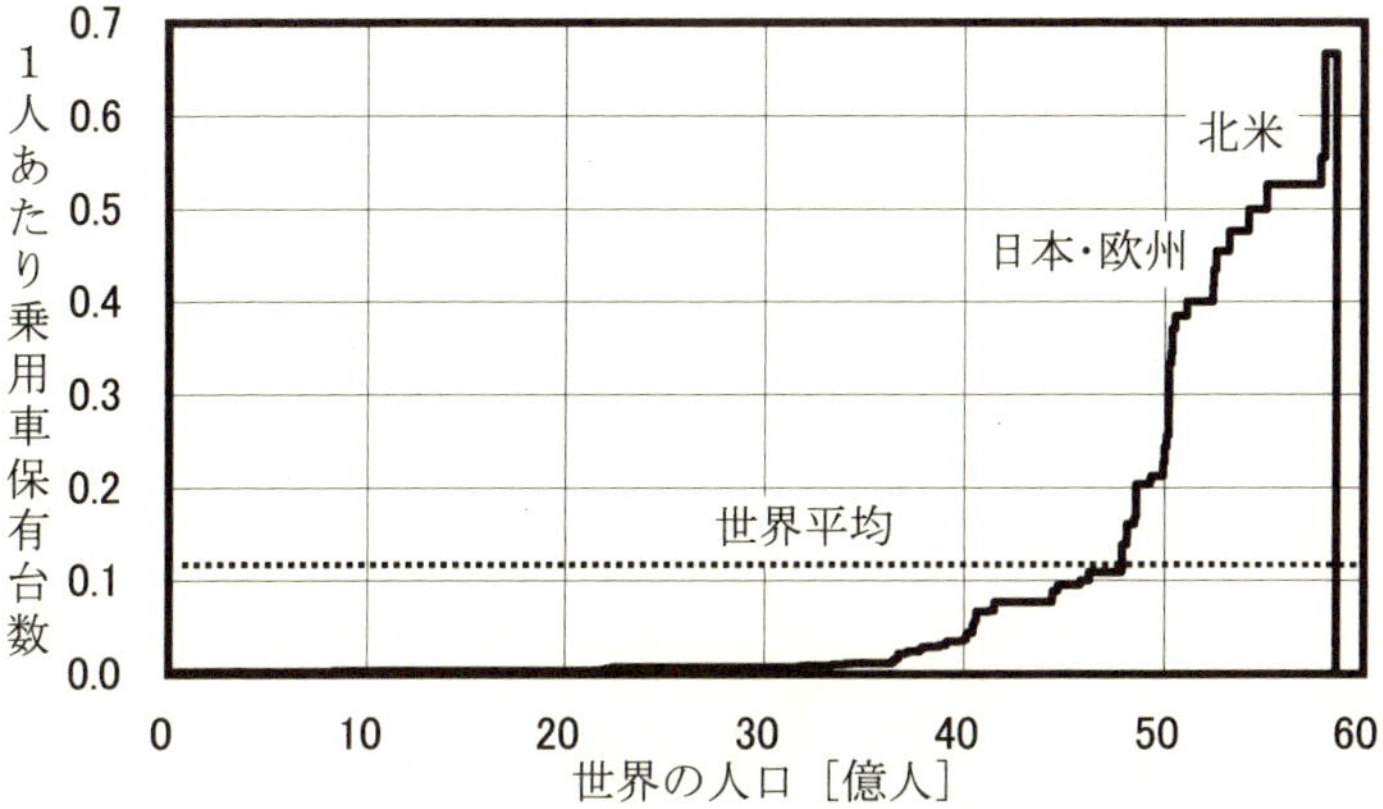

図1―10　世界の1人あたり自動車保有状況の分布

またクルマがもたらす社会への負荷は、エネルギーや資源、環境だけでなく、多岐にわたる。米国や日本で、クルマ依存社会のさまざまな負の側面が、全地球的に広がるのである。交通事故による被害者だけでも、戦争を上回る数となるであろう。

しかもクルマに依存した交通体系は、大量の石油資源を必要とするから、その獲得を通じて、戦争への圧力を高める。世界中で最も自動車用の石油を多く消費する米国は、国内に石油資源を保有していながら、戦略上の理由でそれを温存し、ペルシャ湾岸諸国からの輸入を増加させている。米国は一日平均で八九〇万バーレル[46]の原油を輸入する一方で、それを上回る一〇八〇万バーレルの原油を運輸部門（大部分が自動車用）で消費している。しかも湾岸諸国からの原油輸入量は、二〇一〇年に一九九二年の三倍になると予想されており、これが一九九一年の湾岸戦争の背景であると指摘する研究者も多い[47]。もちろん最近のイラク戦争についても同様である。

量的には米国より少ないものの、日本もクルマ依存社会であるかぎり、絶えず大量の原油の供給を必要とするから、いかなる政党が政権についても、原油の供給を媒介として米国への追随政策をとらざるをえないであろう。もちろん、クルマに依存した交通体系を改め、公共交通への転換を促進したからといって、それだけでは戦争を防ぐ大きな効果は期待できないかもしれない。しかし問題は、方向性がどちらを向いているかである。

　日本自身が軍事的に関与しなくても、石油資源の大量消費を通じて戦争への圧力を高める作用を黙認しておくのか、あるいは少しでもその圧力を弱め、平和的で公正な貿易の範囲で、我々の暮らしに必要な交通を確保する方向性を探るのか、という選択を考えるべきである。また短期的には、戦争後のイラクや周辺国への復興費を税金から支出するとすれば、化石燃料の使用量に応じて費用を負担する仕組みも考えられる。

　一方で、多くのエネルギー関係の専門家の予測を総合すると、長期的には石油の供給が頭打ちとなるという推定が大勢を占めている。天然ガス、ＧＴＬ[48]のような別の形での化石燃料や、自然エネルギーなどの代替エネルギーの供給が増加して、ある程度のエネルギー代替が可能になると考えられるが、石油すなわち液体燃料を前提として世界中に構築されてきた自動車という交通体系は、さほど遠くない将来に、システムの大転換を迫られる可能性も高い。

　いま世界の自動車メーカーが燃料電池の開発に力を入れているのは、環境問題への対応が目的とされているが、それは企業イメージ向上の宣伝にすぎない。環境問題への対応なら、より現実的で有効な方策が他にいくらでも考えられるからである。自動車メーカーが燃料電池を開発する主な理由は、エネルギー源の多様化への備えであって、より正確に表現すれば、自動車に依存した交通体系を続けるための戦略であり、持続的な交通とは無縁である。

1 石炭、石油、薪炭など、エネルギーの源（電気、熱、動力などに変換する前の状態）のエネルギー。
2 一面では、自主的に選んでいるように見えながらローンの支払いや維持費に難渋したり、クルマの利用によってもたらされる「効率」が人々を余計に忙しくするだけで、人間的な豊かさと関係がないという見方もある。これについては、田中公雄『クルマを捨てた人たち──自動車文明を考える』（日経新書二六八、一九七七年）など、多くの記述がある。
3 日本エネルギー経済研究所『エネルギー・経済統計要覧』二〇〇二年版および総務庁『家計調査年報』より、それぞれ二〇〇〇年データ。
4 新潟県安塚町「平成9年度安塚町地域新エネルギービジョン策定調査報告書」一頁、一九九八年の例。
5 『日本経済新聞』一九九四年一一月一一日社説より
6 二〇〇一年度で、原油の輸入先と構成比率は、中東から八七・九パーセント、東南アジアから六・九パーセント、アフリカと中国からそれぞれ一・七パーセントである。距離にしてクウェートから約一万二四〇〇キロメートル、インドネシアから約五七〇〇キロメートルである。
7 正確には二〇一〇年を中心とする五年間の約定期間。
8 全国地球温暖化防止活動推進センター『地球温暖化対策ハンドブック 地域実践編 2002／2003』九頁、二〇〇二年。

9　日本全体に存在するクルマの総合平均（ストック燃費）を意味する。ある期間に、国内に存在する古いクルマが次第に廃棄される一方で、燃費の良い新車が加わって行くが、両者を考慮した総合的な平均の燃費である。
10　総務庁『家計調査年報』各年版より。
11　国土交通省国土交通政策研究所・計量計画研究所「環境負荷を少なくするための都市モデルの構築に関する調査報告書」一二頁、二〇〇二年。
12　総務庁『家計調査年報』各年版より。
13　川村雅則「軽貨物運送自営業者の就業・生活・安全衛生」『交通権』二〇号、八〇頁、二〇〇三年。
14　ぎょうせい『二〇〇〇 日本物流年鑑』二〇〇〇年より。
15　アースデイ二〇〇〇編『地球環境 よくなった』コモンズ、三二頁、一九九九年。
16　中村隆一・石黒ヨハネ・川治正人・前田雄樹「都市騒音の現状」『環境技術』二四巻六号、一一頁、一九九五年。
17　河村武・高原榮重編『環境科学Ⅱ』九〇頁（第四章・山中啓氏担当）、朝倉書店、一九八九年。
18　日本建築学会編著『都市環境のクリマアトラス――気候情報を活かした都市づくり』ぎょうせい、四五頁、二〇〇〇年。
19　齋藤武雄「ヒートアイランドの現状と課題」『エネルギー・資源』二二巻四号、二〇〇一年、一八頁。
20　道路のうち高速道路、自動車専用道、国道、主要地方道、一般都道府県道を除いたもの。
21　国立環境研究所『大気中微小粒子物質・ディーゼル排気粒子に関する研究の動向と今後の課題』国立環境研究所報告R―172―2002、二〇〇二年。

22　高知市歩行者通行量調査より。
23　交通エコロジー・モビリティ財団「住民主体の環境配慮型地域交通づくりの推進事業に関するアンケート」二〇〇二年より。同財団ホームページ（http://www.ecomo.or.jp/traffic_work/chiikikotsu_anketokekka.htm）で閲覧可。
24　Todd Litman, Issues In Sustainable Transportation, Victoria Transport Policy Institute ホームページより, 7 December, 2000。
25　市川嘉一『交通まちづくりの時代』ぎょうせい、二七六頁、二〇〇二年。
26　ＴＤＭ（交通需要管理）は、①渋滞や大気汚染の緩和を目的として、自動車の交通量の側からコントロールを加えること、②公共交通など、自動車の代替となる手段を用意することなど、総合的な交通量対策である。
27　『日本経済新聞』一九八九年六月一八日、「丁々発止」欄（少年法を考える）投稿。（大阪・教員・三九歳）
28　日本民営鉄道協会『みんてつ』一号、座談会（岡並木・石弘之・原田勝正・鈴木賢）「地球環境から見た公共交通」一四頁、二〇〇〇年より、原田勝正氏発言。
29　一番ヶ瀬康子「クルマ社会に育つ子どもたち」『脱クルマ21』一九九六年、二七頁。原資料 正木健雄編『子どものからだは蝕まれている』柏樹社、二五頁、一九九〇年に所載の日本体育大学体育測定評価研究室・健康学研究室調査より。
30　渡辺千賀恵「自転車を活かすまちづくり――助走期の胎動と苦しみ」『ＣＥＬ』二〇〇二年一二月号、三四頁、大阪ガスエネルギー・文化研究所、二〇〇二年。（原資料 田中聖人氏の調査）
31　WHO Regional Office for Europe, *A Physically Active Life through Everyday Transport*, 2002。

32 二〇〇三年一月現在の通貨換算レートによった。以下同じ。
33 「平成一〇年度東京都市圏パーソントリップ調査」のトリップ別代表交通手段、および交通事故総合分析センター『交通統計』各年版より計算した。
34 原田勝正『鉄道史研究試論』日本経済評論社、三五頁、一九八九年。
35 田中公雄『クルマを捨てた人たち――自動車文明を考える』日経新書二六八、四九頁、一九七七年。
36 電子メールによる協力者へのメッセージより、上岡訳。
37 運輸施設整備事業団『れいるうえい』一七号、一五頁、二〇〇一年三月。パネルディスカッション「中国地方における二一世紀の鉄道―すべての人が利用しやすい鉄道をめざして―」
38 高知県政だより『さんSUN高知』二〇〇三年二月号、四頁、二〇〇三年。
39 本書では、自動車が環境に与える負荷の大きさをわかりやすく示すために森林による吸収と比較しているのであり、温暖化対策として森林による吸収を推奨しているわけではない。温暖化対策と森林の評価については、気候ネットワーク編『よくわかる地球温暖化問題』中央法規、六四頁、二〇〇二年などを参照願いたい。
40 環境庁大気保全局大気規制課監修・大気環境に関する緑地機能検討会編『大気浄化植樹指針～緑のインビテーション』第一法規、一九八九年を参考に筆者推定。
41 鶴崎敬大・茅陽一「選考変化による自家用乗用車の省エネルギーポテンシャルの推定」『第一三回エネルギーシステム・経済コンファレンス』講演論文集、三四一頁、一九九七年。
42 森口祐一・近藤美則「資源輸入に伴う環境負荷の定量化と負荷の配分方法がLCIに与える影響の分析」『日本エネルギー学会誌』七七巻一一号、一〇六二頁、一九九八年等をもとに筆者による推定。

43 岡本眞一ほか「地球規模（全球スケール）の拡散モデルについて（二）」『環境管理』三〇巻七号、一九九四年、六五五頁。

44 太陽、風力などを源とするエネルギーについて、「クリーンエネルギー」「新エネルギー」「再生可能エネルギー」などいくつかの名称があり、それぞれ内容と定義が異なり、分野によって使い分けられる場合もあるが、本書では自然エネルギーとしておく。

45 『朝日新聞』二〇〇三年三月二六日。

46 一九九八年の値。一バーレルは一六〇リットル（いわゆる「ドラム缶」約一本弱）。

47 西村弘『クルマ社会――アメリカの模索』白桃書房、三八頁、一九九八年。

48 ＧＴＬは「Gas To Liquid（ガスを液体に）」の略で、天然ガスから液体燃料（ガソリンや軽油に相当する燃料）を合成する技術。

第2章　クルマ依存のしくみ

1 しくみから考える重要性

クルマ「強制」社会

現在は、比喩的に言えば「クルマ強制社会」である。クルマの使用や所有は、法令で強制されているわけではないが、逆にクルマを使わないことによる不利や差別を避け、人なみの生活を営みたいと思う人にとって、クルマは必要不可欠の手段となった。モータリゼーションの浸透により、むしろ社会的弱者ほどクルマの使用を余儀なくさせられる状況にもなっている。生活保護を受けていても、私的な自動車の利用は認められるという裁判所の判断も示されている。[1]

いつでも好きな時に出かけられる随時性が、クルマの利点として挙げられるが、これは個人のわがままや、便利さに慣れたための怠慢であるよりも、子どもが夜中に熱を出したらどうするかといった不安に対する備えとしての意味も大きい。このようなケースへの対応は、交通問題というよりもむしろコミュニティのあり方、まちづくりの問題でもあることは確かであるが、当面の解決としてクルマのニーズが強いことはやむをえない。人々のこうした考え方の集積が、ますます社会的に弱い者に負担をしわ寄せし、差別を生み出す原因であると指摘する意見[2]もあるが、今や「交通事故や環境のことを考えて、なるべく自動車を使わないようにしましょう」と呼びかけても、それだけではクルマ社会からの転換は期待できない。

家族で旅行に出かけるという時でも、公共交通の時間に合わせて家を出ようとした時に、急に子どもがむずかるといった出来ごとはよく体験する。よほど時間の余裕を見て出かけられるように準備するなど、子ども連れで公共交通を利用するときには、相当に強い意志を必要とする。これに加えて公共交通では、小児を半額としても人数分の運賃・料金を必要とするために、家族で一緒に移動するときは、クルマよりも格段に費用がかさむ。しかも座れるかどうか不安があり、ダイヤも不便となると、公共交通の利用に対する抵抗は大きい。

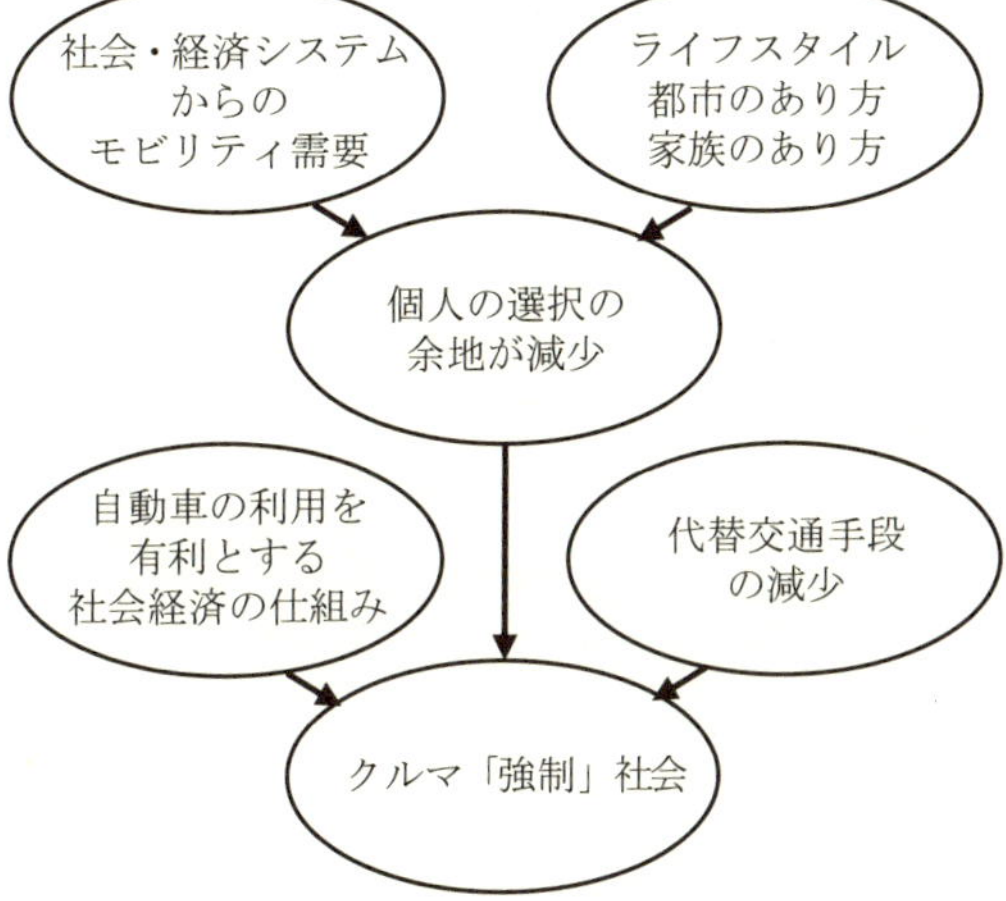

図2—1　クルマ「強制」社会の図

図2—1は、こうしたクルマ強制社会の関係を模式的に示したものである。人々の生活圏(就職、進学を含む)の拡大や、核家族化の進展にともなって、私的・個別的で多様な移動のニーズが増えている。これに加えて、社会のさまざ

まな仕組みが、私的・個別的な移動のニーズを前提とした仕組みができた。これがモビリティ需要である。さらに、従来は主に鉄道の駅を中心として徒歩や自転車で日常の用が足りる生活圏で済んでいた暮らしが、郊外へスプロール化し、クルマが必需品となった。こうして、一見すると人々の移動が多様になったように見えながら、現実にはクルマ以外の手段が選べない、すなわち選択の余地が限定された交通体系が作られた。

これに追随して、たとえば企業で従業員の採用に際して免許の保有を条件としたり、公共交通が不便な地域で、公共交通の時刻と無関係に会合のスケジュールが組まれたりするなど、社会のさまざまな分野で、クルマを利用しない人を実質的に排除する仕組みも強固にできてきた。その一方で、クルマの代替となる、あるいは少なくとも現在以上にクルマ依存を拡大させない役割を期待される公共交通手段は、大都市圏の鉄道による通勤・通学輸送がかろうじて現状を維持しているのを除くと、縮小の一途をたどるようになり、原因と結果がそれぞれ循環的にクルマの使用を互いを促進する関係に陥っている。

企業や官庁では、通勤交通費が支給される場合、公共交通の通勤を申請してその費用を受領しておきながら、実際には公共交通を利用せず、クルマ通勤を行うという行為が、多くの場合、暗黙の了解として行われている。そのほうが個人にとって経済的に有利であり、「クルマ強制社会」[3]の一側面である。最近、ある司法機関では、このような職員の行為を不正として厳密に是正したり、名古屋市では自転車で通勤する市職員に対して通勤手当を増額してクルマからの乗り換えを奨励する事例[4]がみられるようになっているが、まだ少数の事例にとどまっている。

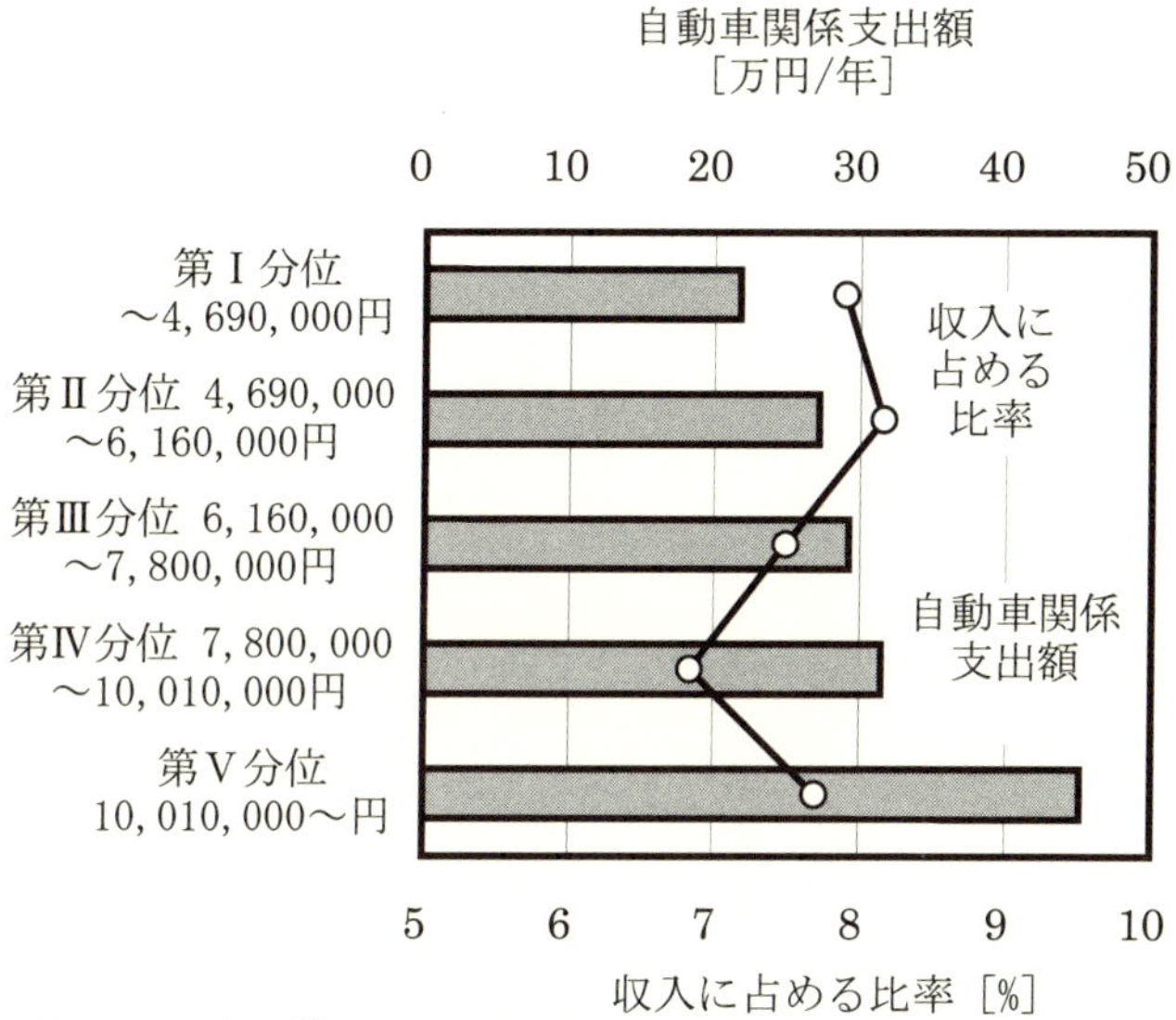

図2―2　収入階層別の自動車関連支出額と収入に占める割合

世帯の条件とクルマ

現在はクルマが普及し、ぜいたく品ではなく一般的な道具になったので、公共交通の必要性は薄れたという議論があるが、そのように考えられるであろうか。図2―2は、「家計調査年報」の二〇〇〇年度データから、世帯の収入の五段階階級ごとの自動車関係支出額と、世帯収入に対する自動車関連の支出額の割合を示す。支出額でみると、世帯の収入が多いほど自動車関連の支出額が多く、当然の関係であろう。しかし一方で、世帯収入に対する自動車関連の支出額の割合でみると、第Ⅴ分位（高額所得）を除くと、むしろ世帯収入が少ないほど、自動車関連の支出額の割合が多くなる傾向がみられる。食費におけるエンゲル係数（収入に占める食費の割合）と同じように、自動車関連の支出が必需的な要素であるために、収入が少ないほど、収入に占めるクルマ関係の出費の比率が高くなる、つまりクルマは重荷になるのである。このことは現在でも、公共交通が、収入が比較的少ない世帯ほど必要性が高いことを示している。

また図2―3は、世帯主の年齢階層と、世帯の一人あたり自動車関連支出の関係を示す。世帯主の年齢が三〇歳未満の若年世帯では、ガソリンの使用量が大きい。これは、若い人が一般にクルマが好きという理由とともに、子どもの年齢が低く、世帯主の年齢との関係で、子どもの多くが乳幼児ないし未就学児であり、子育て世代であることが強く関係していると考えられる。クルマを選ぶ理由は「子ども」自身と、それにともなって移動の際に必然的に増える「荷物」である。

しかし子どもも、中学生程度の年齢になれば、むしろ家族とは独自に移動したがるケースが多くなる。子育ての面からは、ライフステージの全過程にわたってクルマを所有・使用する必要はない。逆に世帯主の年齢が七〇歳以上の世帯では、自動車関連支出は急激に少なくなっている。現在では、七〇歳もまだ充分に社会的な活動が可能な年齢であるから、外出の必要性が急激に薄れるわけではない。高齢者の免許保有率は年々増加しているとはいっても、なお公共交通が重要な交通手段であることがわかる。

ジェンダーとクルマ

クルマにかかわるジェンダー格差も今なお存在する。「自動車はあくまで男性の世界であるといってよい。欧米の男性が、もし他人に、〝運転が下手だ〟などと言われようものなら、その人は自

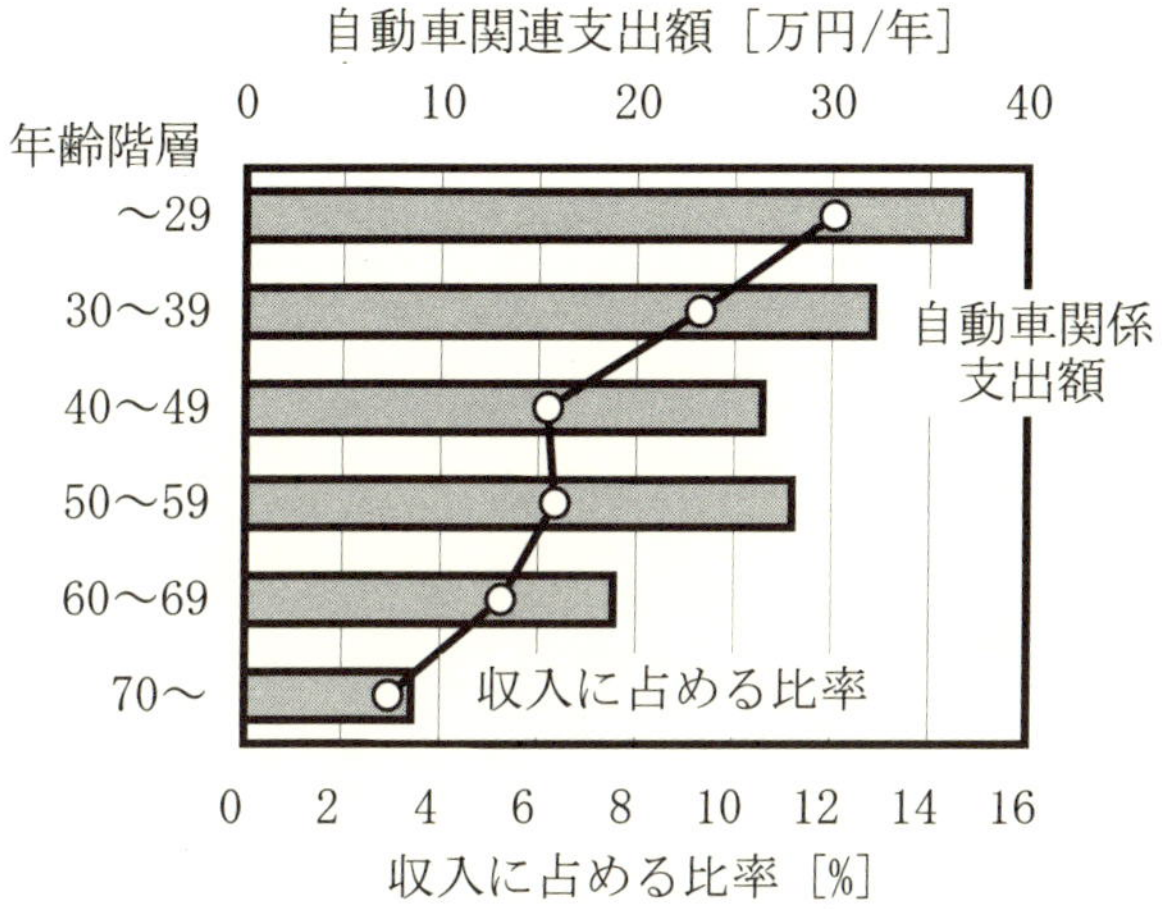

図2―3　年齢階層と自動車関連支出

己のパーソナリティと自尊心への最大級の侮辱と受け取りかねない。自動車の運転は、かつての貴族の乗馬と同じく、昔も今も〝男らしさ〟を表現する重要な要素だった。男性が女性のドライバーの不器用さ、カンの悪さをあげつらうのは、男性の特権と考えられてきた分野へ進出してきた女性への、いわれなき（だが無理もない）反感の表れだ、と説く社会心理学者もいる[5]」といった見方が、社会通念として存在することは否定できない。

一方、具体的な暮らしの面ではまた別の問題がある。郊外生活者の世帯では、夫がクルマに乗って仕事に出かけてしまうと、家に残された妻は移動手段がないために、買い物にも行けない。このため経済的に可能なかぎりは、クルマを複数保有せざるをえなくなる。しかし湯川利和氏は前述の文献で、これは豊かさの象徴ではないことを指摘する[6]。複数保有が経済的に可能な世帯であっても、その自動車支出が、他に買い得たであろう何かを買うことを断念したことを意味するし、また移動の制約をまぬがれたにしても、運転にともなう交通災厄の可能性（加害者または被害者になる可能性）からは解放されないからである。

湯川氏はこの状況が先行的に出現した米国での状況を「しかし、駅から3マイル離れたところに住み、私たちのたいていのものと同じく、お抱え運転手をもたないM夫人の苦境を考えてみたまえ。彼女は朝の列車に夫君を送り、そして夕刻には彼をそこに迎えに行き、こどもたちを学校に送り、そして連れもどしにゆき［中略］彼女は私にその三マイルの道を日にして六往復したことがあると語ったものである。彼女の職業は何かと尋ねられたら彼女は主婦と答えるべきか、タクシー運転手と答えるべきか、たいへん迷うにちがいない。そして、このような犠牲をはらっても、彼女はそのまわりにどのような種類のコミュニティが育ちつつあるかを知らないから、生活安定感は少しもない[7]」と記述している。

西村弘氏は、同様に米国の例として「これら［註・クルマの走行台キロの増加］の背景に、女性の社会進出があることはよく指摘される。一般に、女性が外で働くために免許を取得し、自動車をもつようになれば、家事と両立させるために買い物や保育所の送り迎えなど男性よりもトリップの回数が多くなり，また相乗りや公共交通に依存する必要がなくなるからである[8]」と指摘している。ここで、ジェンダー間での家事・育児の分担の問題も指摘されるであろうが、家事・育児の分担をどのようにしても、一つの世帯として、合計でクルマの走行台キロが増加する関係は同じである。

両者は米国の事例であるが、日本でも同じ現象が生じている。ことに保育事情の悪さから、就学前の子どもが二人以上いて、それぞれ別の保育所に通わせるなどという状況が生じると、クルマの必要性は決定的となる。かつては男女間で免許保有率の差があり、女性は男性より運転の機会が少なかったが、現在はその差が縮小しているが、その裏面として、女性が交通事故の当事者になる比率が増えている。[9] 日本において一九八九年には二二・七パーセントであったその数字が、一九九八年には二七・一パーセントに増加した。

女性の社会参加や経済的自立が、具体的にはクルマの使用を不可避とするものであるとすれば、ジェンダー問題も交通問題の側面から考えなければならない。

現実には育児に関して女性の負担が大きいが、ベビーカーを押して道路を歩くことが危険であったり、ベビーカーを広げたまま公共交通に乗ると邪魔もの扱いされるなどの事情から、公共交通が便利な都市部であっても、クルマの利用を誘発してしまうといった関係もある。一方でクルマが、ジェンダーに起因する各種の束縛から女性を解放した側面があることもまた事実であって、クルマ依存からの脱却には、こうした問題も多面的に議論する必要がある。

一方で米国では、今なお大部分の交通をクルマに依存しながらも、公共交通の利用を促進する意気込みは日本をしのいでいる。たとえば、公共交通の利用促進に有効であると地域の交通計画組織が認めれば、駅に隣接した保育所を設置する費用を道路予算から転用できる。[10] ハイテク産業の集積地として知られるカリフォルニア州シリコンバレー地区にある、LRTと鉄道の接続駅に、パーク・アンド・ライドと連動した保育所が設けられ、公共交通利用者の子どもの優先入所など特典を設けて、公共交通の利用を促進するといった施策もみられる。[11]

2 地域の条件とクルマ依存

都市の条件とクルマ依存

個人の選択よりも、どのような都市に居住しているかによって基本的なクルマへの依存度が決まってしまう。都市の人口密度と、一人あたり私的交通エネルギーの使用量の関係をみると、人口密度にしてヘクタールあたり三〇～五〇人の付近でパターンの変化がみられ、低密度で居住（広い地域に散在した住宅）するとエネルギー消費が増加する。[12] また人口密度が低いと公共交通が成立しにくいため、いっそう自動車への依存を促すという相乗的な作用から、加速的にクルマ依存が強まる。典型的な例は北米やオーストラリアである。

地方都市では、住宅に関する支出や消費財の価格が安く、暮らしやすいと思われているものの、クルマを所有せずに生活しようとすると大都市よりも多くの出費を強いられる場合が少なくない。もし地方都市の郊外に住んで、都心部まで出かける場合、地方の民鉄やバスの料金がたいてい割高であるために、家族全体で移動すると、あっという間に費用が片道数千円に達し、往復では一万円札が消えてしまう。すなわち、その分だけ都心部の商店で購買する額が減ることになるし、荷物を持ち帰る際の不便に対する懸念も重なって、公共交通で来店する客の商業地区での消費額が、クルマで来店する客よりも少ないことが各種の調査で知られている。このため、当然ながら商業者はクルマで来店する客を優遇する（駐車場無料券の交付など）ようになる。

図2―4は、すべての市区町村別に、人口密度と自動車分担率（人の移動回数のうち、クルマを主な手段とした回数の比率）の関係を示したものである。[13] ほとんど人口密度、すなわち都市の構造に機械的に依存した関係を示している。別の見方をすれば、自動車が利用できる領域に対しては、くまなく自動車の利用が浸透していることを示している。ただし、人口密度のみを要素とするには疑問を呈する議論もあり、年齢別・就業状況別・産業別の人口比率、土地利用（市街化区域・調整区域・住居専用地域などの比率、住宅形態、都市形状（都市の細長さなどの形状因子）など、多数の相関を試みた検討が行われている。[14]

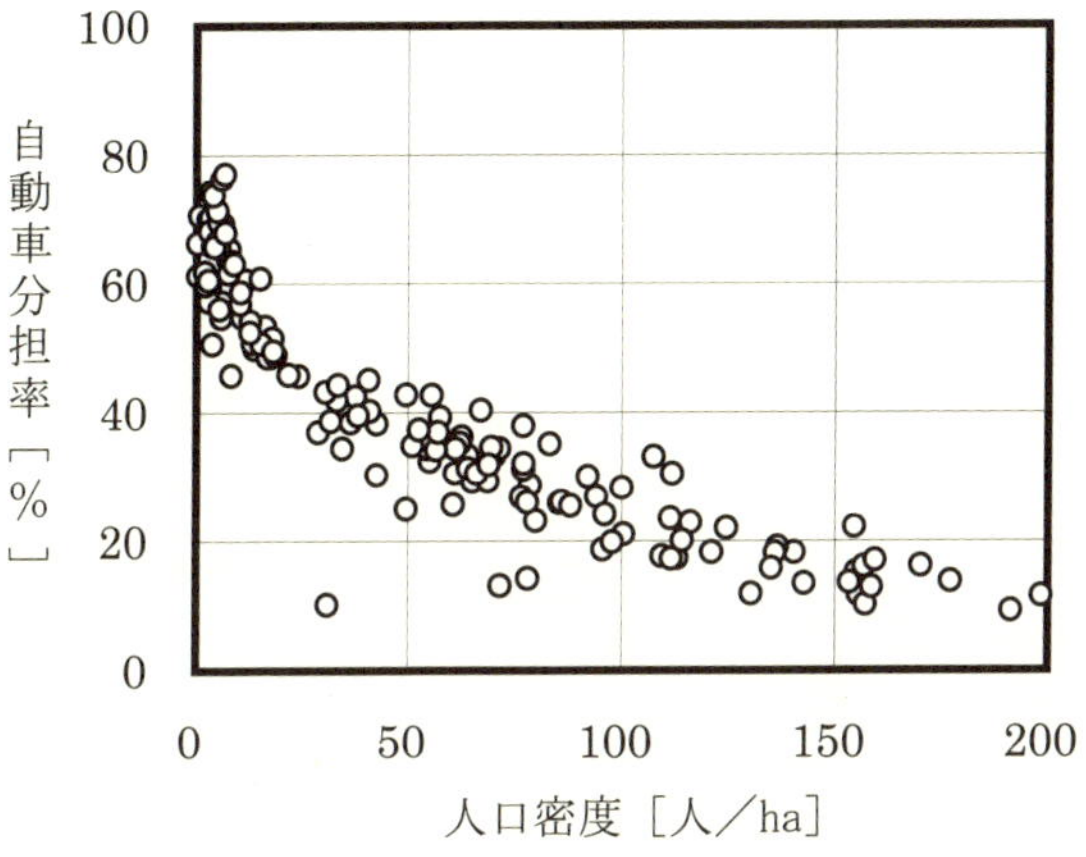

図2―4　東京都市圏での人口密度と自動車分担率の関係

　住宅や工業地帯の物理的な分布も、交通のあり方や環境負荷に影響を及ぼす。都市形状が細長いほうが鉄道の利用に適していること、第一種低層住居専用地域[15]に指定される面積の比率が高いと、世帯あたりのガソリン消費量が少ない等の指摘もある。さらに都市の立体構造を考え、用途ごとの床配置の変更により、交通エネルギーのコントロールができるといった検討もある。[16]全体的に、コンパクトシティ（いろいろな用途の地域が混合していることと、高密度の居住）が交通に関する環境負荷を低減させる傾向にあるが、都市の環境に影響を与える要因は他にもあり、必ずしも固定的な関係でない場合もある。

また、一つの地域のなかでも人口の密集度に差がある。たとえば、単純に北海道と東京都を思い浮かべてみると、東京都は公共交通が便利でクルマを使う必要性が少なく、逆に北海道では日常の交通にクルマを使わざるをえないと考えられる。しかし、もっと細かくみると、地域の特性とクルマ依存度の関係がより明確にわかる。交通をクルマに依存する度合いを、住民一人あたりの、年間の自動車用燃料使用量（ガソリンに換算）から地域別に比較してみる。[17]東京都といっても、人口が密集していない周辺部では、住民一人あたりの年間ガソリン使用量が四九七リットルであるのに対して、北海道の人口密集地区[18]では、一九一リットルである。つまり、東京の周辺部に住んでいる人は、北海道の人口密集部に住んでいる人よりも、自動車用の燃料を二・六倍も多く使っている。

また図2―5は、「家計調査年報」から、都市の規模別に、各世帯の一人あたりガソリン購入量を求めたデータである。人口一〇〇万人以上の大都市に対して、人口規模が小さくなるにつれて一人あたりのガソリン消費量は増加し、人口五万人以下の小都市では、一人あたり大都市の二倍以上のガソリンを使用する。ただし、それよりも人工規模が小さい町村になると、ガソリン消費量が若干減少する傾向がある。

これらのデータから、逆にガソリン消費量を削減するヒントが示唆されるであろう。大都市では、理想的とは言えないまでも公共交通が便利であり、また商店や公共施設、そのほか生活に必要な立ち寄り場所の分布密度が高く、徒歩や自転車で用が足りるのでクルマを利用する必要性が少なく、かりに利用するとしても移動距離が少なくて済む。都市の規模が小さくなるほどその逆の傾向となるが、これらの地域でクルマ依存を減らすには、公共交通のサービス（質と量）を向上させクルマを利用する必要性を削減し、移動距離の減少をもたらすような施策、たとえば公共施設の立地を工夫するなどの対策が必要である。

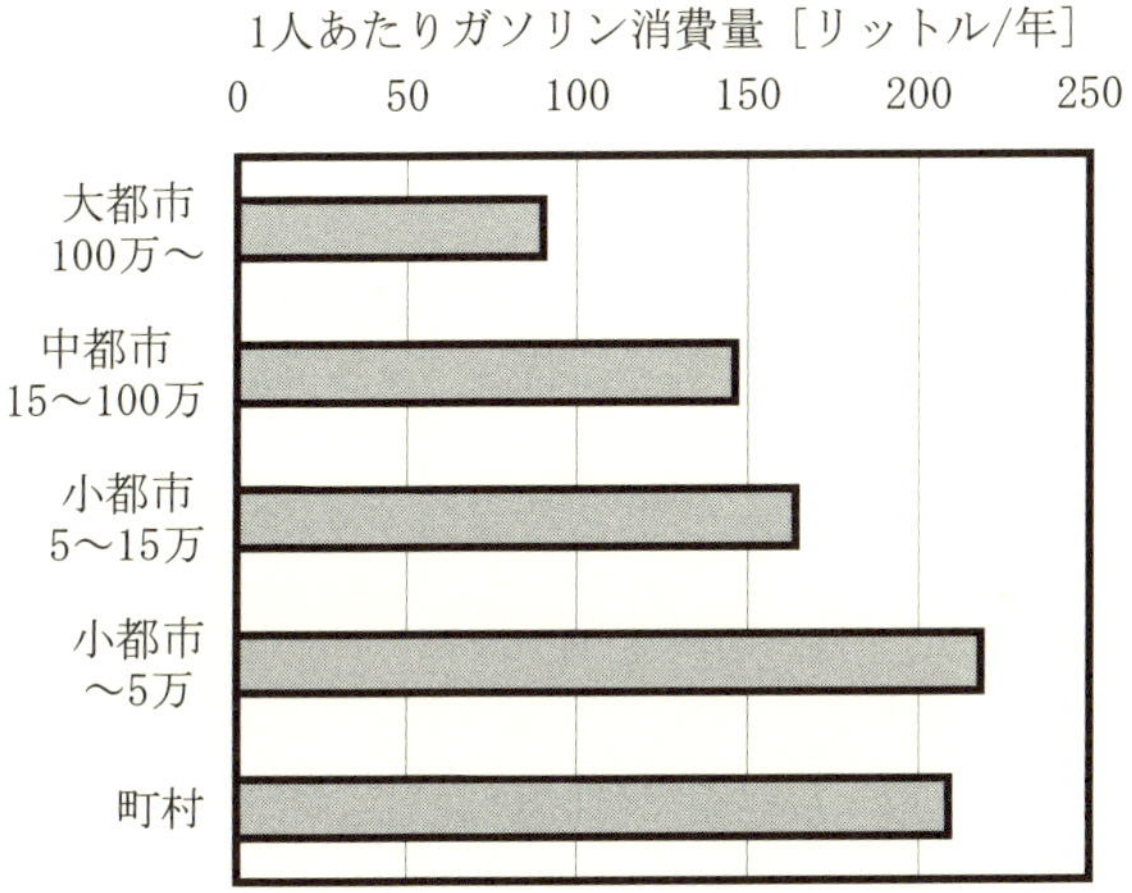

図2—5　都市の大きさ住民１人あたりとガソリン消費量

さらに人口が少ない町村になると若干ガソリン消費量が減少しているのは、交通手段としてのクルマ依存度はさらに高まる一方で、生活が地域内で完結する割合が多いために移動距離が少なくてすむなど、逆方向の要素も作用していることが推定される。前述のパーソントリップデータを整理した報告によっても、都市規模が一定の大きさよりも小さくなると、必要な用事に対して移動距離が減る傾向にある。[19] これらの要素が総合的にクルマ依存度に影響を及ぼすとすれば、どのような都市でも、仕組みとして移動が少なくて済む状態を作り出すことにより、クルマ依存を減らすことができる。

さらに、人口が同じような規模の都市であっても、より細かく都市別にみると、一人あたりガソリン消費量に違いがみられる。図2―6は、全国の都道府県庁の所在都市について、一人あたりのガソリン消費量が少ないほうから七都市、多いほうから五都市を並べたものである。公共交通の路線が密に存在する大阪市と東京都区部では常識的に推定されるとおりガソリン消費量が少ない。京都市・神戸市・川崎市・福岡市も、前二者より消費量が多くなるものの、類似の大都市である。一方でガソリン消費量が多いほうの都市になると、一人あたりで東京や大阪の五倍以上のガソリンを消費している。

注目すべき都市として、少ないほうの七位に長崎市がある。同市の一人あたりガソリン消費量は政令指定都市と同じレベルである。長崎が海と山に挟まれて、無秩序なスプロール化（郊外化）が物理的に制限されて、コンパクトな都市が形成される地理的な特性を備えていることに加えて、路面電車の走行環境を整え（軌道敷に自動車の乗り入れを禁止）、安価（全区間一〇〇円）で便利な運行が行われているなど、地方都市としては公共交通のレベルが高いことから、クルマ依存度が抑制されているという理由が推定される。

中村隆司氏らは、都市の特性を示す多くの指標（道路整備の状況、市街地の形態、機能の分布、都市計画の実施状況、通勤通学の手段、工業化の傾向など）を系統的に整理している。[20] その結果、同じような人口規模でありながら、住民一人あたりのガソリン消費量が大きく異なる都市の例として、青森市（少）と福島市（多）、長崎市・松山市（少）と金沢市・宇都宮市（多）などを比較し、その要因を検討している。その結果、単純に人口集中地区の人口密度が高いほどガソリン消費量が少ないという関係が見られるほか、都市の核が点在していないこと、公共交通を核に市街地が放射状に発達していること、大規模小売店の密集度が高いこと、郊外に工業団地などが分散立地していないことなどを要素として分析している。

また都市の核が物理的に分散していても（例として静岡市）、相互が鉄道で結ばれていたり、長崎市・松山市のように路面電車の存在する都市で、ガソリン消費量が少ないことを指摘している。また、日本の都市計画制度は全国でほとんど共通でありながら、都市ごとに運用の差によって結果にかなり差が出ていることも示されている。この他、戦災を受けたか否かなど歴史的な経緯にも関係がある。これから言えることは、他の都市でも、都市政策とし

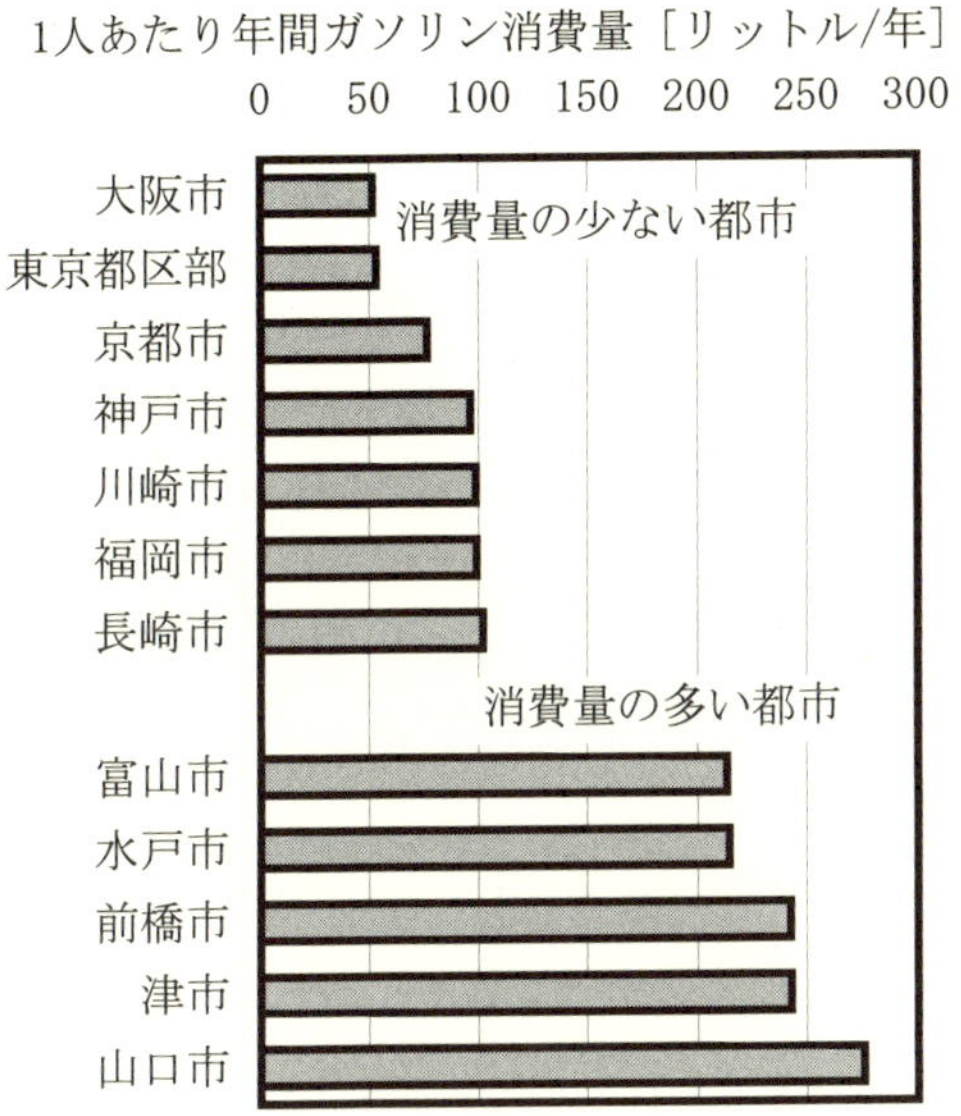

図2―6　ガソリン消費量の多い都市と少ない都市

て青森・長崎・松山などの都市構造を再現するような対策を採ることによって、クルマ依存度を減らすことができる可能性が示される。また一連の議論について、海道清信氏が「コンパクトシティ」というコンセプトから著書にまとめている。[21]

ただし、単に都市の物理的構造を変えれば持続的な都市ができる、という単純な関係には疑問を呈する見方もある。かりに都心部に魅力的な都市空間を整備し、公共交通を整備したとしても、人々の郊外指向・持ち家指向のトレンドが変わらないかぎり、都心に戻ってくる人は少ないのではないかという疑問である。逆に、もともと都心に住みながらクルマを保有・利用している人にとっては、都市空間を歩行者指向に整備し、公共交通のサービス水準を向上させても、依然としてクルマを使い続けるという可能性がある。すなわちコンパクトシティの実現には、それに対応して、コンパクトシティを活用する文化の醸成が必要であるという指摘もなされている。[22]

クルマのための設備

都市の物理的な形状とともに、その都市に提供されている交通施設の状況によっても、クルマ依存に大きな影響を与える。たとえば、駐車場である。図2—7は、世界の都市について、業務用の駐車場と、その都市でのクルマの年間走行距離の関係を示したものである。駐車場の提供は、路上駐車を防止し、都市の交通の円滑化に貢献するという理由がつけられることが多いが、結局のところ、駐車場を便利にするほどクルマの利用をうながし、より多くのクルマを呼び寄せる要因となる。

一方で、都心へのクルマの乗り入れを防止するために行われるパーク・アンド・ライドもある。

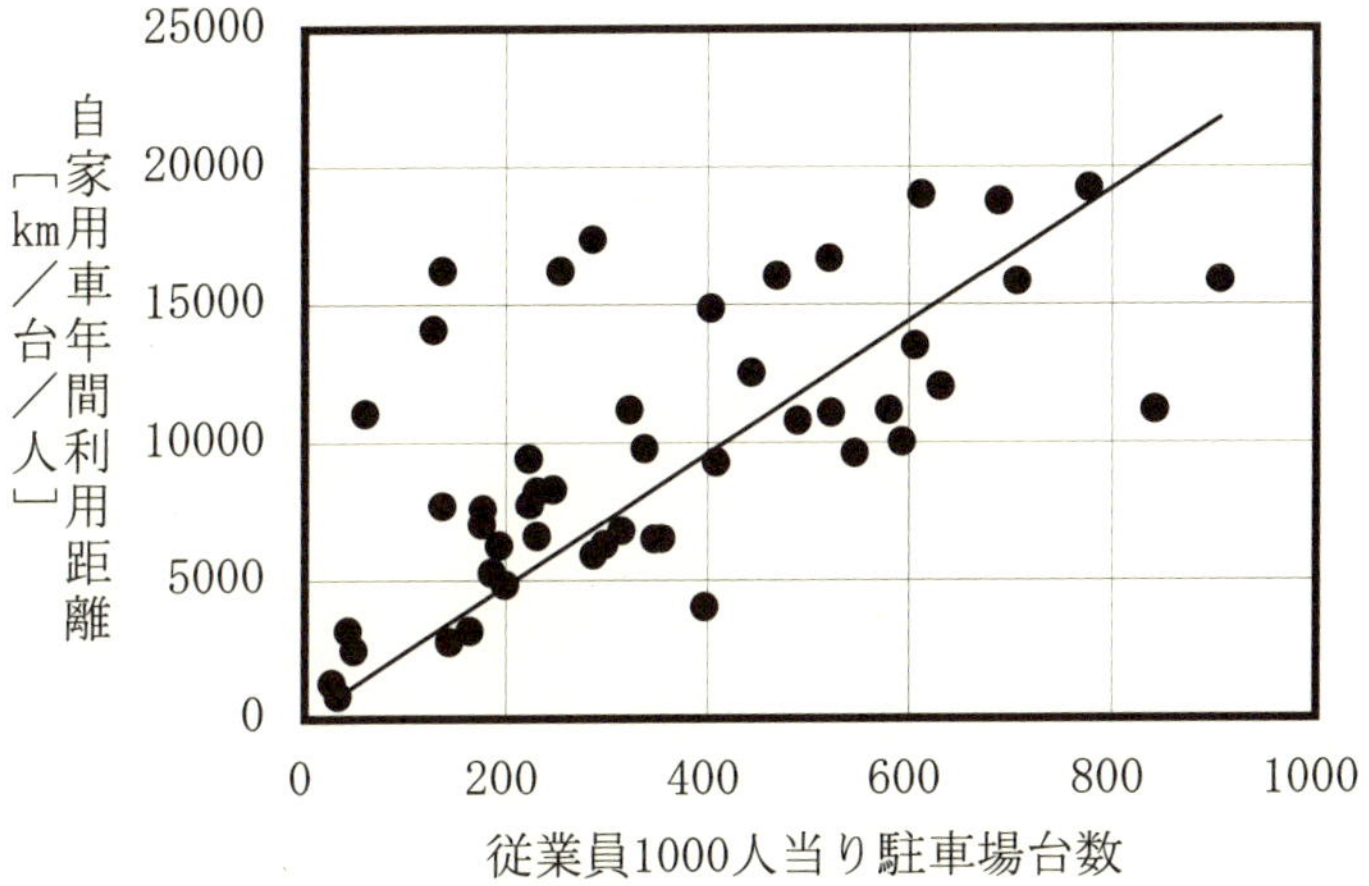

図2―7　駐車場の供給と自動車利用量

これは、公共交通の便利な乗り換え点に駐車場を設け、郊外からのクルマをそこに停めて公共交通への乗り換えをうながすことによって、都心のクルマ交通を減らすことを意図した方策である。しかし、パーク・アンド・ライドがかえって都市全体でのクルマの利用を誘発した例もあり、注意が必要である。札幌市では次のような事例が報告されている。[23]

報道によると「市中心部の交通渋滞を緩和するため、郊外の地下鉄などの駅近くに駐車場を整備し、マイカー通勤者に乗り換えてもらう札幌市の『パーク・アンド・ライド』事業が、逆に郊外の交通量増加を招いていることが同市の調査で分かった。駐車場利用者の多くが以前バスや徒歩で駅に通っていたほか、駐車場を車庫代わりに使う人もいた。札幌市は同事業の先行都市の一つだけに、定着への課題を浮き彫りにした格好だ。［中略］市では結果について『中心部の車の削減に効果はあったが、全市の交通量抑制につながらず、郊外の路線バスの乗客も奪った』と分析。今後、駐車場の契約は、駅やバス停から遠い住民を優先する方針を決めた」と伝えられている。

また、公共施設や商業施設が駅から遠くなるほど、一般に自動車に頼らざるを得なくなる。部分的にでもこのような理由で人々が都市内の移動で自動車を使う必要が生じると、他に徒歩・自転車・公共交通を使える機会があっても、わざわざクルマを置いて別の手段に変えるのが煩わしくなるから、距離が短くても、全てにわたって自動車を使う結果になりやすい。図2―8は、公的施設や商業施設の、駅からの距離と自動車分担率の相関[24]である。駅から遠いほど自動車分担率が高くなっており、公的施設や商業施設の配置そのものが、自動車交通の需要を左右している。

その一方、駅からの距離がゼロでも、自動車の分担率はゼロではなく、図2―8の例では四〇パーセント近くが自動車を利用している。その理由として、一回の移動で単一の用件だけでなく、複数の用件（公的機関や銀行の利用、買い物等）を処理することが多いため、一部でも自動車を必要とする立ち寄り場所があると、一連の移動のすべてに自動車を使わざるをえなくなるからである。最近普及してきた行政のワンストップサービス（色々な用事が一カ所で済む）や、電子化によるサービス端末の設置等は、交通と関係がないように見えるが、環境負荷の削減に役立つ可能性がある。行政機関においても、業務の枠を越えた交通環境対策の取り組みが求められる。

市町村合併と交通

現在、市町村の合併が促進されているが、交通にも大きなかかわりを持つ。一例として、水口町

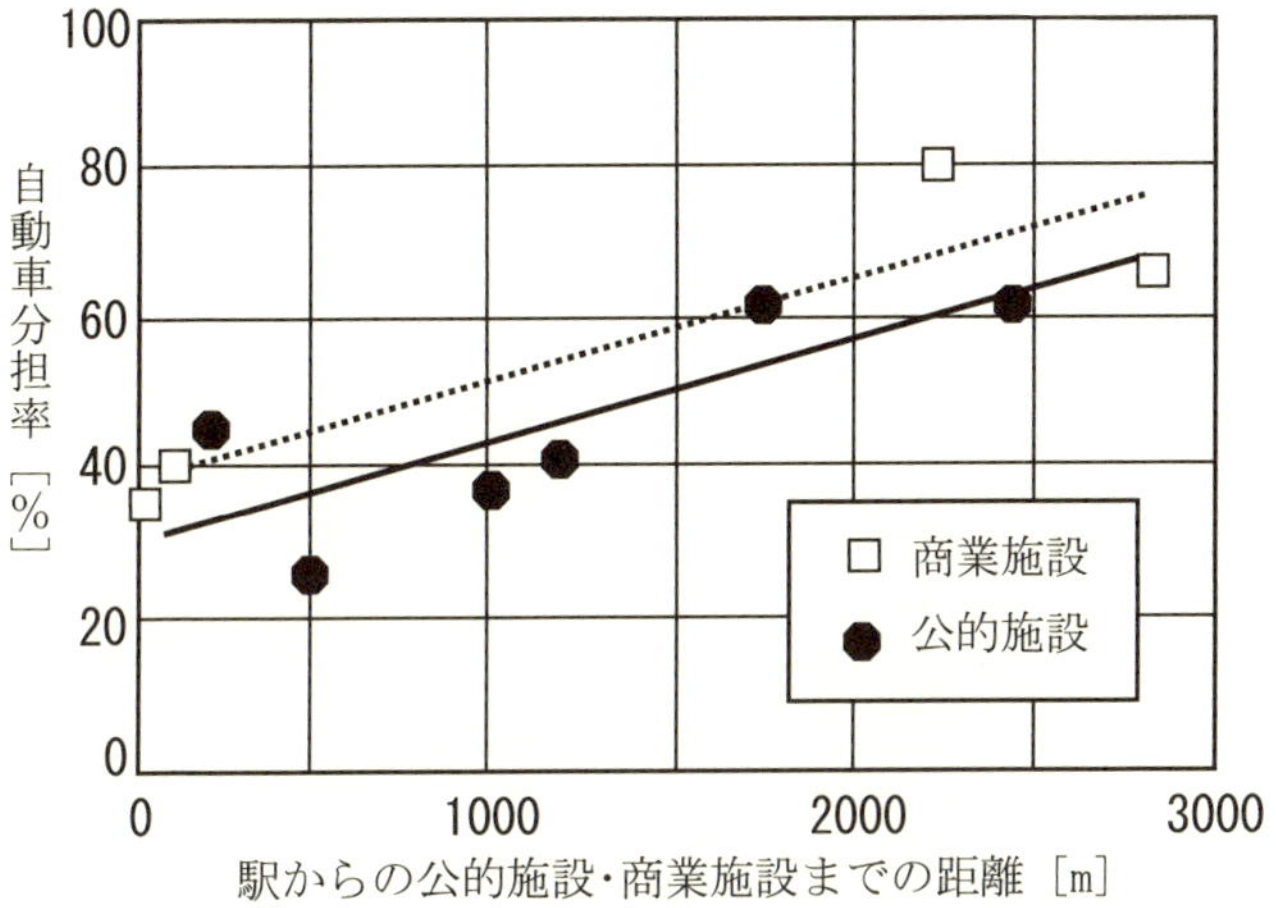

図2—8　公的施設・商業施設の駅からの距離と自動車分担率

（滋賀県）のコミュニティバス（愛称「はーとバス」）は、人口三万七〇〇〇人の規模の町でありながら、八系統・一三六カ所の停留所が設けられ、六時台から二〇時台まで運行するシステムである。路線ごとには一時間に一本の頻度であるが、複数の路線が集合する主要ルートでは大都市に匹敵する運行頻度になる。これは同規模の他の自治体のコミュニティバスに比べてレベルの高いサービスであり、全国的にも注目されてきた。しかしながら、水口町も周辺四町と合併の計画がある。もし同じ水準のバスサービスを合併後の広域の地域にも提供すると大きな負担になるが、水準の低いほうに合わせるのでは、水口町の住民にとって合併の意義が疑われることになる。

関連した検討として、仙台市を例に、副都心を設けて人口を分散配置した条件でシミュレーションすると、自動車トリップが増え環境負荷（このケースではCO_2で評価）も増えるという結果[25]や、中心市街地以外にも周辺に市街地を持つ点在型都市（たとえば福島市・宇都宮市）では、世帯あたりガソリン購入量が多くなるという分析[26]もある。

合併は、通常はさまざまな行政業務の場所的な集約を伴うと考えられる一方で、従来の市町村の中心もある程度残る可能性がある。すなわち、合併で結果的に多核都市が形成された場合、それぞれ公共交通が密に発達した自治体どうしが結合するならまだしも、双方あるいはいずれか一方がクルマ依存型の自治体であると、クルマ交通の増大により環境への負荷が増える。また、合併にともなう行政業務の集約を適切に考えないと、利用者（住民）からみて、それまで自転車で行っていた市町村役場が遠くなってクルマを使わざるをえなくなったり、クルマを利用できない住民は行政サービスを受けられないといった影響も起こりうる。合併そのものの是非は本書で論じないとしても、合併には交通問題も大きな検討課題として伴うことを認識する必要があり、交通のあり方を考えずに合併を行うと、環境への負荷を増加させる原因になる。

3 クルマ社会と制度の経緯

制度のあり方とクルマ

いかに自由主義経済であるといっても、人々の暮らしにおけるさまざまな選択や、経済行為は一定の「きまり」の枠内で行われる。ここでいう「きまり」の中には、公的な法令（条例）もあれば、明文化されていない慣習やマナーもあり、多くの側面があるが、本項では公的な部分について検討したい。

さらに、さまざまな行政の施策は、必ず法令（条例）にもとづいて行われるはずであるが、法令（条例）と現実の施策は、必ずしも固定的な関係で連動せず、解釈・運用・行政指導といった面でも相違が生ずる。

クルマを利用する人々と、利用しない人々の双方から、いわゆる「行政の怠慢」が指摘されることが多い。クルマを積極的に利用したいと考えている人々からは、国や自治体が道路や駐車場を充分に提供しないために、渋滞や事故が生じているという批判が尽きない。一方でクルマ依存社会に批判的な人々からは、道路施設や信号がクルマ優先で、歩行者や自転車の存在を無視、軽視しているために、安心して通行できないという訴えが寄せられる。また交通事故、大気汚染、騒音と振動の被害などは、誰にとっても負の要素として受け止められるだろう。

法律のシステムや、行政のシステムは、クルマ依存社会に対して、どのようにかかわってきたのであろうか。単に人々の嗜好に任せて無為無策であったのか、クルマ依存社会を促進あるいは制約するように機能してきたのであろうか。戦後からこれまで、交通関係の施策の流れを振り返ってみる。また、道路がなければ自動車は無用の長物であり、自動車政策は道路政策でもある。ここで、①道路整備の施策、②交通安全施設の施策、③交通規制の施策、④都市環境の整備、⑤交通公害（環境）対策、⑥歩行者や自転車への対策、という六分野について見てみよう。

道路整備の施策

一九五三年に「道路整備の財源等に関する臨時措置法」が制定されたのをはじめ、一九五五年に「地方道路税法」「地方道路譲与税法」の制定、一九五六年に「道路整備特別措置法」の制定など、道路財源を調達するために、目的税を徴収する制度が準備された。なお同年に日本道路公団も発足している。これに前後して一九五六年に米国からワトキンス調査団が来日し、「ワトキンス報告」[27]を残した。

一九五四年に「第一次道路整備五箇年計画」が開始される。この五カ年計画はその後も繰り返され、一九九七年までに一一次にわたる五カ年計画が実施されたのち、一九九八年から二〇〇二年の「新道路整備五箇年計画」が策定され現在に至っている。

いま、その使途の拡大を巡って議論されている道路特定財源は、こうした一連の流れの中で創設されたものである。国税として、揮発油税が一九四九年に創設で一九五四年に特定財源化、石油ガス税が一九六六年に創設（ただし二分の一を「石油ガス譲与税」として地方に譲与）、自動車重量税が一九七一年に創設（ただし四分の一を「自動車重量譲与税」として地方に譲与）、また地方税として、地方道路譲与税（地方道路税の全額が転用される）が一九五五年に創設、軽油引取税が一九五六年に創設、自動車取得税が一九六八年に創設、といったように、道路建設のための目的税が次々に創設されている。このほか、地方公共団体の一般財源として、自動車税と軽自動車税が課される。

特定財源のうち、大部分の税については「暫定税率」が設定され、なかでも揮発油税と軽油引取税の暫定税率分が道路財源に相当な比率を占める。暫定税率の期限は二〇〇三年三月末であったが、二〇〇二年の政府税制調査会の答申によると、「当面、適用期限を迎える揮発油税等の暫定税率については、自動車の社会的コストや環境の保全を考慮し、現行の水準を維持する。（要旨）」[28]として、暫定税率を維持することになった。その真意は財源の既得権の確保にあると推定されるものの、社会的費用への言及がある点は興味深い。

揮発油（ガソリン）税と軽油引取税が本則に戻されると、税率が下がって、一リットル当たりガソリンが二五円、軽油が一七円安くなり、自動車の走行をいっそう増加させると予測される。その影響について国立環境研究所では、CO_2にして二五〇〇万トンの増加に相当し、日本が京都議定書にもとづき削減を約束した分の三分の一以上に相当する量を、逆に増やしてしまう可能性があると指摘している。[29]さらにこのシミュレーションは、計算の仮定として現状の車種別の割合をもとにしているが、現実には、燃料価格の低下によって小型車から大型車への乗り換えなどが起きるとすると、さらにCO_2が増加する可能性があると指摘している。

交通安全施設の施策

交通安全施設については、一九五六年に「交通安全三箇年計画」が始まり、その後五カ年、七カ年など期間の変更を伴いながら、二〇〇二年までに八次にわたる交通安全計画が実施されている。この間の交通事故に関する特徴的な傾向としては、大まかに三つの期間に分類される。まず一九六〇年代に、自動車の台数増加に対して、交通安全施設の整備が追いつかないために、モータリゼーションの進展に伴って交通事故が急増した時期がある。

続いて一九七〇年代には、対策の効果がいちおう現れて、自動車の台数あたりの交通事故件数が減少した時期がある。ただしこの時期の交通安全施設による交通事故の防止は、歩行者とクルマの関連では「歩車分離」が中心であった。このため、海外にはほとんど例を見ない歩道橋が多数建設され、歩行者の側に歩道橋を渡らせるという負担を与えることによって、事故を防止する方策がとられたため、その不当性を指摘する議論[30]も起こった。ただし最近では歩道橋の新設は稀になり[31]、むしろ設備が耐用年数に達して撤去する方向にある。

こうした一連の経緯を経て、自動車走行キロあたりの事故件数は、一九八〇年代後半におよそ一〇〇件（走行一億キロメートルあたり）前後にまで低下したが、交通安全施設による効果が飽和に達し、その後ほとんど変化がみられない。前述（第1章）のように、自動車走行キロあたりの事故件数が一定であるために、言いかえると自動車の走行距離が伸びるのに比例して件数そのものが増加する傾向にある。緊急救命体制の整備などにより、交通事故死者数が減少の傾向にあるものの、負傷者は増加しており、根本的な交通事故対策が功を奏しているとは言えない。

交通規制の施策

交通の方法、交通の規制に関する施策では、約一〇年ごとに大きな考え方の変化がみられる。戦後すぐの一九四七年に「道路交通取締法」が制定される。ここでは「道路における危険防止とその他の交通安全」をはかるものという趣旨が掲げられていた。

次に一九六〇年に現在まで続く「道路交通法」が制定されたが、ここで安全のほかに「交通の円滑化」との趣旨が付加された。すなわち、増大する自動車交通をいかに良く流すか、という発想が加わったわけである。

安全・円滑な交通は、単に交通規制の問題ではなく、都市計画・都市政策そのほか多くの要素を含む問題であるにもかかわらず、交通警察の課題としては「円滑」が主となり、安全については歩行者や運転者の個人的注意に依存するという、政策とは言いがたい発想のみが残ってしまった。一方で市民からの要望や不満は、現地の警察や現場の警察官に向けられることになり、渋滞すらも交通規制の問題であるかのように認識され、自動車交通をいかに円滑に流すかが、交通警察の主要な責務となったのである。交通政策は多くの行政機関が共同して取り組むべき課題であるにもかかわらず、縦割り行政のために取り残されているグレイゾーンが、警察にしわ寄せされていると言うこともできる。

また、一九七一年の道路交通法改正では、「道路の交通に起因する障害の防止」という趣旨が加わった。自動車交通量がいっそう増加し、道路交通に伴う大気汚染、騒音、振動などに対しても、交通の方法、交通の規制の側から対応が迫られた背景を示している。しかしながら、この趣旨を積極的に活かす具体的な施策は弱く、現在に至ってもいかに大量の自動車交通を円滑に流すかという方向性が強調されており、交通規制の面からの、公害防止の有効な対策が実施されている例は少ないように思われる。

自動車の保有面に対する規制として、自動車の所有者に保管場所の確保を義務づける「自動車の保管場所に関する法律」（通称「車庫法」）が一九六二年に制定されている。これは今となっては当たり前の義務であるが、もし車庫法がなかったとすれば、現在以上に無秩序な自動車の所有、路上駐車が発生したと考えられるから、車庫法は特に都市におけるクルマ所有の制御にとって、重要な意義を持っている。

都市環境の整備

交通問題といえば、短絡的に「クルマか、公共交通か」といった交通手段の議論になってしまう傾向もある。しかしながら、交通のあり方に最も基本的な影響を及ぼしている要素は都市のあり方、すなわち都市をどのように設計し、管理するのかという問題である。もとより、既存の市街地をどうするかというケースと、新たに都市空間を開発するケースでは、アプローチが異なる。日本の都市計画制度は一九六〇〜七〇年代の高度成長期に整備されたため、都市への人口集中に対応するという目的が強く、ニュータウン開発や土地区画整理事業の実施、産業基盤の整備といった発想が強かったため、結果的にモータリゼーションを促進する方向に作用した[32]。

一方で、無秩序な市街地の拡散（スプロール化）もすでにこのころから問題として認識されており、一九六八年には、スプロール化を防止し、都市の計画的、段階的な市街化を図るために行う市街化区域（すでに市街地となっている区域と、優先的に市街化を図るべき区域）と市街化調整区域（市街化を抑制すべき区域）に区分する制度、通称「線引き」が導入されている。市街化調整区域に区分されると、農地を転用して一般の住宅を建てるなどの行為が制限される。

これ以後の大きな改正としては、二〇〇〇年に線引きの権限が国から都道府県知事に移された。「線引き」は制度的にスプロール化を防止する有力な手がかりである。さらにバブル経済の崩壊以降、市街化区域でありながら未利用のまま放置される区域も見られるようになったことも合わせ、これまでと逆に、市街化を抑制すべき地域を拡大する、通称「逆線引き」の施策もみられるようになっている。ただし実際の適用例はまだ少ない。

一九九二年の都市計画法改正により「市町村の都市計画に関する基本方針（都市計画マスタープラン）」が制度化され、地方分権改革による権限委譲とともに、市町村がまちづくりに関する独自の方針を持つことが可能となった。またここで、地域住民の意見反映を行うことが義務づけられたため、市民参加型の都市計画マスタープランづくりが普及してきた。それだけに、参加する市民の側の力量も問われるようになっている。関連した制度として、緑地の保全・拡充を目的として、一九九四年に都市緑地保全法が改正され、緑地の保全及び緑化の推進に関する基本計画を市町村が定めることになった。

郊外の道路沿いに立地する大型店の設置許可にかかわる「大規模小売店舗立地法」も注目される。郊外型の大型店は、市街地の既成商店街の崩壊を招き、日用品を買うにもクルマで郊外店舗へ行かざるをえなくなるなど、クルマ依存の促進の方向に作用する。この他に、景観や街並み保全や、地方公共団体が個別に定めた条例など、都市計画に関する法律・条例、要綱そのほかの取り決めが数多くある。しかし「持続的な都市」を目標として、都市計画からのクルマ依存の脱却というコンセプトに従って強力に活用されている事例は少ない。

交通環境対策

道路の整備と共に進展したモータリゼーションと、増加した交通事故への対策は前述のとおりであるが、それに比べると、本書で最も注目する交通公害（環境）対策は、時期的に遅れた。

名神高速道路の全通が一九六四年、運転免許保有者が二〇〇〇万人に達したのが一九六五年であり、すでにモータリゼーションが現実化していた一方で、法律にもとづく自動車排ガス規制は、一九六八年に大気汚染防止法にもとづく規制が開始されたが、この時点での規制対象物質はCO（一酸化炭素）のみである。また東名高速道路の全通が一九六九年であるが、騒音規制法により自動車の騒音規制が始まったのは一九七〇年である。

逆に言うならば、名神高速道路が全通しても排気ガス規制がなく、東名高速道路が全通しても騒音規制がなかったのである。また東京都の交通量の多い交差点で鉛公害が報告されたのが一九七〇年であったが、ガソリンの無鉛化は一九七五年になってようやく開始された[33]。その後、一九七三年に乗用車のNOx規制の開始、一九七四年に貨物車のNOx規制が開始などの変化がある。以後、段階的に規制値が強化されるとともに、規制物質が加わり、現在では一酸化炭素、炭化水素、窒素酸化物、粒子状物質、ディーゼル黒煙について規制されている。

ここで、自動車交通全般の状況と、各種の交通環境対策の経緯を時間的に示したものが、表2―1である。また参考までに、クルマ依存社会や、それがもたらす問題について、環境問題の視点からの批判的な論説を同じ表に示す。

このように、交通環境対策は常にモータリゼーションの進展に追いつかず、被害が生じてから後追いで整備されてきたことがわかる。

表2―1　交通環境対策の推移

西暦	全般のできごと	環境のできごと
	◎クルマ依存社会に批判的な論説	
一九六四	第四次道路整備五箇年計画決定 名神高速道路全通（小牧～西宮間）	
一九六五	免許保有者二〇〇〇万人突破	
一九六六		自動車公害調査団渡米
一九六七	自動車保有台数一〇〇〇万台突破	
一九六八	◎『マイカー亡国論』（湯川）	大気汚染防止法に基づく自動車排ガス規制開始
一九六九	東名高速道路全線開通（東京～小牧）	自動車排ガス規制を全車に実施（CO）
一九七〇		炭化水素規制実施（ブローバイガス還元装置取付け義務づけ） 東京で排気ガス鉛公害が報告される
一九七一	自動車保有台数二〇〇〇万台突破	騒音規正法に基づく自動車騒音規制開始

一九七二	八王子でノーカーデー実施 大阪府能勢町でデマンドバス運行開始	環境庁、一九七三（昭四八）年実施の自動車排出ガス規制基準値を告示
一九七三	運転免許保有者数が三〇〇〇万人を突破	乗用車の窒素酸化物規制開始
一九七四	◎『自動車の社会的費用』（宇沢） 石油ショックで東京モーターショー中止	環境庁、自動車排出ガスの一九七五（昭五〇）年規制を告示、一酸化炭素、ＨＣは一〇分の一、NO_xは五五パーセントに削減 七大都市自動車排出ガス規制問題調査団が一九七六（昭五一）年規制技術を可能とする報告書まとめる 貨物車の窒素酸化物規制開始
一九七五		広島県が低公害車の自動車税を四五パーセント軽減、その他は一〇パーセントアップを決定

		自動車排出ガス一九七五（昭五〇）年規制実施 各社一九七五（昭五〇）年排ガス規制適合車発表
一九七六	トヨタカローラ世界一の量産車に 自動車保有台数三〇〇〇万台突破 ◎『裁かれる自動車』（西村）	ガソリン無給化スタート 一〇モード燃責公表制度スタート 環境庁、一九七八（昭五三）年排ガス規制値告示
一九七七	◎『道路公害と住民運動』（道路公害問題研究会）	輸入車の五三年排ガス規制、三年間延期決定
一九七八	乗用車保有二〇〇〇万台突破、二輪車保有は一〇〇〇万台突破	環境庁、大型車排ガス及び自動車騒音一九七九（昭五四）年規制値告示
一九七九	ガソリンスタンドの日曜・祝日全面休業スタート 運転免許保有四〇〇〇万人突破	環境庁、排ガス一九八一（昭五六）年規制値を告示 初の交通公害白書（環境庁）
一九八〇	自動車生産一一〇四万台で世界一となる	
一九八一	自動車保有台数四〇〇〇万台突破	

一九八二	中央自動車道全通	大型バス・トラックの騒音規制強化決定
一九八四	運転免許保有者五〇〇〇万人突破	
一九八八		一九九一年以降のスパイクタイヤ製造中止決定
一九九〇	改正車庫法・道交法成立 運転免許保有者六〇〇〇万人突破	自動車工業会、地球温暖化スタンスペーパー発行
一九九一		環境庁、自動車排ガス低減技術評価報告書を発表 環境庁、窒素酸化物排出総量抑制で最終報告発表
一九九二	◎『交通のエコロジー』（上岡）	環境庁、排ガス規制で目標達成時を設定 自動車ＮＯx法制定
一九九七	運転免許保有者七〇〇〇万人突破	環境庁、自動車排ガス規制を強化、二輪車にも規制導入 地球温暖化対策で五省庁が基本方針、ガソリン車燃費二〇パーセント改善
一九九八		通産省、ガソリン車に低公害車購入融資 西淀川公害訴訟和解

二〇〇〇	自工会、自動車の燃費品質に関する日米欧自動車業界の提言を発表 東京都議会、「環境確保条例」が成立
二〇〇一	自動車NO_x法改正、粒子状物質を規制対象に加える 東京都「ロードプライシング構想」をまとめる
二〇〇三	東京都及び関連市、一定基準に満たないディーゼル車の走行を禁止

自動車排ガスの規制は、法律的に二段階の手順をとっている。規制値そのものは環境大臣が大気汚染防止法に基づいて定め、具体的な車両に対して、その確保、管理を国土交通大臣が担当することになっている。なお、社会的には重視されていないが、大気汚染防止法の自動車大気汚染に関しては国民の努力義務がある。第二一条の2に「何人も、自動車を運転し、若しくは使用し、又は交通機関を利用するに当たつては、自動車排出ガスの排出が抑制されるように努めなければならない」と規定されている。後段の「交通機関を利用するに当たつて」とは、移動に際して、できるだけ排出ガスの少ない交通手段を選ぶべきであるという意味に解釈される。

ここで、自動車そのものに対する各種の規制はあくまで手段であって、最終的な目標は環境の保全である。この観点から交通環境対策の問題点を見てみよう。自動車単体の排出ガス規制は、図2

―9（重量ディーゼルトラック・直噴エンジンの窒素酸化物の例）にみられるように逐次強化されてきた[34]にもかかわらず、現実の環境濃度としては図2―10のようにほとんど改善されない[35]。NO_2については、一九八五年前後から〇・〇三PPM（自動車排出局）で横ばいの状態、また浮遊粒子状物質では、同年前後から現在までに〇・〇五から〇・〇四ミリグラム／立法メートルに微減の状態であるが、画期的な改善がみられず健康被害の発生が続いている。

この原因として、改良された車両が製造されても、既存の車両と入れ替わるまでに年数がかかること、車両単体としての排出ガス中の汚染物質の濃度が減少しても、車両の総台数や総走行距離が増加したこと、またそれにともなう渋滞の増加などによって、単体の改善を上回る排出総量の増加があり、車両単体の改善の効果が打ち消されてしまった等が考えられる。このような実態に対して総量規制の導入の必要性が認識され、「自動車NO_x法[36]」が一九九二年に制定され、指定された地域の自治体は、総量規制の計画を立てることが義務づけられることになった。さらに二〇〇一年には、NO_xに加えてPM（粒子状物質）も対象に加えた改正がなされ、規制が強化されている。しかし、今なお確実な効果は観測されていない。

歩行者や自転車への対策

日本の交通政策に関して「クルマ優先であり、歩行者や自転車を軽視している」と批判されることが少なくないが、歩行者や自転車を優先する先駆的な試みもあった。一九五〇年代後半に、東京や大阪で、子どもの道あそびができるように交通規制を行い、「遊戯道路」と称する試みが実施さ

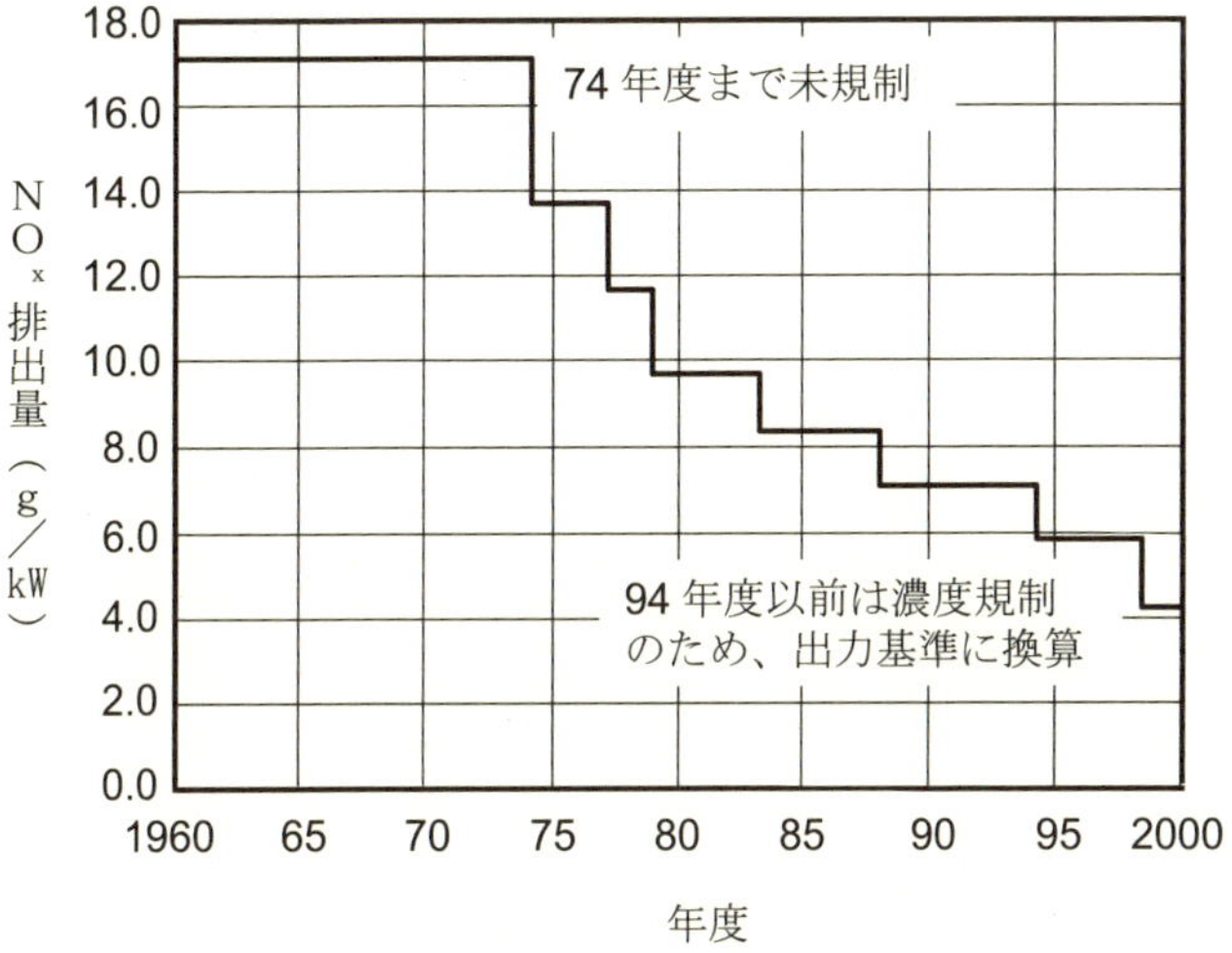

図2―9　重量ディーゼルトラックのNOx規制

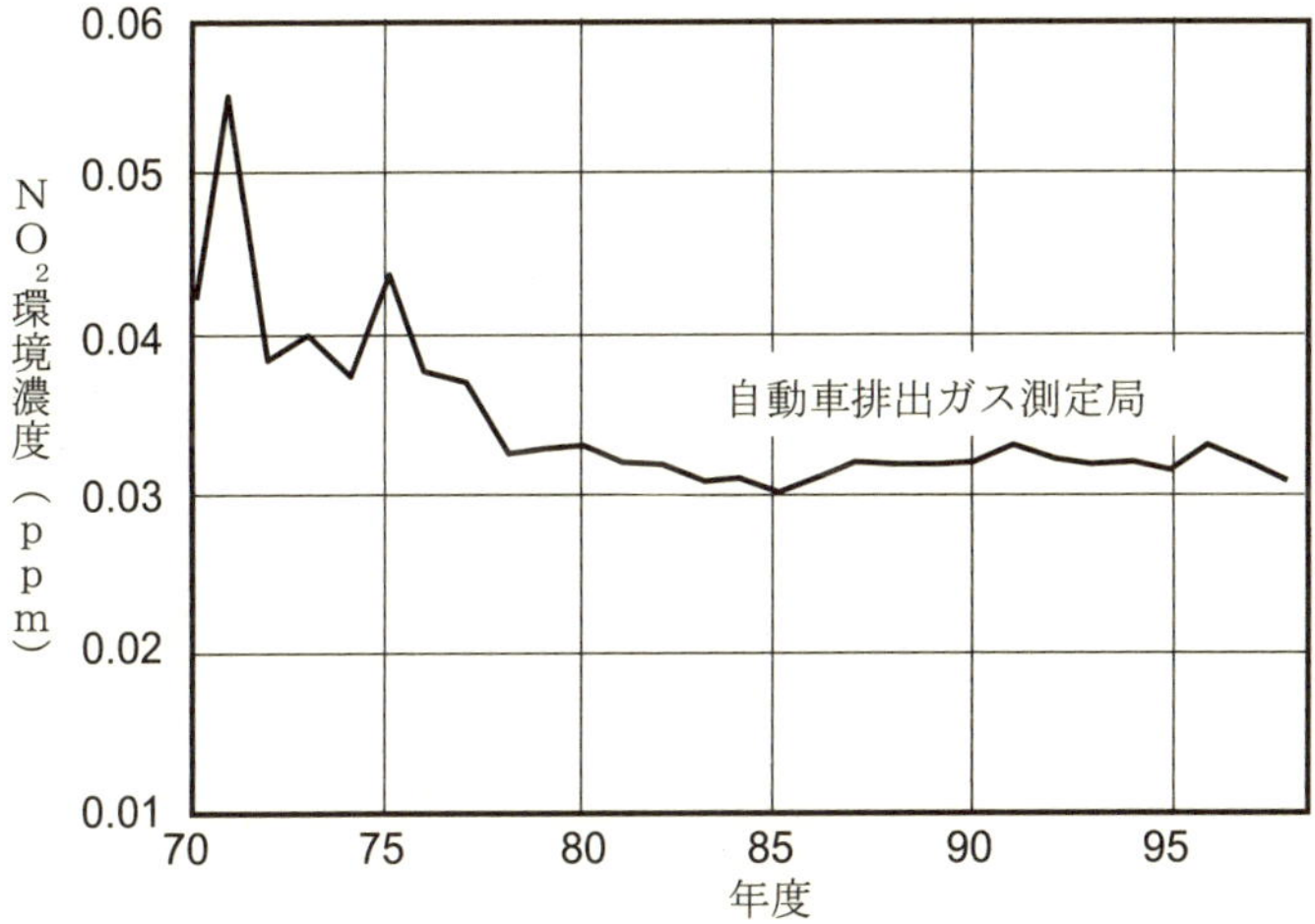

図2―10　NO_2の環境濃度

れた。警視庁でも一九六九年に「遊戯道路」を実施したが、これが好評のため「買物道路」も出現した。この時期には、警察もまだモータリゼーションに完全には押し流されていなかったように思われる。さらに一九六九年には、北海道旭川市で「買物公園」として道路を交通規制により歩行者専用とする、後の歩行者天国の社会実験が実施された。

続いて、一九七〇年にニューヨークの五番街で自動車通行止めを行ったのに触発され、東京の銀座でも「歩行者天国」が実施された。一方の制度面では、道路構造令で一九七〇年に、内容は不充分ながらも自転車道、自転車歩行者道の規定が追加され、一九七一年には道路交通法でも「交通規制による車両の通行が禁止された歩行者用道路」の規定（歩行者天国の公認）を設け、歩行者・自転車の通行空間を確保する配慮がみられるようになった。

一九七二年のスクールゾーン規制は、通学児童の安全確保のために総合的な面的規制を行う内容であり、先進的な意義を持っていた。このほか一九七四年に生活ゾーン規制が制定された。一九九六年からのコミュニティゾーンは、これまでとかく縦割りと批判されてきた交通規制側（公安委員会）と、道路管理者側（国や自治体）が連携し、その計画にあたって住民参加を取り入れるなど、新しい枠組みにもとづいて実施されている。

また街区や、それ以上の面的なエリアを対象とした都市環境整備として、すでに一九五七年に大阪府の千里ニュータウンが、一九六二年に東京都の多摩ニュータウンが開発されている。この時期に、都市の高密度・混雑などを逃れ、良好な環境を求めてニュータウンに人々が移住して行ったが、クルマ社会を前提とした住宅政策であるとも言えよう。しかし、それらの人々がいま高齢化し、公共交通のサービスが十分でないことに加えて、斜面に沿って開発された住宅地のため歩行の負担が大きいことなど、あらたな問題を生じている。

別の側面から、交通バリアフリー法の制定に伴い、全国の自治体で鉄道駅周辺の歩行環境改善のための基本構想を策定するケースが増えている。この策定にあたっては、交通事業者・道路管理者・公安委員会の三者が連携することと、実際に通行する当事者、特に障害者などの参画を求めるという仕組みが指定されている。実際の運用上ではまだ全関係者の満足を得るまでに至らない事例も報告されているが、新しい方向性として注目される。

一方、自転車の通行からみると整合性を欠く施策が見られ、現在もまだ問題を残している。自転車は基本的に「車両」とみなされ、車道通行を前提としていたが、一九七八年の道路交通法の改正にともない、標識で指定された区間では自転車が歩道を通行できるようになるとともに、現場の警察としては、自動車との事故防止のために、歩道に上がることを指導するようになった。本来、自転車の走行環境を整えて事故を防止すべきところを、自転車を歩道に上げるという選択をしたものである。この結果、自転車と歩行者の摩擦を生じ、自転車が迷惑扱いされる風潮も招いた。自転車を歩道に通す施策は欧米には見られない日本特有の施策であり、現在も自転車の活用を妨げる要因になっている。

二〇〇一年には道路構造令の改正により、一定の条件（自転車の通行量が多い道路）には自転車道路を設置することが明記された。しかし、この構造が実際に適用される道路は少なく、なお問題を残している。日本は自転車の普及率も高く、環境負荷の少ない交通体系の要素を有している反面で、多数の自転車が集中する大都市では、一九七〇年ころから主に鉄道駅周辺で放置自転車問題が起こり、現在もなお根本的な解決をみていない。このため自治体の交通政策の中でも、ことに大都市ほど、自転車の利用を促進するよりも、むしろ歓迎しない姿勢がまだ残っている。

4 変革をさまたげる壁

公共交通軽視のイデオロギー

日本は、世界で最も公共交通が活用されている国である。地球上で鉄道に乗降する利用者の半分が日本の鉄道によるものであるが、それは一方で詰め込み輸送の結果でもある。日本の鉄道は、正確性と安全性で高い水準を維持しているが、交通政策の上では軽視され、また利用者からも、やむをえず利用する以外には敬遠されがちな交通手段である。どこからこのような思考がもたらされたのであろうか。人々がクルマを欲しがる心理については、自動車メーカーのマーケティングもあって文化的、思想的な分析が多くなされている。しかし公共交通軽視の側からの思想の分析はあまり試みられていないように思われる。

いま、都市の交通分野での環境や渋滞改善の観点から、欧米の路面電車復権の動きが伝えられ、国内でも新型車両が導入（岡山・広島・熊本など）されたり、路線の新設が提案されている都市がある。路面電車が運行されている都市は、都市（自治体）名で数えて一九都市あるが、戦後から現時点まで路面電車が存在したことがある都市は六一（現存を含む）である。一九六〇年代から七〇年代にかけて、道路交通の妨害、赤字、時代おくれなどさまざまな理由で、多くの都市で路面電車が廃止された。

都市の道路を使う旅客交通手段として、路面電車がクルマよりも格段に効率的であることは、昔から交通計画上の常識である。それが逆に非効率と評価されたのは、科学的な判断よりも、むしろイデオロギーによるものである。米国はかつて路面電車王国であり、日本よりも二桁多く、およそ一〇〇〇都市に路面電車が存在したことが記録されている。しかしその崩壊もまた極端で、一九三〇〜四〇年代に急速に路面電車が廃止された。

いま空港の名前にもなっているニューヨーク市長のラガーディアは、ニューヨークの路面電車を積極的に廃止したことで知られている。後年の評価によると、ラガーディアという名前からもわかるようにアングロサクソンでなく、また遅れて来た移民という自分の経歴にコンプレックスを抱き、逆に米国人としてのアイデンティティをアピールするために、欧州的な都市と旧世界を象徴する路面電車を憎悪して、廃止に熱意を傾けたという[37]。

日本でも同様な傾向がみられた。一九六〇年代のある都市の議会議事録で、次のような市長の発言がある。「昔は電車があるということを誇りにした。（しかし）電車なき都市というものは都市の形態をなさないといった時代はすでに過去である。今日は……路面電車というものが無いのをもって誇りにする、そういう都市を作りたい」[38]。この例にみられるように、日本でも、公共交通の否定が旧体制からの解放を意味した面があったとも言えよう。

また当時の路面電車従業員の労働組合は、当然ながら雇用の維持という観点で廃止に抵抗したものの、都市交通としての路面電車の位置づけという明確な観点は不足していたように思われる。利用者や住民の視点を交えた運動を展開する姿勢に欠けていた面があったと指摘する意見もある[39]。一方で市民の側の意識として、西村弘氏は「公共交通に対する恐怖感」があると指摘する。都市内の公共交通を充実する施策が具体的になってくると、市民はそれをクルマの利用抑制として警戒し、また公共交通の利用を強制されることによって、自分たちのライフスタイルが制約されるのではないかという懸念を抱くためである[40]。

これに加えて、日本の交通事業者は独立採算制を要求されているために、どうしても効率を優先せざるをえず、利用者に我慢を強いて切り詰めた経営を余儀なくさせられている。筆者がいつも利用する駅では、朝のラッシュ時に「先発」「次発」「次々発」という枠に乗客の列ができている。列車がホームに入って先発の人々が乗り込むと、次の列が並び順を乱さずに水平移動してまた整列するという現象がみられる。

動作が軍隊ほど機敏ではないものの、まさに軍隊を連想させる行動である。規則として強制されているわけではなく、かつこの方法が最も乗客相互の摩擦が少ないという経験則から、自然発生的に成立した習慣かもしれないが、これは輸送力の不足を詰めこみ輸送で対処している結果である。こうした経験が積み重なって、公共交通が敬遠される風潮を作り出している可能性が考えられる。

筆者でさえも、平常はともかく、体調が悪い時などに車内放送で「足を投げ出すな、詰めて座れ」とアナウンスされると煩わしさを感じる。このような、利用に対する心理的抵抗を緩和する対策は、公共交通を支援する財源の確保を裏付けとした、余裕ある輸送サービスの提供以外にはないであろう。

交通政策の理論の不備

公共交通は、民営事業者も含めて、長らく規制産業、すなわち運賃・料金の決定や、事業への参入・退出（事業そのものへ、あるいは路線ごとの参入・退出）が強く規制されていた。これに対して、モータリゼーションの進展が公共交通の経営を圧迫するとともに規制政策が本来の意味を失い、競争原理や市場メカニズムの導入が強く提唱され、これを踏まえた規制緩和が、交通政策の主流となってきた。しかし我々が必要とするのは、学説のための政策論ではなく、現実の交通政策が、持続的な交通にどのような影響を及ぼすかの考察である。

「クルマと公共交通の競争」という枠組みの議論をよく見かける。しかし、クルマと公共交通の間で、市場を通じた需要・供給の調節がどのように行われているのかという検討はほとんど見かけない。市場や競争を重視する経済学の大きな命題の一つに、資源の効率的な配分が挙げられるにもかかわらず、交通の分野に競争原理や市場メカニズムを導入するほど、資源やエネルギーを無駄づかいするクルマのシェアが増加する結果を招く。この事実を認識するなら、①交通に競争原理や市場メカニズムを導入すること自体に問題があるのではないか、②導入するとしても、どのような条件を設ければ適切な調節が行われるのかについて考察を及ぼすことが、科学的な姿勢であろう。

市場メカニズムによる調節が適切に行われるためには、いくつかの条件が必要である。すなわち、①市場に多数の売り手と買い手が存在して、単独でその需要と供給を変えても価格に影響を及ぼさないこと、②市場で取引される製品やサービスは、同質であること、③売り手と買い手は完全な可動性を持ち、自由に市場に参入・退出ができること、④売り手と買い手は完全な情報を持ち、製品（サービス）の価格や質を完全に知っていること、という条件（経済学的な「完全競争」）が必要である。しかしクルマと公共交通の相互関係を考えれば、①〜④の条件を前提とした議論は適用不可能であることは、一目瞭然であろう。

これまでの交通政策の分野で議論されている競争の促進や、市場メカニズムの議論は、あくまで比喩的な意味での「競争」や「市場」にすぎない。この意味での競争では、論者の都合によってどのような説明も可能となる。[41] こうした理論面の不備をそのままにして、議論が交通機関ごとの縦割りの議論の範囲に終始していることが、交通政策を誤らせ、持続的な交通体系の実現を妨げている。

ある代表的な交通政策のテキストでは、著述の方針として「（この本は）これまでの交通論の教科書の多くが各論を扱う際に交通機関別の叙述であったのと異なり、市場別に構成されている。交通機関は各市場ごとに競争を行っており、交通政策が市場規制政策を中心とするものである以上、市場別の切り口の方が適切であると判断したからである」[42] と説明している。すなわち、交通機関ごとの縦割りでなく、都市間交通や地域交通といった同じ土俵での、異なった交通機関同士の関係を論じると述べており、この限りでは賛同できる。ところがその内容となるや再び「分野の中での交通機関ごと」に細分化した個別の記述が見られるに過ぎず、クルマと鉄道（その他の公共交通）の関係については何の見解も示されていない。近年、異なる交通機関同士の相互関係を扱う価格理論もみられるが[43]、試論にとどまっており、交通政策の基準となるほど議論が成熟していない。

そうした各論の大部分が、交通機関ごとの縦割りの中で、無理やり競争理論や市場メカニズムを適用した内容に過ぎないために、結局のところ、公共交通機関の不採算路線の廃止を正当化するための説明にしか使いみちがない。これは、その論者が意図的であるか否かを問わず、クルマ依存の拡大を正当化し、持続的な交通を妨げる議論である。そもそも参入・撤退の自由とは、競争原理の成立上から必要とされる説明の都合にすぎないのであって、現実を理論に合わせるためにそれを導入するような議論を、交通政策の原理としてはならない。

理論上の不備を部分的に補うために「コンテスタビリティ」などの擬似的な競争理論も編み出されている。コンテスタビリティとは、主にバスや航空機に適用される理論である。交通サービスの市場に対して、新たな事業者が参入する可能性（参入規制の撤廃など）を設ければ、実際に参入がなくても、既存の事業者はその「可能性」に対応するために、あたかも競争が存在するのと同じく価格を下げると想定する理論である。しかしこのようなこじつけを用いても、競争は同種（鉄道同士、バス同士など）の交通機関について説明が可能となるにすぎない。「クルマと公共交通の競争」は、いずれにせよ説明できないのである。

それにもかかわらず、市場メカニズムや競争原理を重視している立場の経済学者が、高速道路の建設の是非を問うといった問題になると、なんらの科学的な考察もなく、「計画で線を引いたからつなげるべきだ」というレベルの議論に終始している状況もよくみられる[44]。

一方で、交通事故や大気汚染など、クルマのもたらす負の側面は実在の現象として否定できないため、公共交通の改善によって利用者のシフトを促そうとする提案がなされてきた。しかしこの議論にも注意が必要である。クルマと公共交通の間に適切な調整政策が存在しないままに、公共交通の事業者の努力に依存してそれを達成しようとすれば、ますます公共交通に過重な負担を課し、結果として公共交通全滅の危機を招く。

これに対して、工学的な知見（利用者の交通機関選択の要素）を導入して、環境の制約（たとえばCO_2排出量の上限）の下で、クルマに環境税（あるいは交通税）を課す一方で、その税収を公共交通の補助に用いるシステムによって、環境面からの制約を満たす政策スキームの提案[45]もなされている。その際には、そもそもクルマが環境面（そのほか負の側面）において、具体的な経済的価値としてどれだけ損失を発生させているか、すなわち社会的費用の議論も必要である。社会的費用について第4章で、また政策スキームについて第5章で改めて述べる。

独立採算性の壁

欧米の交通関係者に日本の公共交通の経営状況を説明するとき、日本で一般に言われている公共交通を「パブリック・トランスポート」と翻訳すると、怪訝な顔をされることがあるという。日本では、公営であっても交通事業は独立採算性が原則であるかのように認識されているが、なぜそれがパブリック（公共）と言えるのかという疑問を呈示されるのである。政策担当者、事業者、利用者も含めて、独立採算制が原則であるかのような認識に囚われていることが、日本での公共交通の充実を妨げる要素のひとつとして挙げられるであろう。
市川嘉一氏は「欧米で財政支援が充実している事実を認識するのも大切だが、見逃せないのは、その背景に公共交通の運営に関し、運賃収入で運営費を賄うとする「独立採算原則」から脱却しているという点である。公共交通はこれまで、どの国でも運行コストを原則的に利用者に負担させる仕組みを採用してきた。しかし、欧米では現在、公共交通について、環境や福祉面などにプラスの効果を及ぼすほか、中心部の賑わい創出に寄与できれば、地域全体の活力につながるとともに、社会全体が受益者になるため、税金を運営の原資にするという考えが主流になっている」と述べている。[46]
この点は、交通問題を考えるほとんどの研究者と、鉄道事業にたずさわる実務者が以前から指摘してきたところである。日本では「大手民鉄」という、世界的に他に例のない企業形態が成立してきたため、公共交通も独立採算制が原則という、宗教的な思い込みが形成された。しかし現実の鉄道事業部が、利用者にとって望ましいサービスを提供しているであろうか。少なくとも朝夕のラッシュを日常的に体験している人はそう思わないだろう。
大西隆氏は、交通機関の「積極的選択」と「消極的選択」を指摘している。[47] 東京（都区内）は世界の中でも鉄道の利用率がきわめて高い都市である。それは特に通勤時に、時間的・費用的にクルマのほうが明確に不利なためであるが、鉄道の選択について消極的な選択（やむをえず）であるとする。「満員電車は、とてもサービス精神のある人が提供する乗り物とは思えないし、職場を起点に、仕事であちこち移動する際にも自動車でスムースに走れれば、快適そうだからである。つまり、不快指数の高い東京の通勤電車は耐え難いが、それでも自動車が全く定時性を持たない以上、他に代替手段がなく、仕方なく電車に乗っているというのが実感である。条件が変われば、車庫に眠っている車が動き出す可能性は十分にある」。

「赤字」イコール「社会的に存在意義がない」という説明が、日本ではきわめて強い説得力を持っており、これも持続的な交通にとって大きな障害になっている。しかし「赤字」「黒字」の意味するところをお互いに明確にして議論すべきである。中川大氏は、ＬＲＴの整備を例にとって「世界に先駆けて優れた公共交通システムを実現してきたわが国が、ＬＲＴに関してはヨーロッパへの視察を繰り返すばかりであるという現状からは、近年の都市交通整備における基本的な部分に、世界的な流れにさえついていけない硬直的な発想があるのではないかと思われる」と述べている。そして、従来の発想の転換と、評価の視点を正しく持つことの重要性を指摘している。[48][49]

ここで提唱されている評価の視点とは、

① 交通事業の効果を正しく評価すること
② 採算性の意義を正しく理解し、正しく用いること
③ 公共交通への補助が赤字補塡であるとの発想から脱却すること
④ 財政面での硬直した発想から脱却すること

の諸点である。

ことに②に関して、一般に「赤字」とされる状態について、定義が混乱していると指摘している。例として、図2—11に名古屋市営地下鉄の経営状況（二〇〇〇年度の例）を示す。[50]七〇〇億二七〇

〇万円の営業収入に対して、四二八億三七〇〇万円の営業経費であるから、営業収支としては大きな黒字と言える。しかしこれに、二三〇億九三〇〇万円の減価償却費と、三四七億八八〇〇万円の支払利息、すなわち資本費を考慮すると、会計上では赤字となる。

名古屋市営地下鉄は一九五七年の開業直後から「赤字」となり、マスコミの批判の対象ともなっているが、会計上の意味での「赤字」であれば、経営の怠慢とは断定できない。鉄道のように大きな初期投資を必要とするシステムでは、営業収入のみで短期間のうちに資本費を含めた全支出をまかなうことはもともとありえない。一年から数年の間で、資本費を含めて回収を期待する通常の営利事業とは、のである。中川氏は、これを同列にみなして混同した評価が行われているため、新しい鉄道を整備することが必要以上に低く評価されることにつながっていると指摘している。

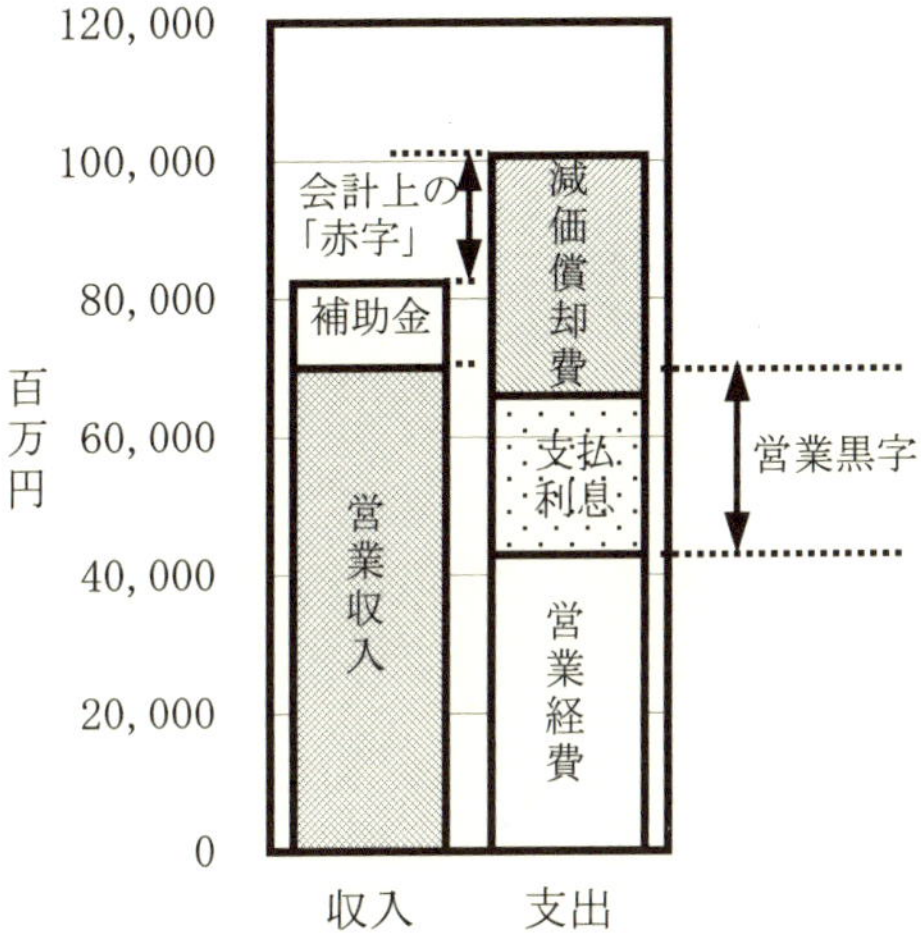

図2—11　名古屋地下鉄の経営状況

独立採算性は、利用者にも不便・不利益を強要する結果を招き、公共交通の利用意欲を低下させる要因となっている。たとえば、異なる事業者を乗り継ぐたびに初乗り運賃がかかったり、金額カード式乗車券がＪＲと民鉄で互換性がない（首都圏のＪＲ「スイカ」と民鉄の「パスネット」の例）などの問題がある。ときには同じ事業者が経営する鉄道とバスを乗り継いでも、それぞれに初乗り運賃を必要とすることもある。

これは、日本の交通政策の不備によりもたらされる利用者への障害であって、規制緩和などよりも先に解消に取り組むべき障壁である。

さらに極端な例として、整備新幹線の開業にともなう在来線の第三セクターへの移管で大きな問題が生じている。

二〇〇〇年一二月に、東北新幹線の盛岡〜八戸間の延長にともない、並行在来線の同区間がＪＲ東日本から分離され、いわて銀河鉄道（岩手県内）と青い森鉄道（青森県内）のそれぞれ第三セクターに移管された。この結果、たとえば岩手県側で、盛岡駅を境に事業者が変わる（ＪＲ東日本といわて銀河鉄道）ため、盛岡駅をまたがった区間を利用すると、それぞれの事業者で初乗り運賃が必要になる。

例えばＪＲの仙北町駅から、盛岡駅を通って次の厨川駅まで鉄道を利用すると、それまでＪＲの路線として一九〇円であった区間が、開業日を境にして一挙に四二〇円となる。第三セクターの運賃がもともとＪＲよりも割高であることも問題を大きくしているが、岩手県内でＪＲと第三セクターが接続するすべての力所で同じ問題が起きる。このため「激変緩和措置」として、双方で多少の割引を行なって三四〇円に減額するという対策がとられているものの、これも時限措置で五年後には終了することになっている。

5 道路への誤解

道路建設は渋滞を解消しない

市場メカニズムや競争原理という字面のイメージに安易な期待を寄せるのと同様に、渋滞が道路建設によって解消するという期待は幻想である。道路や駐車場が足りないため渋滞が生じるという迷信は根強く、「民主主義を徹底すれば道路の建設が促進される」という珍説[51]さえ見られるが、道路の建設によって渋滞を緩和するという方策はすでに限界に達している。渋滞とは、都市における空間（土地）の使い方の問題であるが、都市内で土地の総面積は増やしようがなく、人々が有限のスペースを効率的に分け合って利用するしかない。

しかし現実はどうであろうか。大都市周辺の駅近くでよく見られる光景として、たいして広くもない道路の両側に違法駐車のクルマが並び、バスの通行を妨げている。また、せっかく歩道があっても、沿道の商店が歩道に物を置いたり、のぼりを立てたりなど、空間の使い方のマナーが悪い。このような状態になると、歩行者が快適に歩けず、自転車の利用も困難となるため、それがますますクルマの使用を促進することにもつながる。

最近、地方都市間の高速道路網の必要性には疑問が呈されるようになった反面で、市街地の渋滞（それに起因する大気汚染や騒音）を解消するために「環状道路」が必要であると考える人々が少なくないようである。[52]都市中心部に関係ない自動車交通が市街地を通過するために道路が渋滞したり、交通事故が起きるのであるから、都市の周囲を迂回する道路（環状道路）を建設することによって、市街地の渋滞や環境汚染が緩和できるという説明である。しかし、これも迷信である。

本来、都市の環状道路という施設は、人口密集部に用のない通過交通を迂回させるために、沿道の住民にほとんど影響が及ばないような郊外部・田園部を通すのが本来のあり方であった。このため、環状道路が建設される地域は、民家がまばらで、道路の建設によって悪影響を被る人の数が限られているという条件が必要である。ところが、首都圏で計画されている環状道路は三〇年以上も前に計画され、当時は郊外部・田園部であったと思われる場所も、いまや市街地になっている。このため、もし建設するとすれば「都市中心部の住民の環境を守るために、郊外部の住民を犠牲にするのか」（逆に建設しないとすれば、その逆）という判断を求められることになり、そもそも交通計画として解決不可能な矛盾を抱えた議論となって、双方が納得する結論を得る展望はありえない。もし都市内部と郊外部の住民の双方に利益のある議論がありうるとすれば、交通量そのものの削減しかないのである。

図2―12は、最近のおよそ二〇年にわたって、各種の道路のピーク時（混雑時）の自動車の平均速度を示したものである。[53]図からわかるように、ほとんど向上していないか、むしろ低下する傾向にある。一方この間、財源の出所はいずれにせよ毎年およそ一〇兆円以上、一九八〇年から二〇〇

〇年までの累計でみると二二四兆円の道路投資を続けてきたにもかかわらず、その投資は道路利用者の便益には転化せず、自動車総台数と交通量の増加によって打ち消された。この関係を考えれば、道路投資が結果として誰の利益に転化しているか明白であろう。今後さらに、現実の財政状況のもとで道路投資を増加することができるであろうか。ほとんど不可能と考えるのが常識であろう。

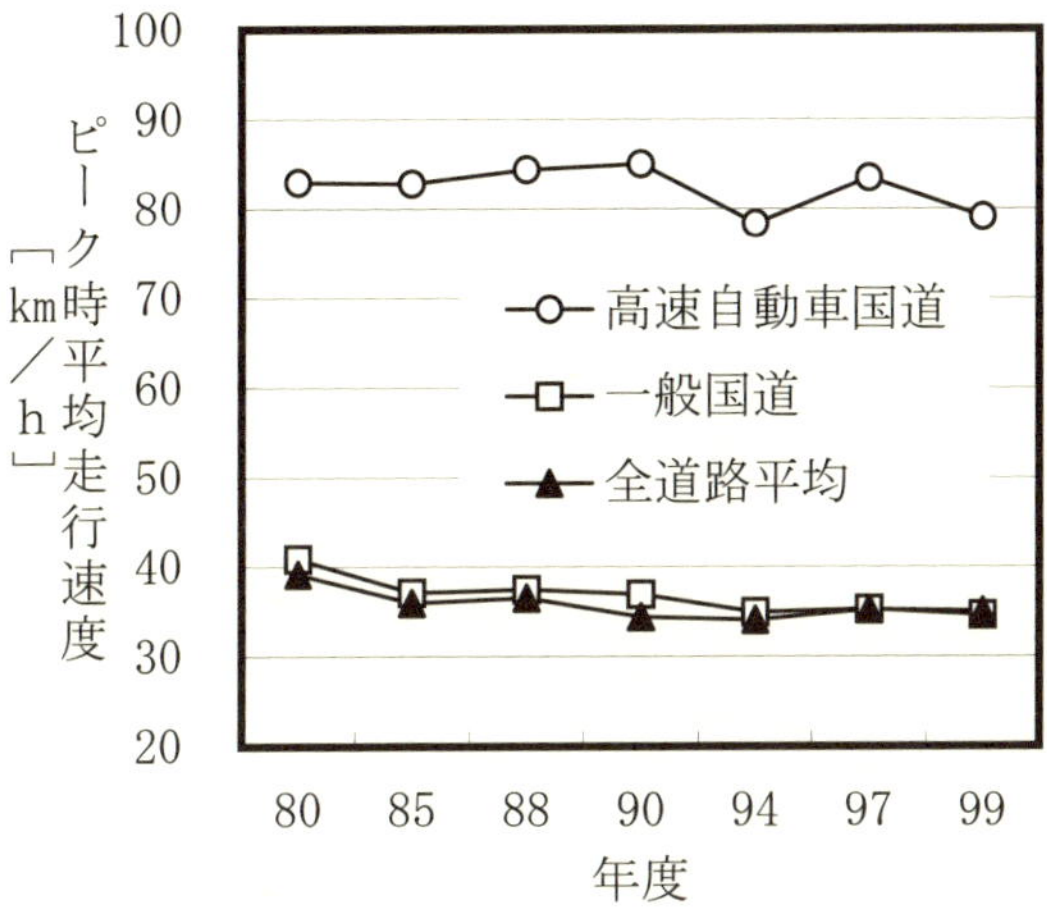

図2―12　道路平均走行速度の推移

自動車交通の圧力

自動車交通は常に膨張の圧力を持っている。やがて訪れる若年人口減少と、総人口減少の条件のもとでは、交通需要の全体が減少するにもかかわらず、クルマによる交通は増加する方向も考えられるという予測もある。すなわち、交通需要全体の減少にともない、道路混雑も緩和され、クルマの利用が便利になるにつれて、かえってクルマに利用者が誘引されるというのである。「(道路の)混雑が緩和されるにつれ、徐々に電車の不快さから逃れたい人々の電車離れが進み、道路に回るというようなことが起こりそうだ。もちろん環境問題から見れば、電車の省エネぶりは重要なのであるが、自動車にもハイブリッド車の普及や、燃料電池車の開発などの可能性があって、公害源や温室効果ガスの排出源という汚名をそそぐチャンスとなる。そうなれば、自動車を使うことに対する抵抗が減り、東京も欧米大都市のように、自動車型社会になるのであろうか？　その可能性は少なくないように思う[54]」。

ユーザーがクルマを購入してから、耐用年数に達して廃車されるまでの全期間のうち、九五パーセントの時間は駐車した状態であると言われている。逆にいうなら、その九五パーセントは常に走行需要の潜在的圧力として存在しているのであり、もしクルマの走行環境が整ったら、その圧力によってクルマが道路にあふれ出してくる。こうして、道路を作るほど自動車交通の需要が誘発されることになる。過疎地では別の議論になるとしても、少なくとも都市圏の交通問題を改善するには、クルマが使いにくい都市づくりが最も持続的である。

「道路を作るほど渋滞がひどくなる」ことは、現実の多数の事例で証明されている。たとえば首都圏の環状道路の一つである圏央道であるが、一九九六年に東京都青梅と、埼玉県鶴が島の間が開通した。そもそもこの圏央道は、並行する区間の幹線道路の救済を目的として建設されたはずである。ところが開通後、その並行する区間のほとんど（特に国道二九九号線、一六号線）で交通量が増えて、区間によっては二倍に達するところもある。

交通量の変化はさまざまな原因によって生じるが、一九九〇年代後半からの日本経済の全体的な低迷から考えても、開通前後の数年間で、人や物の動きそのものが急に二倍以上になったとは考えられない。すなわちこれは、圏央道が便利になったことにより、そこへのアクセスのためにますま

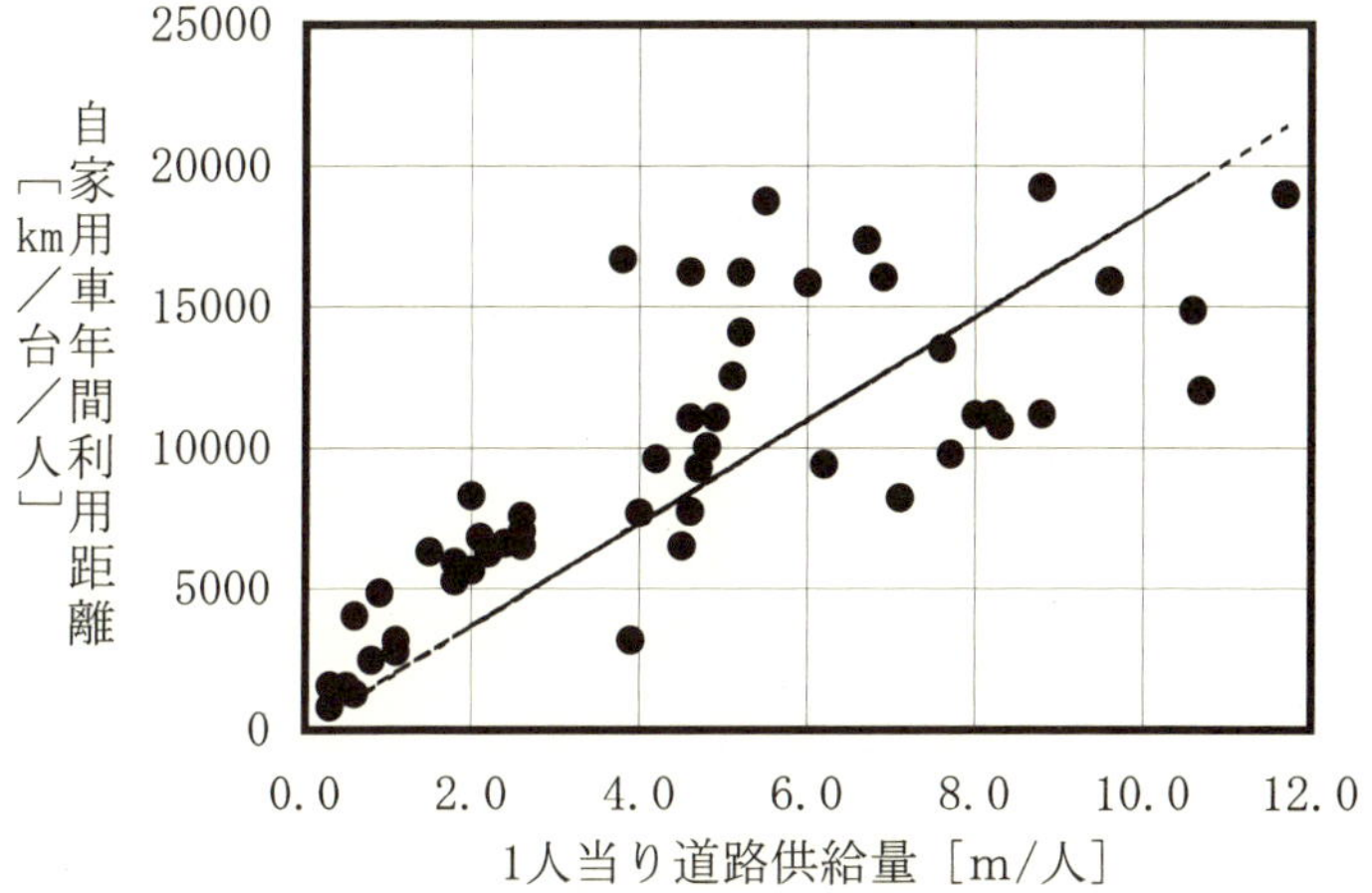

図2―13　道路供給量と自動車利用量

す周辺から交通量を誘引したものと考えられる。このような影響が各所で積み重なって、全体としては「道路を作るほど渋滞がひどくなる」結果を招くのである。

図2―13はまた別の視点からこの関係を整理したものである。世界中の都市について、住民一人あたりの道路供給量（メートル表示）と、一人あたりのクルマ使用距離をみると、ほとんど比例といってよい関係がみられる。

6 過剰な技術信仰

基本的な科学知識の欠如

自動車に対する楽観的な見方として、エミール・ゾラの次の言葉が引用される。「〝社会派〟の文豪エミール・ゾラは十九世紀の末、当時まだ危険視されていた自動車にはじめて乗った後、感想を求めてこう答えた。『未来は自動車のものだ—それは人間を解放するからだ』。アンチ自動車の立場をとる質問者がその危険を未練がましく指摘すると、ゾラは言った。『それならブレーキを改良すればよいでしょう』[55]」。

このゾラの言葉の中で、前半の人間の解放のみが肯定的に取り上げられることが多いが、後半のブレーキの改良に重大な錯誤があった。交通事故や環境への負荷など、自動車の負の側面が指摘されるたびに、人々は「ブレーキ」に象徴される技術的な改良に期待を寄せてきた。しかし技術的な改善は、つねに人命や健康が損なわれて重大な社会問題となってから、後追いで整備されるに過ぎず、しかも負の側面のすべてをカバーするには全く及ばないものであった。

ある政党の環境担当議員が次のように述べている。「世界初の燃料電池車が、トヨタ・ホンダによって実用化されました。温暖化防止対策は避けることはできません。化石燃料から自然再生エネルギー及び水素燃料時代への希望の扉が開かれました。脱化石燃料・脱原発・脱フロン・脱ダムから緑のダム構想へ、新しい需要と希望が示されているのであります」。一見すると環境問題に展望が開けたかのように述べられている。しかしこの短い文章だけからも、多くの疑問が指摘されるであろう。

「燃料電池車が実用化された」というが、公道を走行できるナンバーを取得したに過ぎず、商品としての価格を設定できない段階である。二〇〇二年一二月に官庁向けにリースが開始されたが、リース料が一月あたり八〇～一二〇万円という。これが「実用」なのだろうか。たしかに官庁には、環境負荷の少ない製品を率先採用し、普及啓蒙につとめる役割もあるが、この価格では、企業や個人はもとより地方公共団体でも採用は不可能であろう。将来の量産化を期待するとしても、国の導入目標ですら二〇一〇年に五万台が普及という予測である。国内の乗用車保有台数が約四三〇〇万台（二〇〇〇年時点）の中での五万台に過ぎず、少なくとも二〇一〇年までの京都議定書の温室効果ガス削減という枠組みに対しては全く意味がない。

そのような予算があるのなら、公共交通の維持・拡充に使ったほうが、CO_2の削減によほど役立つ。また脱化石燃料、水素燃料時代というが、水素をどうやって製造するのだろうか。現在、水素は工業的には化石燃料から製造しており、現在のエネルギー体系の延長上からは全く無意味である。また、ユーザーはどこで水素を手に入れることができるのだろうか。あるいは、自動車のエネルギーを自然再生エネルギーでまかなうことができる見とおし[56]があるのだろうか。

次の文章は、自動車ジャーナリズム界の重鎮とされる人物のコメントである。「一旦パンドラの箱を飛び出したクルマを、再び閉じこめることは不可能である。だが、ハードウェアとしてのクルマのネガティヴな面は、環境汚染にせよ、安全問題にせよ、絶えず進歩する技術によって、早晩解決されるだろう。たとえば、二一世紀のクルマの本命と目されるエミッション・ゼロの燃料電池車は、数年以内に大手の自動車メーカーの手で実用化されるめどがついたからである[57]」。こうした議論からも、基本的な科学知識、あるいは科学的な思考法の欠如のため、「量」の問題が認識されていないことが推定される。

燃料電池は「エミッション・ゼロ（環境に負荷を与える物質を排出しない）」であろうか。燃料電池は、エネルギーの変換手段の一つに過ぎないにもかかわらず、「エミッション・ゼロ」と過大な期待を抱いてしまうのである。結局のところこれは、現状のクルマ社会を続けることを前提とした発想であり、持続的な交通とは関係ない。むしろ、クルマの低公害（燃費）化によって、ますますクルマの利用に免罪符を与える可能性もある。また少なくとも今後一〇～二〇年程度の期間では、燃料電池に供給する水素は化石燃料から製造するしかないのであるが、「水素は水を原料とするので無尽蔵に得られる」といった幻想が一人歩きしている風潮もある。[58]

クルマの低公害（燃費）化がクルマの使用に対する心理的抵抗を緩和し、道路交通需要を増大させるとして、次のように予測する論者もある。「燃料電池車の実用化も数年先と迫っており、自動車は技術革新によりさらにグリーン化されるであろうから、ドライバーも自動車利用にともなう罪悪感を払拭でき、自動車利用はより個性的かつ多面的となるであろう。[59]そのとき生まれる新しい道路交通需要にたいして、現在の道路網の形態や道路構造で対応できるかどうかは定かでない」。

二一世紀の「太陽崇拝」

二〇〇一年に三洋電機（株）は、自社の岐阜工場に、全長三一五メートル、高さ約三五メートルの巨大な太陽電池パネルを設置した。その偉容は東海道新幹線の車窓からも間近に見ることができる。このパネルから、年間五三万キロワット・時の電力が得られると想定されている[60]（なお夜間や天候の状態によって発電できなかったり、曇って出力が落ちる等の損失分もあるので、それも考慮した値である）。

それでは、このような装置を全国に設けて、得られる電力で電気自動車を充電し、国内のクルマ（自家用乗用車）に必要なエネルギーを賄うことができるだろうか。電気自動車のエネルギー効率が内燃エンジン車よりも良いことを考慮しても、パネルの所要面積は、およそ二〇〇〇平方キロメートルといった数字になる。これは東京都や大阪府の総面積に匹敵する。このようなパネルを現実に設置することができるだろうか。かりに設置したとしても、表面の清掃など絶えずメンテナンスが必要になるが、そのための業務用車を動かすエネルギーだけで、もう太陽光から得られるエネルギーを使い果たしてしまうだろう。

じかに電気自動車を充電するのでなく、水を電気分解して水素を製造し、それを用いて燃料電池を駆動する方法も考えられる。その場合、通常の自動車に比べて、燃料電池のエネルギー効率が数倍になると期待されているから、パネルの所要面積はその逆数として数分の一で済む可能性もあるが、それでも実際に設置するには非現実的な面積に達する。いま一本の道路を建設するのにも、関係者の利害の調整に多大な時間を要する状況であり、一つの都道府県の総面積と比べるほどの広さに太陽電池パネルを設置するなど、考えるだけ無駄であろう。

すべての自動車を置きかえるのではなく、全体として在来型の内燃自動車を使いつつ、大気汚染の深刻な地域など、ポイント的に電気自動車や燃料電池自動車を導入するというシナリオもありうる。しかし、大都市にパネルを設置する場所が制約されるから、どこかの農山村部にパネルを置き、そこから送電する方式にならざるをえない。大都市の住民や産業のために、過疎地を狙って原子力発電所が持ち込まれるのと同じ枠組みが繰り返されるだけである。

たとえその発想を認めるにしても、地域によって使用できる車種を制限し、交通の総量そのものを制限するなど、強力なＴＤＭ（交通需要制御）の一環として考えないかぎり需給のバランスが成立しない。

代替燃料への疑問

ガソリン車の大気汚染が低減できるとして、アルコール含有燃料を提供しているベンチャー企業がある。しかし現在の内燃エンジンは、長年にわたり燃料の品質との相互関係で完成されてきたものである。局部的な排出ガス成分の削減のみに注目して、別の添加物を加えることが、総合的に自動車排ガスの有害性を低減できるのか、安易に判断することはできない。実際のエンジンを使用した試験によると、環境に優しいどころか、条件によって排ガス中のＮＯ$_X$（窒素酸化物）が多くなったり、アルデヒド類などより有害な成分が増えるという結果が得られている。[61]また排ガスの問題のほかに、燃料系統の腐食を招き車両火災の原因になるという報告もされている。[62]

アルコール含有燃料を支持する人々の議論は不可解である。そもそも排ガス汚染の改善を目的として新燃料を推奨しているはずなのに、大企業や官庁によるベンチャー企業への妨害であるといった主張にすり替えられている。一方でユーザーも、環境への配慮からアルコール含有燃料を選ぶと説明としているが、本音は価格が安いことに集約されるであろう。もし排ガス汚染を減らしたいと真剣に考えているのなら、クルマの使用をやめる（減らす）方策を考えるほうが有効だからである。なお、ガソリン車向けのアルコール含有燃料のほかに、ディーゼル車向けも含めて、燃料に添加剤を混合すると汚染物質が低減されるとの提案がたびたび報告されるが、これらの効果も確認されていない。

バイオマス（動植物起源の燃料）を自動車に利用する提案もある。バイオマスは、もともと大気中に含まれていたCO_2（炭素）がたまたま動植物の形で固定されたものであるため、燃やしても大気中のCO_2の増加には影響しないとされている。例えば、使用済み天ぷら油を回収・加工してディーゼル車の燃料に使用したり、ナタネを栽培して植物油を採取する方式が試行されている。しかしながら、いずれも量的に限度があり、化石燃料を全面的に代替することはできない。

海外の文献では、ナタネ油として年間一ヘクタールあたり約一〇〇〇キログラム（約一一〇〇リットル）が得られるとのデータがある。[63] 国内のナタネ利用の例では、三〇アールの休耕田に作付けしてナタネ油約五五リットルを得たとの報告[64]がある（年間一ヘクタールあたりに換算すると一八〇リットル）。これらのデータから計算すると、楽観的な数字を採用しても、国内の軽油すべてを代替するには約三六万平方キロメートルの農用地が必要になる。しかし国内の農用地の総面積は五万五〇〇〇平方キロメートルしかない。食べ物の自給を無視してその全部でナタネを栽培したとしても、国内の軽油使用量の一五パーセントが得られるにすぎない。

こうした利用の方法は、特定の地域での循環型システムの構築や、農作業用の車両をバイオマスで運転するなどの利用には意味があるとしても、エネルギー大量消費の対策にはならない。第二次大戦中に松の根から航空機燃料の製造を試みて破綻した日本軍の計画と同じである。[65] そもそも、農地を自動車の燃料の製造に使うくらいなら、人間が食べる健全な農産物を作り、地産地消[66]の循環を回復したほうが、持続的な社会に貢献する。

使用済み天ぷら油を回収・加工してディーゼル燃料に用いる方法もいくつか実施されており、NO_xやPM（粒子状物質）の低減に効果がある。しかし、国内の使用済み天ぷら油の総量が約二〇万トンである一方で、これらをすべて回収してリサイクルしたとしても、軽油の全使用量の一パーセントにも満たない。また実際にバスに使用して長期実用試験を行った結果ではトラブルが報告[67]されており、実務家の評価も不確定である。使用済み天ぷら油の回収は、水質汚濁の防止として重要な意味を持つとしても、地球温暖化対策にはほとんど効果がない。

電子技術への安易な期待

ITS[68]（高度道路交システム）の普及により、道路の利用効率を改善して渋滞を緩和し、燃費改善（省エネルギー）、大気汚染の軽減をはかるという提案もある。しかし道路交通の円滑化は、道路建設のかわりにソフトウェア的に道路を拡張することでもあるから、ますます自動車の交通を促す可能性もある。環境省による検討[69]では、今後も自動車走行量が増加することと、ITSは一挙に普及せず広範囲な導入には時間がかかることを合わせ、道路交通の円滑化による燃費改善効果は見込めないとする試算も示されている。なお燃費改善効果が見込めないとすると、同じ因果関係にある大気汚染の改善も見込めないことになる。

またITSの設備（車載機器や道路側の設備）そのものの製造・建設にともなうCO_2、さらにそれらの関連産業への波及効果によるCO_2の誘発もある。産業連関分析[70]を利用して、これらの誘発効果も試算し、それらをＩＴＳの設置による渋滞改善の効果から差し引いて検討した試算[71]がある。この試算では、ＩＴＳシステムが一挙に普及できないため、フェーズ１・２・３と三段階の導入を想定して試算している。それによると、段階を追うにつれて、投資額あたりのCO_2削減量が、それぞれ五三トン／億円、三九トン／億円、一七トン／億円と逓減し、ＩＴＳが普及するほど効果が薄れるという予測がなされている。

ＩＴＳによる環境改善効果が期待できるのは、交通が集積する都市に限られるが、それならば都市という条件を活かして、公共交通、徒歩、自転車などへの転換を促進することが、費用対効果の面からも有効である。真にクルマが必要である小都市や農山村部では、渋滞はあまり起きず、かりに起きても軽微であるため、もともと燃費改善による省エネ効果もまた少ない。なおこの関係は、エコドライブ（省エネ運転）についても同様である。

不合理なクルマの設計思想

速度の遅い街中よりも、平均速度が高い高速（自動車専用）道路を走ったほうが燃費が良いという現象は、ほとんどの運転者が経験しているであろう。速度が高いほうが消費エネルギーが少ないという、一見すると物理法則に逆行する現象が観察されるのは、街中では加速・減速（発進・停止）によるエネルギー損失が大きいため、一定速度で巡航できる高速（自動車専用）道路のほうが、総合的に効率が良くなるためである。

ところで、現実の道路の走行速度は、全国的な平均で時速三五キロメートルであり、大都市になるとさらに低下して時速二〇キロメートルを下回る。ところが日本自動車工業会の資料[72]によると、平均的なクルマは、時速六〇～八〇キロメートル付近で最大効率が得られるように設計されている。これに対して、道路交通の実態をみると、時速六〇～八〇キロメートルで走行している乗用車の割合は（走行距離の累計でみて）一一パーセントにすぎず、残りの八九パーセントが、それよりも遅い速度で使用されている。[73]

前述のように、この二〇年間、累計で二二四兆円の道路投資を続けてきたにもかかわらず、道路の平均走行速度がほとんど向上していない。もし今後も、他の社会基盤の整備や福祉を犠牲にしてでも、道路建設に努力を傾注すれば、あと時速数キロメートル程度の改善ならありうるかもしれないが、平均で時速七〇キロメートルに達することはとうてい考えられない。なぜ、現実の速度分布が最も多い、時速二〇～三〇キロメートルの範囲で最大効率が得られるように、クルマを設計しないのか。自動車メーカーは、環境をかたにとって、行政に対して道路建設を強要しているとみてよいであろう。

最近わずかながら、この現実に対応したクルマが実用化されるようになった。たとえば内燃エンジンと電気動力を組み合わせたハイブリッド車である。ハイブリッド車は、エンジンとモーターを協調させて車輪を駆動し、渋滞時などエンジンの効率が悪い範囲では極力エンジンを回さない代わりに、エンジンの効率が良い領域で溜めておいた電力を放出することによって、総合的に効率を向上させる仕組みである。この方式によって、在来の内燃エンジン車とまったく変わらない使い勝手ながら、燃費を向上させることができる。

ところが最近、ハイブリッド車のメーカーが「走る楽しさ」をコンセプトに、ハイブリッド車の出足を良くするなどの設計コンセプトを取り入れるという[74]。前述の高速道路と渋滞の燃費の関係と同じく、クルマは一定速度で巡航するときに最も効率が良いが、ハイブリッド車といえども、加速度を上げると総合的な効率が低下する関係は同じである。せっかくハイブリッド方式にしておきながら、そのメリットを打ち消す設計変更がなされようとしている。「ハイブリッド車が環境にやさしい」というイメージが確立したところで、そのイメージだけを利用して、在来のクルマの延長線上に戻るのである。

7　個人責任への転嫁

一九九九年一一月に、東名高速道路で酒酔い運転の大型トラックが、家族四人が乗る乗用車に衝突して乗用車が炎上し、幼児二人が死亡する事故が起きた。この事故をきっかけに、悪質運転者に対する罰則強化の世論が高まり、被害者が五万五〇〇〇人分の署名を法相に提出するなどの活動を経て、道路交通法の中の罰則が強化され、さらに刑法の中に「危険運転罪」が新設された。しかし交通事故の防止は、運転者の個人的な良識や注意に依存するだけでなく、交通体系の全体を見通した上での政策目標とするべきである。目標を達成する手段として、罰則強化のみに依存しても効果は少なく、あくまで他の本源的対策と組み合わせた中での補助的な要素にすぎない。

被害者が感情的になり、直接の加害者に対して怒りを表明することは当然の反応である。その際に、社会的な支持を得るために、私怨にとどまらず今後の同様な被害の防止に役立つという意義づけをつけ加えることも当然であろう。しかし、その訴えを聞く側が、情緒的な共感によって安易に解釈し、交通事故を個人の悪質性の問題に集中させることは、交通事故の本源的対策をむしろ遠ざけることになりかねない。

統計によると、高速道路（自動車専用道路を含む）で、事故原因が酒酔いによる割合は全体の○・一パーセントである。[75] 飲酒の有無にかかわらず、トラック労働者の過酷な就労環境のもとで、疲労や錯誤により同様の衝突事故が起きる可能性のほうがはるかに多い。さらに火災の発生は飲酒と無関係である。加害者個人の悪質性だけに問題を集中させると、今後の事故防止対策にとって重要な要因が見過ごされてしまう。

当該の事故を検討すると、関連した多くの問題が指摘されるはずである。当時の報道写真によると、車体は焼損しているものの全体の形を保っており、最初の衝突では物理的に大破しなかったと考えられる。しかし火災が生じたことと、ドアが開かなくなったことが重なり、被害が拡大して重大な結果に至ったが、この過程で車両側の構造的な問題がなぜ指摘されないのだろうか。すなわち、ある程度の損壊でも発火しない燃料タンクや、車体が変形しても開放不能にならないドアなど、構造的な防御が一つでも存在していれば、被害者は軽い外傷で済んだ可能性が高い。

罰則によって人間の過失を防ぐことはできないという原則は、安全工学上の常識である。罰則強化による事故防止は、いわゆる「一罰百戒」の効果を期待した施策であろうが、これはあくまで法律の運用上の便法に過ぎず、交通政策と呼ぶには価しない。しかも「事故が起きるのを待ってからの対策」であって、本末転倒である。罰則強化が社会的に強調されるほど、運転という職業に対して、技能と資質に優れた人材はますます得がたくなるであろう。この意味で、罰則の強化が交通事故の増加を招く方向に作用するおそれもある。ほんの一瞬の判断の誤りで、加害者に（被害者にも）なりうるリスクがある職業には、可能性として社会的・経済的に弱い人々が就業する確率が大きい。

現実には、運転を職業とするにしては技能や資質が疑われる人が就労しているケースも少なくないが、その対策を講じるとすれば、まず技能や資質が必要な水準に達しない人の選別と就労の防止、さらに教育・訓練が課題となるべきであろう。そもそも、運転に適さない資質の人までが、運転に従事しなければ維持できないという社会と経済のメカニズムこそ、本質的な問題として議論する必要がある。

飲酒運転そのものについて研究された結果でも、罰則強化の効果が疑問視されている。[76] 運転者人口のうち少なく見積もっても一〇〇人に一〜二人がアルコール依存症患者の可能性があり、一部の悪質運転者の行為とは言えないほどの高い確率でアルコール依存症患者が路上を運転している可能性があるという。またアルコール依存症患者は、自分に問題があって治療を受けるべき状態であるという事実を認めたがらない性向を持つことなど、罰則の強化では、飲酒運転の本源的対策にならないことが示唆されている。飲酒運転常習者に対して必要な対策は「治療」であって「罰則」ではない。欧米の飲酒運転対策では、飲酒運転常習者がアルコール依存症患者であることを前提として調査・研究している例もあるという。

警察・行政は、「交通事故は個人の故意・過失によって起きる」と強調することによって、交通政策に対して社会的な批判が及ぶことを防ぐ意図を持っていることが想像される。また自動車メーカーは、「自動車は、ユーザーが適切に使用することを前提として安全であるように設計してある」と繰り返し主張している。しかし、どんな素人でもアクセルさえ踏めば法定速度を大きく超えるスピードが出てしまったり、現実の路上では、いかに個人が努力しようとメーカーが想定するような「適切な使用条件」が実現できないことに対して、個人の責任を追及するだけで足りるのであろうか。

罰則強化の署名に応じた人数の多さからして、この中の大部分の人々は、自分自身も日常的に運転していると想定される。平均的なドライバーに比べると安全意識が高い人々なのかもしれないが、自分自身がいつ「悪質な加害者」となって厳罰に処せられるかもしれないというおそれを抱かないのだろうか。飲酒やスピード超過の有無にかかわらず、クルマを運転するかぎり、誰もが一瞬の偶然により加害者になりうるのである。

多数の署名が集まったという事実から推定すると、多くのドライバーは「事故は例外的に悪質な人物が起こすものであって、自分は事故を起こさない（加害者にならない）」と考えているのではないだろうか。一見すると被害者に共感する思いやりのあるドライバーが多いかのように見えるが、実際には安全に対する基本的、科学的な認識が備わっていないことが懸念される。一方で、運転者の中で多数を占める乗用車ドライバーが、自分自身も同じ道路のユーザーであり、加害者予備軍でありながら大型車を敵視し、邪魔もの扱いする傾向が強いことも、今回の罰則強化の世論の背景にあるように思われる。罰則の強化は、交通政策や交通事故の防止とは無関係であることを認識すべきであろう。

8 クルマ社会への疑問提起

クルマそのものの負の側面について、あるいはクルマに依存した社会の弊害について指摘する議論は、今に始まったことではなく三〇年以上前から存在する。一九六八年に湯川利和氏は『マイカー亡国論』[77]を著し、都市や居住のあり方と交通の関係を論じ、自動車に依存した社会がいかに形成され、何をもたらすかを指摘している。湯川氏は、前著をさらに研究的に深めた学位論文を執筆しているが、最近『湯川利和 交通・都市著作集』に収録された。[78]これには、いま注目されている「持続可能な都市や交通」の多くの要素が先駆的に記述されている。

一九七〇年代から一九八〇年にかけて、クルマ依存社会に疑問を呈する論説が多く発表された。クルマ依存からの転換をめざす市民運動が旭川で起こり、やがて全国初の歩行者天国（当時は「買物公園」の名称）の実現に結びつくが、一連の経緯が旭川の市民団体により『クルマ社会への挑戦

―市民主体のノーカー運動―』としてまとめられている[79]。また田中公雄『クルマを捨てた人たち[80]』では、書題に「人たち」とあるとおり、クルマを使わないライフスタイルや働き方を選択した何人かの体験が紹介されている。こうした事例と検討、さらに著者自身の体験をもとに、クルマからの脱却は、単にクルマを保有するか否かという選択の問題ではなく、働き方、暮らしのあり方にかかっているという本源的な提案をしている。

天野和治『〝脱クルマ社会〟への挑戦――ヨーロッパの交通事情[81]』では、共通運賃制[82]、運輸連合[83]、トラフィック・ゾーン・システム[84]など、欧州の先進事例としてよく紹介される施策をすでに取り上げている。テレンス・ベンディクソン（植松重信訳）『脱クルマ優先社会』では、主にイギリスにおける脱クルマ政策と実例の紹介と、地域社会における交通対策の重要性を指摘し「エリートの野望にかなった地域社会ではなく、女性、子ども、老人に期待される新しい地域社会を創造する時期である。エネルギーの浪費ではなくエネルギーを節約する交通手段の時代である。これらが一九八〇年代の価値観であり、今こそそれを実現すべき時であろう[85]」としている。川嶋敏正『路地ウラ開放クルマ止め作戦[86]』では、市民自治による歩行者優先のまちづくりを提唱し、自治体ごとにその地域に即した条例を制定する重要性を指摘している。また市民の声を自治体や警察に届ける手段として「三枚のハガキ」運動[87]が提唱されている。

クルマ依存社会からの転換を求める市民の活動と、行政がいかにかかわってゆくかについて、すでに三〇年前に実践的な成功例がある。その一つは、旭川市における行政と市民が一体となった脱クルマ運動である。旭川市はまた、歩行者天国（当時の名称は「買物公園」）を日本で最初に実施した都市である。さらにこの活動は、単に交通問題の枠組みで捉えられるだけでなく、現在でいう「市民参加」を先駆的に試みた成果でもある。

当時の五十嵐広三市長は「ノーカー運動と行政との接点も、実は、ここにみられようし、行政が市民運動としてのノーカー運動に多く期待し、それと協定し得る基盤もまたここにあるような気がします。それから、これも話された事柄だと思いますが、私は都市づくりの成果とノーカー運動の効果とはお互いに相補しあっていると考えております。〔中略〕それ故、ノーカー運動の推進やその効果発揮のためには、都市生活の安全と安定を基軸に都市空間を造型し、土地利用計画に基づいた道路や交通のネットワークを組みながら、新しい交通環境を創りだしてゆかねばなりません。そうした総合的な都市政策、都市交通対策を裏打ちしなければならないのです[88]」と述べている。

このように、いま持続的な交通と社会を求めて関心が高まっている問題に、すでに多くの示唆が与えられていたものの、それらはクルマ依存全体社会を転換させる大きな力にまでは至らなかった。この間のクルマ社会見なおしの運動に対して反省点を挙げるならば、私的、情緒的な議論が多くを占める一方で、運動の基礎となる専門的な情報の集積の不足と、それに起因する政策提言の能力の不足がみられる。同じ市民運動でも環境やエネルギーの分野に比べると二〇〜三〇年の遅れがある。また運動の活動分野そのものが、縦割り行政に多分に引きずられて交通機関ごとの縦割りの運動になっている傾向もある。これらを改めて見直し、「私たちにとって、また社会にとって、望ましい交通体系とは何か」という議論を再構成する必要があるだろう。

この中で、道路の建設に反対する運動と、幹線道路沿いの交通公害（大気汚染、騒音、振動、低周波）に対処する運動は継承され、成果を挙げている[89]。最近数年間の各地の交通公害裁判の結果に見られるように、被害者側の主張を相当程度まで認め、通行差し止めまで判決が出されるようになっている[90]。しかしながら、なお「判決下れど汚染（騒音）変わらず」という厳しい状況が続いており、この判決によって、クルマに依存した交通体系そのものを方向転換するまでの社会的な動きにはまだ至っていない。

1　平田広志「車使用による生活保護廃止処分取り消しを命じた福岡地裁判決」『住民と自治』一九九八年八月、四六頁。

2　田中公雄『クルマを捨てた人たち 自動車文明を考える』日経新書二六八、一七九頁、一九七七年。「私がくるま文明を差別の問題として解かねばならないと思いたったのは、あるくるま文明に関する市民グループの集会からである。友人の田中さんは難聴のためにくるまの騒音に悩まされることはないだろうが、またくるまの運転免許証をとることはできない。その彼がこう発言したのである。『いまの社会はくるまがなければ成立しません。こういう社会に暮していると、誰でもがどんどんくるまを持つようになります。このような社会を作り直すよりは、個人的にくるまをもつことの方が楽だからです。私は皆さんもいつかはくるまを使う側に移るんじゃないかと、心配しているんです。』平静な彼のことばの中にくるまを持ちうる立場の人間への告発をきいた。われわれはいつ差別を強める側に加担するか分からない」

3　二〇〇二年一一月二二日時事通信記事「通勤手当不正受給の副検事ら処分マイカー通勤なのに、電車利用―水戸地検」「水戸地検土浦支部と下妻支部の職員がマイカー通勤だったにもかかわらず、電車などの公共交通機関を利用しているとして、通勤手当を過大に受け取っていた問題で、同地検は二二日付で、不正受給していた副検事、検察事務官計九人を含む一七人を処分した。不正受給したうち、副検事を含む五人が減給一カ月、検察事務官四人が戒告。九人はそれぞれ、当時、同地検土浦・下妻支部勤務で、二〇〇〇年八月から今年九月までの間に、合計約二四〇万円を不正に受給していた。一人で最高約四八万円を受給していたケースもあった。

4 名古屋市では、職員の通勤手当について、二〇〇〇年度まで交通手段にかかわらず月額二〇〇〇円(距離二～五キロメートル)および四八〇〇円(距離五～一〇キロメートル)としていたが、二〇〇一年度より、クルマ通勤を半額、自転車通勤を倍額とした。

5 折口透『自動車の世紀』岩波書店、岩波新書五二三、九頁、一九九七年。

6 HM研究所編『湯川利和 交通・都市著作集』一五〇頁、二〇〇〇年。書店で扱われていないため、HM研究所(ファクス・〇九五―八三七―一七一七)に問い合わせ願いたい。

7 前掲文献、原資料はFrederik Allen *Suburban Nightmare* in The Independent, Vol1.114(1925), pp. 670-72, reprinted in The American City edited by Anselm L. Strauss (Aldine, 1968), p.419より。

8 西村弘『クルマ社会 アメリカの模索』白桃書房、三一頁、一九九八年。

9 北村隆一編著『ポスト・モータリゼーション』四九頁、学芸出版社、二〇〇一年。秋山孝正氏担当、第二章より。

10 LRTは「新型路面電車」等と訳される。必ずしも統一された定義はないが、たとえばアメリカ運輸調査局によると、「都市圏における電気駆動の鉄道システムで、地上・高架・地下の専用軌道を、または時として道路上を単車または数両の短い連結で走行する性能を有し、乗客の乗降が軌道または床レベルで行われるシステム」としている。この定義だけでは従来型の路面電車との区別が明確でないが、通常「LRT」というと、車両を一新したシステムを指すことが多い。

11 西村弘『クルマ社会 アメリカの模索』白桃書房、一四九頁、一九九八年。

12 P. Newman and J. Kenworthy, *SUSTAINABILTY AND CITIES*, Island Press, 一九九九に日本データを補足。

13 平成一〇年度東京都市圏パーソントリップ調査より筆者作成。

14 森本章倫・古池弘隆「都市構造が運輸エネルギーに及ぼす影響に関する研究」『一九九五年度第三〇回日本都市計画学会学術研究論文集』六八五頁、一九九五年。

15 住居の環境を保護するために、自治体が建築物の種類や構造を地域ごとに規制する。一二種の用途別の指定があり、この中で第一種低層住居専用地域は、大規模小売店舗や工場の立地が最も厳しく制限されている。

16 松橋啓介「環境共生都市の都市空間形成に関する研究」(東京大学大学院工学系研究科博士論文)二〇〇一年。

17 エコドライブ研究会・(財) 政策科学研究所『エコドライブ研究会報告書』二〇〇二年五月より筆者計算。

18 総務省の定義では、人口密度が一平方キロメートルあたり四〇〇〇人以上の区域が隣接し、それらの区域の人口の合計が五〇〇〇人以上であるような区域のかたまりを、人口密集地域(略称でDID)としている。

19　国土交通省国土交通政策研究所・計量計画研究所「環境負荷を少なくするための都市モデルの構築に関する調査報告書」一二頁、二〇〇二年。
20　中村隆司・堀池泰三「一般世帯の自動車ガソリン消費の都市による違いをもたらす都市形態及び都市計画からみた要因」『都市計画』第二三五号、五四頁、二〇〇一年。
21　海道清信『コンパクトシティ――持続可能な社会の都市像を求めて』学芸出版社、二〇〇一年。
22　藤井聡「コンパクト・シティ文化とマイカー」『交通工学』三七巻増刊号、二三頁、二〇〇二年。
23　『日本経済新聞』（朝刊）二〇〇〇年六月一九日。
24　国土交通省都市・地域整備局「環境負荷の小さい都市を実現するための総合的な都市計画・都市整備のあり方に関する検討調査報告書」二〇〇二年三月、五一頁。
25　国土交通省国土交通政策研究所・計量計画研究所「環境負荷を少なくするための都市モデルの構築に関する調査報告書」二〇〇二年。
26　前掲20
27　ワトキンス調査団『名古屋・神戸高速道路調査報告書』には「工業国でこれほどまでに道路網を無視してきた国はない。統計によると日本の一級国道であるこの国の最も重要な道路の七七％は舗装されていない。この道路網の半分以上は、かつて何の改良も加えられたことがない。しかし、実際の道路は統計よりももっと悪い。悪天候では通行不可能な場合もある。交通はたえず、自転車、歩行者、荷牛馬車により阻害されることがはなはだしい」と述べられている。歩行者や自転車を邪魔者とみなす発想の原点にもなったといえよう。
28　二〇〇二年一一月二〇日の新聞各社報道による。

29　国立環境研究所「道路特定財源の税率変更に伴う二酸化炭素排出量の変化―暫定税率が有する二酸化炭素排出抑制効果―」二〇〇二年六月。
30　一連の経緯は、井上善雄「安全に快く歩く権利と違法自動販売機をなくす運動」『交通権』第一三号、二八頁、一九九五年で紹介されている。
31　最近は、鉄道駅の高架化と一体になって、駅前全体を高架の歩行者広場（ペデストリアンデッキ）にする等の変化がみられる。
32　全国地球温暖化防止活動推進センター『地球温暖化対策自治体関係事例調査報告書（二）』六頁、二〇〇二年。
33　ガソリンのノッキング防止剤として、有機鉛化合物が添加されていた。
34　日本自動車会議所『数字でみる自動車』二〇〇二年版、一一五頁、二〇〇二年。
35　環境省『環境白書』各年版より。
36　正式名称は「自動車から排出される窒素酸化物及び粒子状物質の特定地域における総量の削減等に関する特別措置法」
37　Wolfgang Zuckermann, *End of the Road* 一八六頁、一九九一年。
38　住区内街路研究会著『人と車・おりあいの道づくり』鹿島出版会、一七頁、一九八九年。
39　『名古屋の市電はなぜなくなった　元従業員からのレポート』名古屋市交通局市営交通資料センター所蔵、二二頁、一九九八年。「運動の面にも弱点があった。闘いを幅広く展開するとしながらも、社会党を中心として総評・公務員共闘、交通労働者組織である交通共闘会議と身内を頼りにした。しかし、民主団体や学生など利用者、住民を交えた運動がもっと展開されたとしたなら、展望が開けただろうが、そのような共闘を重視しなかったのは、組合の当事者能力（引き際）を越えることとなる結果を心配したからだと思っている」。

40 西村弘『クルマ社会　アメリカの模索』白桃書房、一〇三頁、一九九八年。

41 「民間企業なら不採算部門から事業を撤退させるのは常識である。よって公共交通も不採算であれば撤退するのが自然である」といった議論である。

42 藤井彌太郎・中条潮編『現代交通政策』東京大学出版会、ii頁、一九九二年。

43 鈴木崇児『都市鉄道の次善料金形成　自動車交通との競合下での理論』勁草書房、五七頁、二〇〇二年。

44 藤井治芳（日本道路公団総裁）・藤井彌太郎（帝京大学教授）対談「二一世紀に向けたより質の高い道路空間を目指して」『高速道路と自動車』四四巻一号、一五頁および二一頁、二〇〇一年より、藤井彌太郎氏の発言「いよいよ二一世紀に入るわけですが、高速道路のほうも六七〇〇キロメートルくらい供用できて、言い換えればまだ四割くらい残っているということにもなりますが、これを担当しておられる日本道路公団の藤井総裁は、昨年ご就任になったと思いますけれども、最初に、抱負をお聞かせいただきたいと思います。」（地方の高速道路がいらないという説に対して、「いらないのではなく作り方の問題である」という総裁の発言を受けて）「同感ですね。さらにその一方で、先ほどのお話しの第二東名神とか、外環のようなボトルネックの部分、あるいはネットワーク上のミッシングリンクや、都市の環境を守るためにはどうしても必要だという部分があるんですが……」

45 前掲43

46 市川嘉一『交通まちづくりの時代』ぎょうせい、二四頁、二〇〇二年。

47 大西隆「人間中心の交通体系を実現する諸方策」『CEL』二〇〇二年一二月号、二九頁、大阪ガスエネルギー・文化研究所、二〇〇二年。

48 前掲10

49 中川大「ＬＲＴの成立可能性」『ＬＲＴによる都市づくり』土木学会関西支部、一一頁、二〇〇二年。

50 名古屋市交通局『交通事業の現況と課題』一〇頁、二〇〇〇年六月。

51 三本和彦『クルマから見る日本社会』岩波新書（新赤版四八三）、一五頁、一九九七年。

52 東京都議会二〇〇二年度第四回定例会において、石原慎太郎都知事は所信表明で「また、社会活動に比べて道路の絶対量が不足しているため、大気汚染がさらに悪化していることも、見逃すことのできない東京固有の問題であります。東京では、道路整備は、走行時間の短縮など直接の経済効果だけではなく、大気汚染の軽減など外部不経済の解消にも優れた効果を発揮いたします。中でも環状方向の道路は整備が遅れており、その開通は、首都圏全域に高い波及効果をもたらします」と述べている。

53 建設省（国土交通省）『道路交通センサス』各年版より。

54 前掲47

55 折口透『自動車の世紀』岩波書店、岩波新書五二三、二五頁、一九九七年。

56 この問題は、局地的な条件のもとでは議論の余地がある。たとえば鹿児島県の屋久島では、電力のほとんどが水力発電で供給されているため、島内のみの物質収支では、電力の使用によるCO_2が発生しないと評価することもできる。

57 小林彰太郎「「20世紀のクルマ」Ｔ型フォードに想う」インターネット新聞『ａｓａｈｉ・ｃｏｍ』カー＆ライフ（http://www.asahi.com/car/webcg/01.html）二〇〇三年一月現在。

58 西上泰子「自然エネルギー社会におけるグローバルスタンダード」『エネルギー・資源学会第一九回

研究発表会講演論文集』二〇〇〇年六月一五日〜一六日、一六九頁より。自動車エンジンの研究・開発に長年携わった技術者であるという人が、新聞投書で「日本は水素が手に入りやすいので、水素を用いた燃料電池の普及を促進すべきである」と述べた例を紹介している。

59 北村隆一編著『ポスト・モータリゼーション』二〇三頁、学芸出版社、二〇〇一年。近藤勝直氏担当、第八章より。なおこの本全体としては、モータリゼーションのマイナス面を重視して編集されている。

60 三洋電機ホームページ「ニュースリリース」二〇〇一年一二月二〇日による。

61 (財)日本自動車研究所(環境省委託調査)「平成一二年度自動車排出ガス実測調査―アルコール系燃料の排出ガス実態調査―」二〇〇一年三月、環境省ホームページ(http://www.env.go.jp/air/report/h12-01/index.html)

62 国土交通省ホームページ「高濃度アルコール含有燃料をガソリン自動車に使用することの注意喚起」(http://www.mlit.go.jp/jidosha/alcohl/021003_.html)

63 日本エネルギー経済研究所報告(94―4)「植物廃油の石油代替エネルギーとしての再生可能性調査」一二〇頁、一九九四年。

64 (財)水と緑の惑星保全機構『里地からのチャレンジ一〇〇事例集』二〇〇〇年七月、八九頁。

65 太平洋戦争末期の一九四四年頃より、海軍が松の根から取れる植物油を精製して年間二〇万キロリットルの航空機用ガソリンを製造する計画を立てた。実験的には成功したが、肝心の松の根が集まらず、やがて生産設備が空襲を受け、計画が灰燼に帰して終戦を迎えたという。

66 その土地で作った農産物を、地元で消費すること。生産者と消費者の関係が緊密になり、食の安全に貢献し、また長距離輸送の必要がないことからエネルギー的にも有利である。

67 日本バス協会中央技術委員会「第四九回中央技術委員会業務改善報告全国大会」資料、一三七頁、二〇〇〇年一一月。
68 ITS（intelligent Transport Systems）。情報通信技術により、道路交通情報の提供、ドライバーの運転支援、料金の自動収受などにより実現する高度道路交通システム。ETC（ノンストップ料金自動収受システム）など多くの技術があるが、PTPS（公共車両優先システム）、AMIS（交通情報提供システム）、IIIS（高度画像提供システム）、MOCS（車両運行管理システム）、DRGS（動的経路誘導システム）、HELP（緊急通用システム）、EPMS（交通公害低減システム）、安全運転支援システムなどの要素システムが検討されている。
69 環境省地球環境局「温室効果ガス削減技術シナリオ策定調査委員会報告書」第二分冊、七〇頁。
70 ある投資が、関連産業にどのくらい波及効果を与えるかを推算する、経済学の手法の一つ。第5章を参照されたい。
71 朝倉啓一郎・早見均・溝下雅子・中村政男・中野諭・篠崎美貴・鷲津明由・吉岡完治『環境分析用産業連関表』第四章「ITSのCO_2負荷計算」一〇三頁、慶応義塾大学出版会、二〇〇一年。
72 日本自動車工業会「豊かな環境を次の世代に」一九九九年版、一四頁。
73 南斎規介・森口祐一・東野達『産業連関表による環境負荷原単位データブック』国立環境研究所地球環境研究センター、三一頁、二〇〇二年。
74 二〇〇三年一月四日共同通信社配信〈トヨタ「走る楽しさ」前面に・ハイブリッド車をスポーツカーや高級車の代名詞に─。トヨタ自動車は今年以降に発売する新型ハイブリッド車の出足や静粛性を向上させる。燃費や環境性といった堅いイメージだけでなく、高級感や走る楽しさを前面に出すことで、購入層の拡大を図る戦略だ。トヨタは軽量化に加えモーターを改良、「静かで出足が良い」という特徴を強調して若者にアピールする。〉

75 （財）交通事故総合分析センター『交通統計』各年版より。

76 小畑文也「飲酒運転常習者としてのアルコール依存者に関する研究」『交通安全対策振興助成研究報告書（一般研究）』財団法人佐川交通社会財団、一七巻、八七頁、二〇〇二年一二月。

77 湯川利和氏『マイカー亡国論』三一書房、一九六八年（現在絶版）

78 前掲6

79 ノーカー運動推進会議旭川市民会議編『クルマ社会への挑戦—市民主体のノーカー運動—』同会発行、一九頁、一九七四年。

80 田中公雄『クルマを捨てた人たち 自動車文明を考える』日経新書二六八、一九七七年。

81 天野和治『〝脱クルマ社会〟への挑戦——ヨーロッパの交通事情』労友書房、一九八〇年。

82 鉄道・路面電車・バスなど、異なる交通機関でも共通の運賃で選択でき、そのつどの乗車券を購入したり、初乗り運賃を支払う必要がない。公共交通の利用を促進する方策の一つであり、欧州の都市圏でよくみられる運賃システムである。

83 前述の共通運賃制と関連が深く、交通機関の事業者ごとの独立採算制でなく、多数の交通事業者が連合組織を形成して共通的な運営を行う。

84 都市内の不要な通過交通を防止するために、都市をいくつかのゾーンに分割し、そのゾーン内には自動車を入れず、ゾーン相互の移動は公共交通機関によるか、クルマを使うとしても外周道路を回らなければならないような道路構造にすること。

85　テレンス・ベンディクソン（植松重信訳）『脱クルマ優先社会』時事通信社、三二九頁、一九八〇年。
86　川嶋敏正『路地ウラ開放クルマ止め作戦』自治体研究社、一九八二年。
87　前掲・川嶋書で、市民の声を結集してまちづくりに活かすことを最終目標として、身近な街路を歩行者中心に改良するために、設備や交通規制を提案するハガキを出す運動。自治体首長（一枚目）・警察署長（二枚目）・運動の事務局（三枚目）に同内容のハガキを出すことが「三枚のハガキ」の名前の由来となっている。
88　前掲79、一六六頁、一九七四年。（座談会より五十嵐広三市長（当時）発言）
89　道路公害の基礎知識と対策について要点をまとめた著書として、角橋徹也編『脱クルマ社会　道路公害対策のすべて』自治体研究社、一九九四年が参考になる。
90　二〇〇〇年一月三一日に、尼崎公害訴訟の一審判決（神戸地裁）において、道路管理者等の責任を認めるとともに、国内の道路公害訴訟ではじめて排出ガスの差し止め請求を認める。次いで二〇〇〇年一一月二七日に、名古屋南部公害訴訟の一審判決（名古屋地裁）でも同様の判断が示された。

第3章　転換と政策への展開

1 交通政策の変革

シナリオの基本

クルマ依存社会からの転換は、個人的な意識改革や呼びかけで達成できるような問題ではない。かりに個人や企業の行動や選択を変えるとしても、政策による裏づけと、支援が不可欠である。それは、補助金といった直接的な手段もさることながら、しくみ作りの問題が重要である。たとえば、アンケートで「環境問題に関心があるか」と尋ねると、多くの人は関心があると回答する。しかし日常生活で環境に配慮した行動をとっているかというと、実際に熱心に環境に配慮した行動をとっている人は少ない。総論で賛成するが、各論で反対と言わないまでも、自分に関係あることとは認識しないというのが、ごく普通の人々の反応である。

交通にかぎらず環境の問題では、一部の熱心な人の先鋭的な取り組みよりも、多数の人の行動の集積が大きな力となる。しかし単に呼びかけやお願いでは、多くの人の協力を得ることができない。環境負荷の少ない行動を実践することによって、不便な生活を余儀なくさせられるなど、良いことをした人が損をする仕組みになっているのでは長続きしない。交通の分野でよく冗談まじりに議論

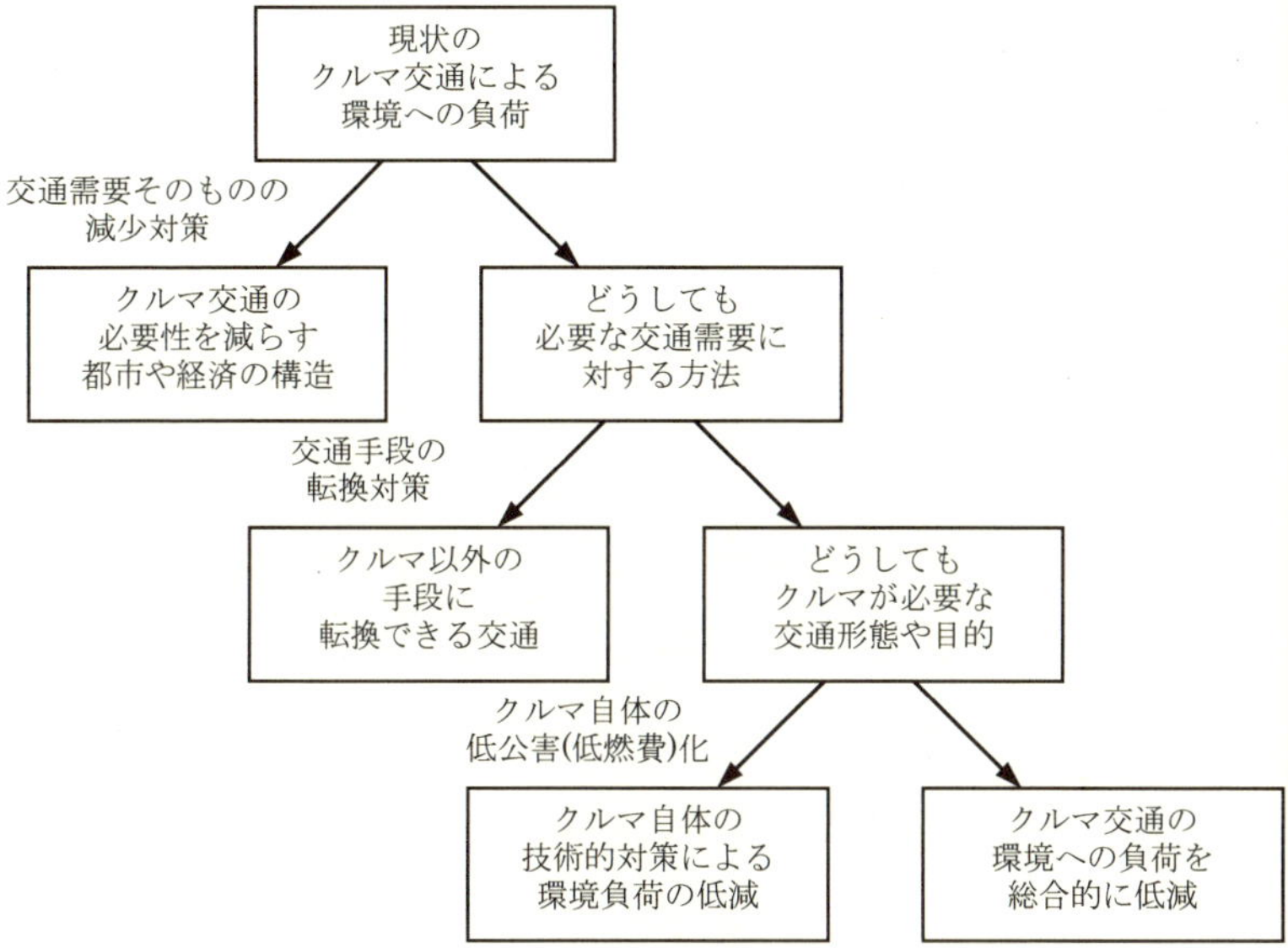

図3—1　交通体系転換のシナリオ

されるが、例えば渋滞や大気汚染防止のために、クルマから公共交通への乗り換えを呼びかけたときに、最終的に最も得をするのは誰かという問いがある。

公共交通に乗り換えるには、クルマに比べて不便をがまんし、料金が高いなどの不利を伴う。乗り換えの効果が現われて道路交通がスムーズになり、渋滞が緩和されたときに利便を受けるのは、最後まで公共交通に乗り換えずにクルマを使い続けた者である。このような本末転倒の結果が予想されているのでは、積極的に交通行動の転換に協力する者は少ない。人々に受け入れられやすく、継続的にクルマ依存からの転換をめざす方策を立案しなければならない。

ここで、図3—1のように階層的に考えてはどうだろうか。すでにクルマは必需品化しており、運転の楽しみや所有欲というよりも、むしろやむをえずクルマを利用している状況は、第1章で述べた。それならば、まずクルマでの移動の必要性を少なくする地域のあり方（交通需要そのものの減少対策）を考えるべきであろう。たとえば最近、都市内の商店街が衰退し、人々が郊外へ流出して、日常の買い物にもクルマに頼らざるを得ないライフスタイルが増えてきた。中心市街地を魅力的な空間に再生し、人の都心居住を促すために、土地利用のコントロールを強化し、移動の必要性が少ない地域づくりを目指すべきである。これが第一の段階である。

ところが、こうした土地利用に関連した交通の需要コントロールは、市民の合意を求めながら長時間かけて実施しなければならない。住民を強制的に移住させることは考えられないから、人間のライフサイクルにして二世代以上、あるいはさらに長い期間にわたる課題となるであろう。それまでクルマ社会の弊害になす術なく待つわけには行かない。次のしくみとして、クルマでなくても済む移動、代わりの手段がある移動については、交通手段の転換を促進すべきである。これが第二の段階である。

この場合も、呼びかけや精神論だけでは実効が挙がらない。安くて便利、またバリアフリーな公共交通機関や、安全で快適な自転車用道路、歩行空間の整備など、人々がクルマから移行しやすい受け皿が必要である。これらの施策は同時に、移動制約者の外出の社会参加を促すことにもつながり、単に環境面の意義だけでなく、福祉面など付帯的な効果も少なくない。またこうした効果が、政策の評価にあたって考慮されるべきである。この際、多額の予算を必要とする道路設備などのインフラ対策もさることながら、バス専用レーンの設置、歩行者や自転車が安心して通行できる空間の整備、警察など行政部門相互での調整、市民への広報をもっとシステム的かつ念入りに行うなど、必ずしも多額の予算を必要とせず、ソフト面での工夫の余地も少なくない。

このように対策を講じても、なお移動の手段としてクルマを必要とする部分は残るであろう。たとえば福祉的な目的のための交通である。また貨物の移動にはトラックが不可欠である。こうした対象に該当する自動車交通は何かを充分に絞り込んだ上で、その部分について低公害車を普及させる対策が考えられる。これが第三の段階である。しかし第2章でも指摘したように、前段のステップを踏まずに、いきなり低公害（燃費）車を普及させることが解決策であるかのような議論が蔓延しつつある。クルマ依存社会のしくみそのものを温存したまま、低公害（燃費）車で問題を解決しようとするのは、たとえて言えば、エコマークのついた商品なら大量に使い捨てても構わないと考えるのと同じである。

EST――持続的交通の政策アプローチ

政策の立て方として、実施可能な対策を列挙して、下から積み上げてゆくという方法がある。日本では伝統的にこの手法が多かった。しかしこの手法では、たとえば「地球温暖化の防止」という大目的に対して、科学的な検討から必要とされる目標値や制約値（大気中のCO_2濃度をある値以下に保つ等）に到達するかどうかとは、必ずしも関連づけられない。これに対して、もう一つの手法として、将来のある時点で到達すべき目標を先に決め、そこから時間的に遡って政策を立案する「バックキャスティング」の考え方がある。ことに地球規模の環境問題のように、長期的な影響に対処するためには、後者の戦略的な政策が求められる。

交通に関して、このような政策の指針として、OECD[1]の「ESTプロジェクト」（環境的に持続可能な交通プロジェクト・Enviromentally Sustainable Transport Poject）を参考として紹介したい。

ESTの基本的な認識として、まず経済的・社会的な発展のため、世界的に交通量は今後も増加を続けるために、環境面への負荷（気候変動、大気汚染、その他人々に与える負の影響）もこれに伴って増加することが予想される。このため先進国では、自動車の排ガス規制や、燃費規制などの対策を実施しているが、環境負荷の少ない自動車が開発されても、旧型車を市場で一気に置き換えることはできないので、ただちにその効果は期待できない。

さらに、途上国での交通量の増大は先進国を大きく上回るペースで進展し、それに伴う環境面への負荷の増大が急増する。これらの総合的な結果として、地球全体での発生総量としてみると、一部の汚染物質（VOC[2]・揮発性有機化合物）で横這いを維持するほかは、すべての環境負荷物質は増大の方向を止められない。騒音についても、一定以上の騒音レベルにさらされる住民の割合が増える。すなわち、現状の延長線上の交通体系（BAU・Business as Usual の略）を続けているかぎり、たとえ技術的な進歩を織り込んでも、環境面からみて持続的ではない。

ここでESTでは、「持続的な交通」を「（a）再生可能なレベル以下でしか、再生可能な資源を使用せず、（b）再生可能な代替物の開発のレベル以下でしか、再生不可能な資源を使用しないことにより、人々の健康と生態系を危険にさらさずに、アクセスに関するニーズを満たすような交通」として定義している。[3]これは、一九九二年六月に、ブラジルのリオ・デ・ジャネイロで開催された「地球サミット」における宣言や、それに先行して一九八七年に開催された「環境と開発に関する世界委員会」で報告された「将来の世代のニーズを満たす能力を損なうことなく、現在の世代のニーズを満たすこと」という考え方と共通のものである。

ＥＳＴでは、次のような考え方を提言している。第一に、環境的に持続可能な環境指標（温室効果ガスや大気汚染物質の濃度など）を、科学的な検討によって決める。これらの指標は、温室効果ガスについてはＩＰＣＣ（気候変動に関する政府間パネル）に対して、また人間の健康についてはＷＨＯ（世界保健機構）に対してなど、国際的な指標と整合性を保つべきである。第二に、将来のある時点で、それらの指標を達成するのに必要な、交通体系や技術的手段のビジョンを計画する。第三に、現状の延長線上（ＢＡＵ）で経過したとして、ある時点でＥＳＴシナリオとどれくらいのギャップが生ずるかを数量的に把握する。第四に、そのギャップを埋めるために、現時点からの政策の方向性を決める、というシナリオである。このステップは特に「バックキャスティング・アプローチ（将来に到達すべき目標を先に決め、それを達成するように現在の政策を立案する）」と名づけられている。

このような考え方は、個別にみるとごくあたり前のようにも思われるが、実際のところ、日本を含めて欧米でも、このようなシナリオに従った戦略的な交通政策が充分に展開されているとは言えないのが実情である。「環境先進国（都市）」と一般にみなされている欧米の事例でも、日本と比べて部分的に先進的な交通政策（公共交通を軸としたまちづくり等）がみられるものの、本格的に「環境」を軸として、ＥＳＴの思想に則った戦略的な交通政策の実施は、これからの課題である。むしろ歴史的に鉄道を重用し、駅を中心としたコンパクトなまちづくりの伝統を持つ日本こそ、ＥＳＴを先導する交通政策を実施できる可能性がある。[4]

ESTの考え方に従って、四つの手順で具体的な検討プロジェクトが実施された。フェーズ1として、「持続的」の定義を満たすように、二〇三〇年までに達成するべき環境上の定量的な基準（目標）を設定する。フェーズ2として、前述のバックキャスティング・アプローチを用いて、六つのモデル地域（カナダ・オスロ都市圏・スウェーデン・オランダ・ドイツ・アルプス地域）でシミュレーションを実施し、二〇三〇年までにEST基準を達成するための政策シナリオを作成する。フェーズ3として、ケース・スタディで得られた各国のESTシナリオを、現状の延長上とした場合の予測と比較する。フェーズ4として、ESTガイドラインを策定した。[5] このガイドラインは、二〇〇一年五月にOECD環境大臣会合で了承された。これらの検討から、二〇三〇年までに達成すべき具体的な指標が、六分野について次のように提示されている。

【CO_2】大気中のCO_2濃度を九〇年レベル以下で安定させるよう、CO_2排出量を削減し、気候変動を防止する．交通分野からのCO_2の全排出量は、各国の状況に応じ、九〇年の排出量の二〇～五〇パーセント以内（すなわち八〇～五〇パーセント削減）とする。

【NO_x】人の健康と環境有害物質に関するWHOの大気質ガイドラインを満たすように、交通からのNO_x排出量を九〇年の排出量の一〇パーセント以下にする。

【VOC（揮発性有機化合物）】人の健康と生態系保護に関するWHOの大気質ガイドラインを満たすように、発がん性のあるVOCとオゾンによる悪影響を低減させる。交通からのNO_x排出量を九〇年の排出量の一〇パーセント以下にする。

【浮遊粒子状物質（ＰＭ）】交通分野から排出されるＰＭ（直径一〇ミクロン以下のもの）について、地域の状況に応じ、九〇年のレベルに対して比して五五～九九パーセントを削減する。

【騒音】交通から発生する騒音が、健康問題や深刻な迷惑を生じさせる屋外騒音とならないように、地方や地域の条件により、屋外での騒音レベルが昼間で五五デシベル[6]、夜間で四五デシベル以下とする。

【土地利用】移動、保守、車両収納のための土地利用やインフラ整備が、大気、水、生態系、生物多様性保護に関する地方・地域の目的に適合した形で行われるように、九〇年の水準と比べて、こうした施設が集積している地域において緑化空間を回復、拡充する。


このようなＥＳＴ基準を満たすように各国が政策を実施するという前提でシミュレーションを行うと、環境的に持続可能性の低い（環境に優しくない）現状の交通体系から、環境的に持続可能性が高い（環境に優しい）交通体系へのモーダルシフトが行われることにより、持続可能な交通の基準を満たしつつ、一九九〇年よりも高いモビリティの需要が二〇三〇年に確保できるという結果が得られた。

ここで注目すべきポイントとして、ＥＳＴは技術改良（低公害車、電子情報システムなど）に依存するだけでは達成されないという点である。ケース・スタディによると、技術改良によって量的に達成される比率は、環境負荷の各分野にわたっておよそ四〇パーセント程度にとどまり、残る六〇パーセントは、ＴＤＭやモーダル・シフトにより達成される。こうした政策に実効を持たせるための政策として、規制的手法（排気ガス基準や燃費基準）、経済的手法（税金・補助金）、環境教育（啓蒙活動）による効果など、多岐にわたる措置が、組み合せて用いられることが必要であると指摘されている。また、交通にともなう社会的費用（本書第四章、および拙著『自動車にいくらかかっているか』参照）は、ＥＳＴの実施により、一九九〇年の水準より二一パーセント削減されると推定され、ＥＳＴの実現は、経済的にものぞましい結果をもたらす。さらに、社会的不平等（職業や教育へのアクセスの妨げ）、過疎の促進、高齢者や子どものモビリティの妨げなど、現状の延長線上であるクルマ中心の交通体系によって起こる多くの社会的影響についても、ＥＳＴは問題を改善する影響をもたらすと推定されている。また「シナジー効果（相乗効果）」として、環境負荷の少ない交通体系をめざす施策が、同時に交通事故を減らす対策としても良い方向に作用することも指摘されている。[7]

2 自治体政策への期待と枠組み

交通とローカルアジェンダ

ＥＳＴの提言でも示されているように、持続的な交通体系の実現は技術的な改良のみに依存するのでなく、総合的な交通政策が必要とされ、それは持続的な社会をめざす活動と共通の取り組みを必要とする。自動車に依存した社会を続けることは、私たちの暮らしにとっても、また地球規模でも、「持続性」を妨げる要素であることはすでに多くの人々が認識している。持続的な交通システムとは、それが社会の持続性にいかに貢献（あるいは妨害）するかという面から考えるべきである。すなわち、交通は単に「乗りものの種類をどうするか」という議論ではなく、人間と環境にかかわる多様な側面から論じられるべきであり、そこに地方政府（自治体）の役割が大きくかかわってくる。

一九九二年六月に、ブラジルのリオ・デ・ジャネイロで開催された「環境と開発に関する国連会議（通称「地球サミット」）」で、「アジェンダ21」「森林原則声明」が採択された。「アジェンダ21」は、地球温暖化・大気汚染・水質汚染などの物理的な環境への悪影響や、開発行為にともなう自然の破壊など、狭義の環境的な側面にとどまらず、より広い社会的、文化的な問題も含めて、世界中の人々が直面する一〇〇〇余りの様々な事項が取り上げられている。

地球サミットは国際会議であると同時に、多くの問題が地域的な要素と不可分であり、またその解決も地域の取り組みに期待される部分が大きいことから、地方政府（日本では地方公共団体）のなすべき役割が強調されている。たとえば、産業や自動車からの大気汚染を防止することは、その地域の人々の健康と暮らしの質を守るとともに、酸性雨の防止にも寄与し、地域を超えた広域で森林を守ることにもつながり、さらにそれは地球温暖化の防止にも関連する。環境問題の基本的な理念としてよく知られる「地球規模で考え、地域で実践する」という表現は、宣伝のためのキャッチコピーではなく、この「環境と開発に関する国連会議」の精神を簡潔に言い表したものである。

地球サミットに先行して一九八七年に、「環境と開発に関する世界委員会」の報告書が作成されている。その中では、持続的な開発について「将来の世代のニーズを満たす能力を損なうことなく現在の世代のニーズを満たすこと」と定義している。これはESTの思想と一致するものである。同様にアジェンダ21の前文では、「環境と開発を統合し、これに大きな関心を払うことにより、人間の生存にとって基本的ニーズを充足させ、生活水準の向上を図り、生態系の保護と管理を改善し、安全でより繁栄する未来へつなげることができる」としている。[8]

ここで、持続的な交通をめざすという大きな目的が共通であっても、クルマ依存の度合い、要素は地域によって大きく異なる。国単位での共通の基盤整備が必要であるとともに、全国一律の対策では地域の特性に適合しない。一般に自治体では、人口規模が大きいほど人的・予算的な資源に余裕があり、環境やバリアフリー対策も進展しやすい。これに対して人口規模が小さいと、これらの面で不利がある一方で、巨大自治体よりも行政組織内での関係者間の調整が迅速に行われやすく、住民とのコミュニケーションを作りやすい等のプラス面も存在する。したがって少なくとも市区町村レベル、あるいはより小さい単位での、持続的な交通政策が必要となる。

実際の交通現象に即してみると、中小規模の自治体では、自動車交通の集積による渋滞、大気汚染等の問題が少ない一方で、住民の生活が自動車（マイカー）に依存していることから、温暖化に対する潜在的な負荷が大きい。しかし温暖化は短期的に被害が実感できず、これに加えて中小規模の自治体では、公共交通のサービスが乏しく、環境問題よりも、移動制約者のモビリティ確保が当面の深刻な課題となっていることも加わり、交通環境対策への優先度は低いということも無理からぬ事情である。一方、道路の建設・整備も自治体の財政的負担となっている。社会的・経済的側面からも、持続的交通体系を自治体の交通政策課題として組み込むことが求められている。人的・予算的に有限なリソースの中で、自治体のなすべき責務は、交通だけでなく福祉、教育その他多岐にわたる。こうした条件のもとで、持続可能な交通を実現するために、どのように行政リソースを配分したらよいのだろうか。

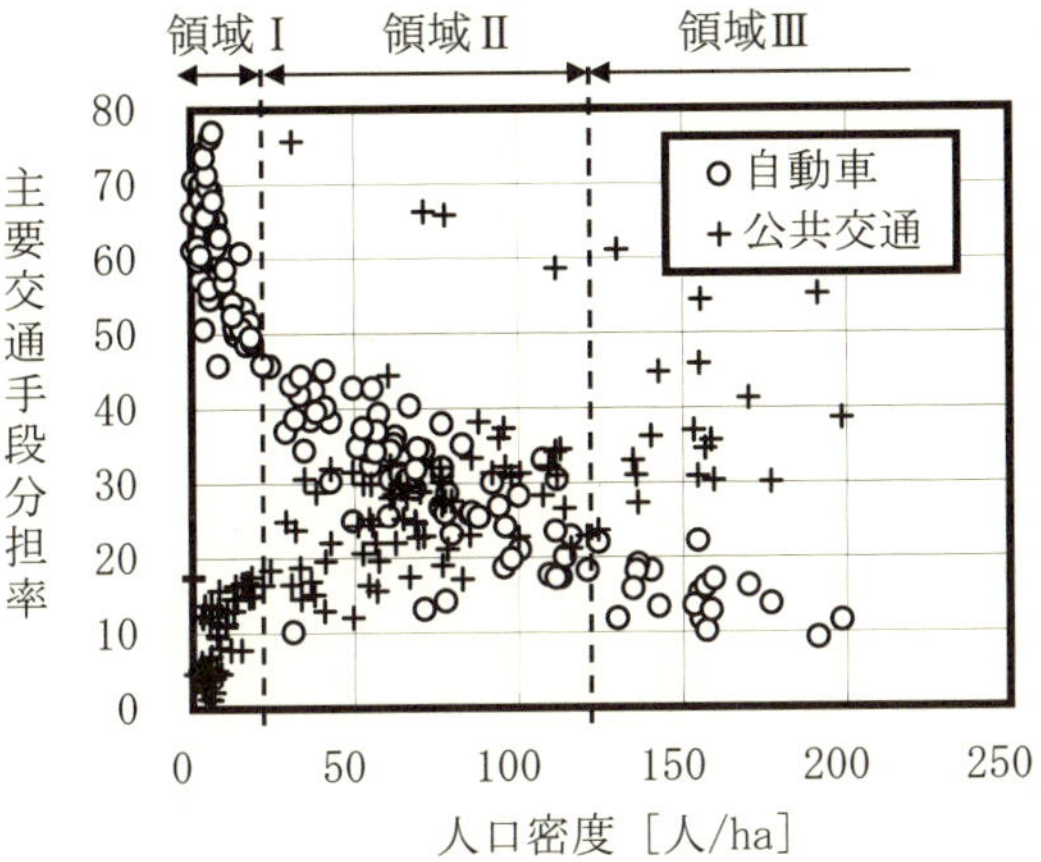

図3―2　人口密度と対策のパターン

ここで、基本的な指標として、人口密度と交通手段の関係（第2章参照）に注目して、対策のパターンを図3―2のように分類してみる。領域Ⅰは、人口密度が一ヘクタールあたり二五人以下であって、一般には農山村部、あるいはこうした地域を多く含む市町村が該当するであろう。公共交通のトリップ分担率がおおむね一〇パーセント以下となる。この地域では、当面、公共交通のサービスの画期的なレベル向上は困難であり、移動制約者のモビリティ確保が主となる。現実にはコミュニティバスの運行などによって、移動制約者のモビリティをようやく確保しているのが現状である。

領域Ⅱは、人口密度が一ヘクタールあたり二五〜

一二五人であって、公共交通のトリップ分担率がおおむね一〇〜三〇パーセントと、一定のレベルがある地域である。たいていの県の県庁所在地や、中核都市がこれに該当するであろう（第4章参照）。こうした地域では、公共交通のサービス水準があまり高くないが、それは逆に公共交通のサービス水準を上げることによって、クルマからのシフトを促すポテンシャルが大きいことも意味する。また場所にもよるが、都市の空間的制約が、大都市よりは緩いと考えられるので、自転車の走行環境を整えることも可能であろう。

領域Ⅲは、人口密度が一ヘクタールあたり一二五人以上であって、公共交通のトリップ分担率がおおむね三〇パーセント以上の地域である。具体的には首都圏・京阪神圏の人口密集地区がイメージされるが、すでに公共交通が密に発達し、むしろ混雑のほうが公共交通の利用にあたってネックになっている状況である。このため、公共交通の利用度を増やすことによって交通環境負荷の低減を画期的に達成するのは必ずしも容易でなく、むしろ自動車交通の過度の集中や、都市内部での自動車の使い方を是正することによる改善が主な課題となるであろう。

それぞれの自治体の交通環境対策を促進するため、①各都市の注目事例、経験などを、相互に共有する仕組みを設ける、②行政資源が限られている市町村が連携し、共通の課題を研究し、実効ある交通環境対策を立案する、③政策の基礎となる政策情報（基礎データ）を収集、共有する仕組みを設ける、④交通環境対策の政策評価、効果測定を行う手法を研究、確立する、⑤制度的、財源的課題を研究し、必要に応じ関係各省庁に要望する、といった枠組みが必要となるであろう。

また本田豊氏は、各地で活用が期待されている「構造改革特区」の一パターンとして、路面公共交通（ＬＲＴ）を推進する特区を提案している。[9] 本田氏は提案の前段として、いま日本で行われている都市再生とされる諸施策が、持続的な都市に作りかえるという構想に基づかず、経済性の追求や景気対策としての観点によって行われているために、かえって市街地の荒廃を招いていると指摘している。これに対して欧州型の都市再生では、歩行者と公共交通（主にＬＲＴ）を軸としたまちづくりを目指し、都心部の活性化が実現されている。

しかし日本では、こうしたまちづくりを実現するための財源が乏しく、また制度的にも現実に合わない内容が残存・乱立し、また行政の縦割り業務のために、ＬＲＴの新設だけをとっても容易ではない。このため本田氏は、トランジットモール[10]を恒常化するための道路法・道路交通法改正、交通警察の権限を自治体首長に移管すること、ＬＲＴ事業者に対する税の優遇措置を設けること、道路特定財源を公共交通の充実に振り向けること、国からの税源を自治体に移譲することなどを提案し、これを特区として試行することを提案している。

自治体交通政策の現状

ここで、いくつかの調査から自治体交通政策の現状を紹介する。東京カーフリーデー実行委員会では、全国の自治体（県および市区町村）に交通政策に関するアンケート調査を実施した。[11] その中で、「独自の交通政策を定めた条例や基本計画を制定しているか（予定を含む）」との設問に対しては、人口一〇〇万人以上の自治体では、すべてがこの内容に関する条例・基本計画を持っていると回答しているのに対して、人口一万人以下の自治体ではおよそ三割にとどまっている。また「TDM施策を実施しているか（予定を含む）」との設問に対しては、人口三万人以下の自治体ではゼロであり、これはその必要性が少ないと解釈できるにしても、人口一〇万人から三〇万人の自治体でおよそ三割、同じく三〇万人から一〇〇万人の自治体でおよそ四割にとどまっている。

また交通政策では、市民の間の合意形成が重要であり、そのための情報提供、政策の企画段階からの市民参加が重要である。この観点から、交通上の問題点について行政と住民が意見交換を行う行政上のしくみがあるかどうかを質問している。この結果、人口規模の大小にかかわらず、ほとんど仕組みが設けられていない。人口三〇〜一〇〇万人の中規模都市においては、いくつか仕組みがあると回答している自治体があった。ただし協議されている内容は、環境よりも交通安全に関する事項が多い。

さらに、交通計画の策定にあたっては、まずその地域の交通ニーズ（潜在需要を含む）の実態調査がなされていなければならない。「鉄道やバス等の公共交通の利用が困難な、いわゆる移動困難者の数及び実態を調査したことがあるか」との設問に対しては、この時点では大都市を除くとあまり行われていなかった。しかし、自治体のバリアフリー対策が法律によって義務化された[12]ことから、今後は進展するものと思われる。また「既存バス事業者の撤退等による生活交通のバス路線の維持が問題となっているか」との設問に対して、自治体の規模の大小によらず半数以上の自治体で、問題となっているか、将来生じる可能性があることを指摘している。

このほか、自由回答欄に多くのコメントが寄せられたが、特に農山村を中心とする人口密度の低い小規模自治体では、クルマに依存せざるをえない交通の問題点を自覚しながらも、公共交通の成立が困難で、移動制約者のモビリティ確保に困難を感じているとの悩みが共通的に記述されていた。まずモビリティ確保の問題が深刻であるために、環境のことまで手が回らないという傾向も指摘される。もとより農山村型の自治体では、自動車交通の集積による弊害は、大都市に比べて軽度であるから、モビリティ確保が主題となるのも当然であろう。なおある自治体から、バリアフリー対応の設備を設けるために、駅の土地を使用したいとJRに交渉しているところ、法外な値段を提示され困惑しているとのコメントが寄せられた。

自転車の活用と自治体

温暖化・大気汚染の原因となる自動車交通の代替手段として、自転車に期待が集まっている。自転車の活用政策に関しては、環境自治体会議環境政策研究所が実施した「「自転車のまちづくり」についての全国自治体の調査」[13]がある。対象として、国土交通省の「自転車利用環境整備モデル都市」[14]の他、過去三年間の新聞記事等から自転車に関連する積極的な取り組みが報じられた、合計九〇市区町村調査に質問し、六六市区町村から回答を得た。

自転車を活用したまちづくりの目的に関する設問では、温暖化防止がもっとも多く三六市区町村(五五パーセント)で、次に自動車渋滞緩和、住民の健康福祉増進が二四市区町村(三六パーセント)と続く。さらに、大気汚染の防止を二二市区町村(三三)が挙げている。その他の目的として回答があったのは、「交通弱者や地域住民にとって日常生活における移動支援及び安全で快適な生活空間の創造」「新しいライフスタイルの提案(交通のあり方)」「歩道部の歩行者と自転車の安全確保」「自転車が安全かつ快適に利用できる都市の創造」「総合的なまちづくりの推進」となっている。

しかしながら、その実効を挙げるための手法については、まだ不十分な点がみられる。温暖化防止が最も多くテーマに挙がっているにもかかわらず、交通からのCO_2排出量を集計している自治体はわずか八パーセントにとどまっていた。交通政策の立案と実施に際して、数量的な目標を設定することが不可欠の条件と思われるが、自転車の活用に関しては、まだ政策としての完成度が充分でなく、イベント的な捉え方にとどまっているように思われる。なおデータとしてよく把握されている項目として、自転車撤去台数（五八自治体）、駐輪場利用台数（五四自治体）が挙げられる。

3 法律と制度のしくみ

環境行政の経緯

交通環境政策について、欧米の先進事例の紹介や研究はたびたびなされている。また、個々の事項として何をなすべきかというメニューは、すでに出そろっているといえよう。しかし、現実の政策は進展していない。また、一連の道路公害裁判でも被害者側の訴えを認める判決が次々と示されている。ところが、現実の大気汚染がいっこうに改善されていない。日本で具体的に交通環境政策の実を挙げるためには、どのような経緯や障壁があるのだろうか。そのために、まず環境行政の経緯を整理してみたい。

戦前にはモータリゼーションは存在しなかったものの、個別の工場や鉱山による環境汚染は少なくなかった。すでに大正時代でも被害者側の訴えを取り入れ、かつ論理的にも名判決と言いうる司法の判断が下されている。[15] 一方、戦後の一九六〇年代後半からの経済の高度成長にともない、産業公害が深刻な問題となった。同時にモータリゼーションも進展したが、産業公害への対応に比べると、自動車公害に対する取り組みは遅れた。第2章に示すように、排気ガス規制が実施されたのは名神高速道路が全通した後、また騒音規制が実施されたのは東名高速道路が全通した後という状態であった。しかしながら、後の自動車公害の対策にかかわるさまざまな法律や枠組みが、この時期に作られている。

工場など、特定かつ少数の原因者（事業者）による環境汚染は、かつては民法の損害賠償で処理されていた。しかしこれでは、被害が起きてからの事後処理の機能にとどまり、被害を未然に防止したり、さらに積極的に環境の改善をめざす機能は伴わない。また、多数の事業者が集積して、コンビナートを形成するといった状況での環境汚染、さらにその規模が戦前や終戦直後とはけたちがいに大きくなってきた。しかも民法上の損害賠償を求める場合、民法の法理によると、被害者の側が加害者の過失を立証しなければならないという、被害者側にきわめて不利な条件がある。こうして旧来の民法的処理ではとうてい対処できない事態が生じた。

すなわち、従来の加害者・被害者という関係だけでなく、行政がさまざまな形で関与する必要が生じた。ここで、一九六七年の公害対策基本法が制定された。この法律は、後にさらに広い概念を加えて環境基本法となるが、そのほかにも一連の法律の整備が行われた。行政的な関与とは、発生源の規制、二次公害の防止、地方公共団体による規制、工場の立地、公害防止事業、都市環境の整備、土地利用のコントロール（都市計画法）などである。また、必ずしも法律的根拠の伴わない行政指導といった方法も取られた。

また、被害者の救済という点でもさまざまな制度の整備が求められた。従来のように民法七〇九条による賠償を主としていると、被害者側に立証責任がある。これに対して企業側は、当然ながら自らに不利な情報を積極的には開示しないし、被害者側が専門的な技術面や製造の工程を解析して、企業側の過失を立証しなければならないことになる。これでは、被害者側に不当に重い負担を課すことになる。

そこで「無過失責任」の考え方が、一九七二年に大気汚染防止法と水質汚濁防止法に導入された。これは、ある汚染源が被害の原因であるという因果関係（原因と結果）さえ証明されれば、加害者側の過失について、被害者側が途中の過程を立証しなくてもよいとする考え方であり、比喩的に「門前主義」といわれている。すなわち、被害の源を追って工場の門前にまで到達したら、それより中に立ち入らなくても、法的に加害者の責任を追及しうるという意味である。これは、被害者救済にとって大きな意味を持ち、現在の道路公害裁判にも適用される。

しかし、なお残る問題は因果関係の証明である。工場や道路から汚染物質が発生している事実[16]は、工学技術的な測定によって客観的に、また数量的に事実関係として示すことがひとまず可能である。しかしその事実と、人々に健康被害が生じていることの間に、どれだけつながりがあるかについて、法律的に証明することは必ずしも容易ではない。この問題に対して、産業公害の分野では、水俣病・第二水俣病・イタイイタイ病・四日市のコンビナート公害など、いくつかの深刻な被害と、それに対する裁判を通じて、厳密に科学的な因果関係の立証によらなくても、可能性あるいは確率論の段階での合理的な推定[17]があれば、行政的な対策をとりうるという考え方がようやく確立した。これに対して道路公害についてでは、またもや対策が数歩遅れており、因果関係の科学的な証明が十分ではないとして、道路公害裁判に関して、被告側（国・自治体・自動車メーカー）は責任を否定し、現在になっても因果関係の論争が続いている。

政策の成り立ち

政策を提言するためには、市民といえども、制度やしくみは、誰がどうやって決めているのか、という問題を理解しておく必要がある。交通にかぎらず、制度や仕組みを決める過程は次のように分類できる。橋本道夫氏はその過程を次のように分類している[18]。

① 合理的な過程
② 組織的な過程
③ 政治的な過程

まず①の合理的な過程とは、たとえば道路公害を改善するためには、個々の自動車の排出ガスの規制をどれだけ強化すべきとか、交通をどれだけ規制すべきかなど、科学的、客観的な検討から提案される過程である。また「あるべき姿」を求めて理念的な議論が加わることもある。しかしこの段階では、まだ机上の検討にすぎない。これに対して②の組織的な過程は、①の検討を実現するために、行政内部の組織における権限や事務の分担、他のさまざまな法律や条令、その他の事項との調整を検討する過程である。一見するとこれは、単なる事務手続の問題であるようにも思われるが、法律と社会の基本的な関係にかかわってくるために、重要な過程である。

法治国家の基本的な考え方として、大多数の人の、自主的な良識的行動を前提として、基本的な権利を最大限に尊重し、人の権利を制限したり何かを強制するときには、明確な法律的根拠がなければならない。

大気汚染でいうなら、沿線住民の健康と文化的な生活を守ることは行政の責務であるにはちがいないが、その一方で道路交通の規制は、道路を通行する人の権利を制限することになり、単純に一方の側を無視することはできない。道路公害の問題でも、行政の怠慢とか、姿勢が企業寄りであると指摘されるケースが多いが、それを単に行政の責任と判断に委ねているだけでは、比喩的に言えば、行政は両腕・両足を摑まれたまま首を左右に振る程度の活動しかできない。道路のユーザーを含めた、社会的な合意があって初めて行政も積極的に動けるのであり、ここに現代的な市民運動の課題があると思う。

この①と②の過程を経て、③の政治的過程がある。これは、検討された政策が法（条例）案となり、公の手続として各種の議会や委員会に提出されるのをはじめ、市民、マスコミ、事業者団体、公害であれば当事者（被害者）団体など、関連セクターに示される段階である。ここで、さまざまな意見、要求が出され、最終的に決定がなされる。したがって、①でいくら理想的な政策を提示しても、③を通過するまでにさまざまな過程があって、そのまま内容が実現するとはかぎらない。

政策に対するマスコミの取り上げ方は「責任者さがし」になりやすく、記者会見で責任者が頭を下げたり、また裁判で行政や企業の責任を認める判決が示されたことをもって、成果であるかのように扱うことすらある。社会に対して、問題の存在を効果的に知らせるという意味もある反面で、情報を受け取る側では、責任者が頭を下げて一件落着といった印象を受けがちである。またマスコミは、行政や企業を批判することには熱心であるが、専門的な知識に立脚して、その次の具体的な対策について取材・紹介するという面では、きわめて弱いといわざるをえない。

4 政策実現の要素

政策の五要素

ある計画や施策が、適切に立案されて所期の効果を挙げるために必要な要素を、筆者の考えで五つに要約したものが図3―3である。たとえば道路公害でいうなら「大気中のある汚染物質の濃度を、人間の健康に影響がないレベルまで引き下げる」ことが最終目標となるはずである。その過程で、行政や企業の責任が追及されることになるが、それは手段に過ぎない。五つとは、①制度、②財源、③社会的合意、④科学的な計測や証明、⑤実施技術これらの要素は独立に存在するのでなく、相互がリンクして機能することが必要である。

たとえば「A」のリンクが欠ければ、いくら法律（条例）で崇高な条文があっても、実施するための財源がなく、画餅に終わる。逆に財源のあてがないために、法律（条例）には抽象的な理念しか記述できないというケースも生じる。「E」のリンクが欠けると、卑近な例では道路交通法に対するスピード超過や路上駐車のように、禁止規定があってもほとんど有名無実という結果に至る。対象が不特定多数の市民になるほど、Eのリンクは難しい。「J」のリンクが欠けた状態は、法律や条例など紙の上でいくら厳しい環境基準を定めていても、それを実現する技術が存在せず「規制あれども実態なし」を意味する。

制度

政策によってある結果を達成するには、人々が実際のその行動を選択するための仕組みが必要である。単に精神論、呼びかけでは、ごく限られた効果しか得られない。たとえば汚染物質の濃度を規制するために、自動車そのものの排出ガスの濃度の規制が必要であるとして、単なる呼びかけでは、自動車メーカーも動けないであろう。単独のメーカーが、汚染物質の濃度を低減させた自動車を売り出したからといって、ユーザーがそれを選ぶという保証はない。多くのユーザーがそれを選び、市場で普及しなければ、存在しないのと同じである。

したがって、全体に効果を挙げるためには、法的な強制力を持たせるために規制値を改訂するなどの対応が必要となる。また、直接に規制するかわりに、税金や補助金に操作を加えて、ユーザーが汚染物質の少ない車種を優先的に選ぶような、経済的な施策（汚染物質の少ない車種に対して減税、あるいは逆に補助金を交付するなど）もありうる。しかし、その税金や補助金を、行政の担当者だけの判断で決めることはできないので、経済的な施策といっても、法的な裏づけは必要である。

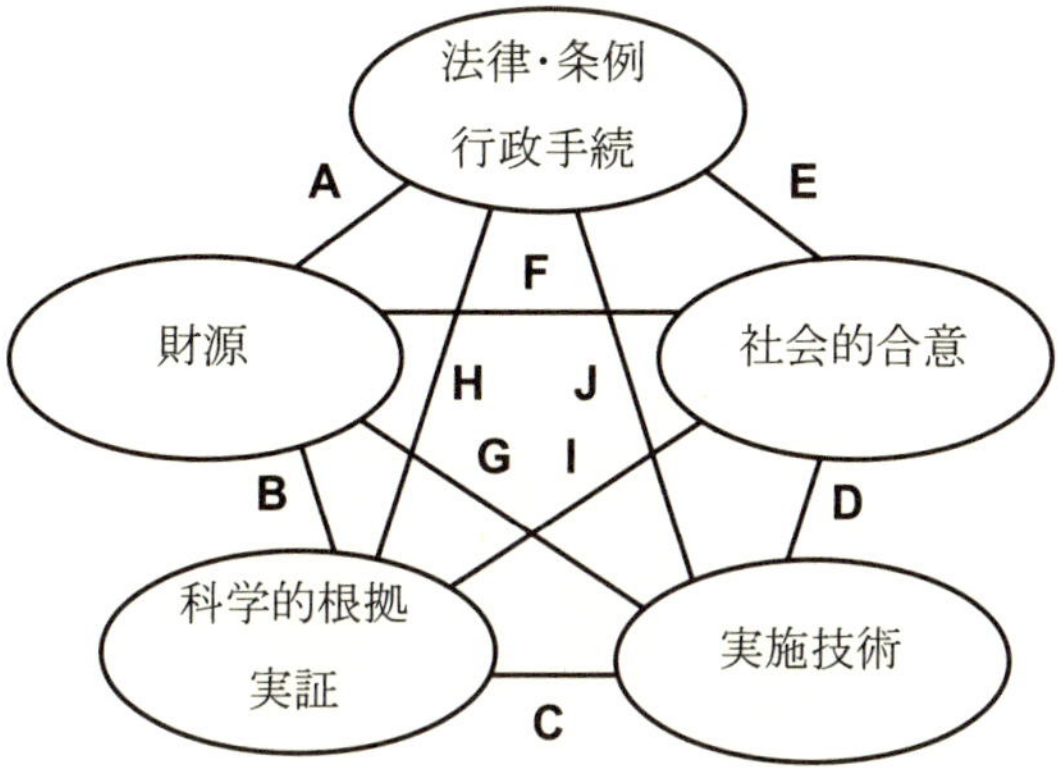

図3―3　政策実現の５要素

財源

何かの政策を実施する場合に、多かれ少なかれ財源が必要となることは当然である。これには、直接に行政が事業を行うための建設費・設備費・人件費という形をとることもあるし、制度や手続きを運用する場合でも、何らかの間接的な費用が必要となる。行政の財源は基本的に税金をもとにしているのであるから、その使用にあたってはさまざまな制約がある。いかに理念的に良い目的であっても、所定の手続きを経なければ財源が使えない。また自治体では、いわゆる交付金・補助金頼みと言われるように財政基盤が弱く、また多くの場合、年度ごとに決められ、継続的な事業や活動がしにくいという問題もある。

クルマ社会からの転換をめざすために、公共交通の整備が不可欠であるが、事業者の創意工夫に依存するだけでなく財源の裏づけが必要である。運営部分については収支均衡（独立採算）をめざすとしても、初期投資、インフラ部分も含めて、事業者ごとの独立採算を基準とするかぎりは、公共交通の画期的な改善は不可能といえよう。鉄道のインフラ部分に対する補助制度を表3―1に示す[19]。

この中で、金額的に不充分であるという問題のほかに、利用者にとって望ましい都市交通あり方と、補助金の対象や内容とのミスマッチがみられる。たとえば、道路面から直接乗降でき、バリアフリーに対応しやすい路面電車には薄い一方で、上下移動を伴い巨額の費用（一般に、一キロメートルの建設に対して路面電車の一〇倍程度になる）を要する地下鉄や、道路の一部と解釈されるモノレールや新交通に厚いといった点である。

表3―1　鉄道整備事業の補助金

補助の名称	対象	補助率[20]
地下高速鉄道整備事業費補助	大都市の地下鉄（新線建設と耐震補強工事）	純建設費の約七〇パーセントを基準に、国・自治体で三五パーセントずつ。

ニュータウン鉄道等整備事業費補助	住宅・都市整備公団や自治体、第三セクターなどが整備するニュータウンに関連した鉄道	純建設費の約八〇パーセントを基準に、国・自治体で一八パーセントずつ。
幹線鉄道等活性化事業費補助	北海道・九州の幹線、愛知環状鉄道	高速化経費の二〇パーセント。
幹線鉄道等活性化事業費補助（貨物鉄道旅客線化分）	第三セクターが行う貨物鉄道の旅客線化	線路の新増設、電化、駅の新設等、経費の二〇パーセント。
鉄道駅総合改善事業費補助	利用者の利便性、安全性向上のために必要と判断される経費	補助対象経費の二〇パーセント以内。
鉄道軌道近代化設備整備費補助金	経営収支及びサービス改善、安全性の向上（主にローカル私鉄）	設備整備費を国・自治体で二〇パーセントずつ。
交通施設バリアフリー化設備整備費補助	鉄道及び軌道の駅におけるバリアフリー化の設備	整備事業費の三分の一。
都市モノレール整備費補助	道路と一体でモノレールを整備する場合の事業費	約六〇パーセント（道路事業費より）
路面電車走行空間改築事業	自動車交通からの利用者のシフトにより道路交通の円滑化が期待される場合	約二分の一（道路特定財源より）

都市再生交通拠点整備事業	公共交通の利用促進のため、停留所などを対象	三分の一（一般会計）

しかしここで、単に「補助金だのみ」ではリスクが大きい。どこに財源を求めるかという点と並んで、資金調達の枠組みが重要である。財源の調達計画が不適切であると、整備に要した資金の何倍もの返済を必要とすることになり、営業収入が利子すらも賄えない事態を招く。この問題について高橋伸夫氏は「鉄道は利子と競争する」と比喩的に指摘している[21]が、社会的に有意義な事業であるにもかかわらず、いわゆる「サラ金」状態に陥り、市民から否定的な評価を招くおそれもある。

ここで、全国規模の交通網（新幹線など）と、市町村レベルの地域交通ではそれぞれ事情が異なるが、少なくとも地域交通については自主財源を用意することが重要であろう。現状では自治体単位での交通政策を立案・実施する場合、現状の財源の流れから、公共交通に使いにくく、道路に使いやすい枠組みが強固に作られている。今後、この枠組みを変えてゆく努力が必要であるとともに、一方で自治体が自主財源を創造することが必要である。自主財源の一つのスキームについては第5章で紹介する。

社会的合意

五つの要素の中でも、最も捉えにくく難しい問題は、社会的合意であろう。この合意とは、ただ頭で理解するだけでなく、現実の行動が伴う必要がある。環境問題を例にとると、幹線道路の大気汚染のために沿道で被害者がいくら出ようと構わないと考える人は、社会のすべてのセクターにわたって、おそらく個人的には存在するまい。しかし頭で理解することと、実際の行動との間のギャップは大きい。大気汚染の軽減のために交通量対策が必要であり、それも道路交通を極端に制約するのでなく、数パーセントを削減すれば一定の改善効果が期待されるとしても、誰も自分自身がその数パーセントになろうとしない。

次のような事例がある。「熊本市内の白川に、代継（よつぎ）橋という橋が架かっている。その橋詰めに幅の狭い側道があって、下の道につながっているので、歩行者や自転車がよく通る。しかし、クルマも通ってよいことになっている。建設省（当時）と熊本県は、この側道をクルマ進入禁止にして自転車歩行者専用道路にする計画を用意したが、地元の『住民の強い反対を受けて先送りした』という（熊本日日新聞二〇〇〇年十一月十七日）。クルマが進入禁止になると迂回せねばならず不便になる、というのが反対の理由であった[22]」。

この例でも「交通事故が多くてもかまわない」と考える人はいないと思われるし、歩行者や自転車への配慮も、誰も反対する考え方ではない。ところがいざ自分の問題となると、総論賛成・各論反対が起きるのである。

ある渋滞に関するシミュレーションによると、同じ道路でもピーク時の交通量の一部を分散させるだけで、渋滞が解消してしまうという結果が得られている。首都高速道路のあるジャンクションで、いつも朝六時から一〇時ころまで一〇キロ前後の渋滞が生じているが、この間の交通量の二三パーセントについて、平均で前後に一六分ずらした条件でシミュレーションすると、渋滞が全く解消されてしまうという。[23] しかし、この関係を多くのドライバーが認識し、実際に実行するように誘導するには、相当な費用と労力を費やして広報する必要があり、その具体的なノウハウについては、まだ課題が多い。

科学的な計測や証明

科学的な計測と証明は、政策の根拠としてごく当たり前に必要とされるはずであるが、充分に検討がつくされて環境政策が立案されている例は、意外なほど少ない。自動車排ガスを例に取り上げただけでも、多くの難問が存在している。

温暖化に関するCO$_2$は、消費した燃料の量に比例するので、燃料の消費量がわかれば計算できる。これに対して、大気汚染にかかわる物質であるSO$_x$（硫黄酸化物）、NO$_x$（窒素酸化物）、PM（粒子状物質）は単純ではない。この中でもSO$_x$は、燃料中の硫黄分の比率がわかれば計算できるので、比較的単純である。ところが、NO$_x$とPMは、生成機構が複雑なので、燃料の消費量からは正確に計算できず、また個々の自動車に排ガス測定機が取りつけられているわけでもないので直接に計測する方法がない。大気中のこれらの物質の濃度を測定することができても、発生量そのものを計測することはできない。報告書などで、これらの物質の発生量が表示されているとき、どのような条件で推計したのかをよく確かめる必要がある。

続いて、反応・拡散という過程を考える必要がある。たとえば、同じNO$_x$の一トンについても、発電所のように一つの煙突から発生した場合と、道路のように線状に連なったところから発生したのでは、人間に対してどのくらい有害物質が到達するかが異なる。もちろん発電所や道路からの距離、地形、気象などによっても影響される。さらにこれらの有害物質が、人間に到達して健康被害を生じる場合、あるいは物体に損傷を与える（腐食、変色、文化財や芸術品の変質）程度も、それぞれ異なる。本来、これらの全過程を解明して、それぞれの過程に最も効果的な対策を施すことが理想なのであるが、現状ではその実態の解明すら、まだ不十分なのである。

科学的計測の重要性を、過去の事例で見てみよう。一九六九年に美濃部知事が硫黄酸化物の対策前倒しを一方的に発表して国や業界と対立した時に、どうやって関係者の調整をはかって実施に結びつけたかを、東京都の職員であった菱田一雄氏が述べている。[24] 菱田氏は「このように環境行政は「環境を保全する」という抽象的な哲学は必要なのだが、「環境を保全するための対策」という具体的な技術（戦術）が一致しなければ、改善への道はない」として、抽象論と、現実の技術のギャップをどのように埋めたかについて回顧している。

まず石油連盟、ホテル、百貨店などに頭を下げて回り「燃料を大量に使用する工場ではなく高価な低硫黄燃料の使用率の低い業界から、切り替えてもらった。外堀から埋めたのである。すると国の規制を上回る勧告なため、予想どおり国からクレームが［中略］公開討論し、国は都の主張に反論できず、逆に一九七〇年の公害国会では法律が改正されることとなった」「この作戦成功の陰に、発生源の汚染物質ごとに東京全体を一キロメートルのメッシュに区切った地域別の詳細な実態掌握、エミッションファクタ（原単位排出係数）の算出などの基礎的な技術データの作成があってこそであるが［後略］」と述べている。行政の担当者が信念を持って行動するには、現象そのものについての確実なデータが必要である。

実施技術

⑤の実施技術は、多くの場合、その内容が企業に保有されていることが多く、前述のように、企業が利潤追求のために意図的に対策を遅らせているのか、あるいは現実的に実施技術が確立されていないのか、そのみきわめは非常にむずかしい。また技術があったとしても、経済的に成立するかという問題もある。ここで、理念的には「人間の生命、健康を守るためなら、経済性は度外視されるべきだ」と主張することはたやすいが、実現性についても考慮しなければならない。この中身をみきわめ、適切な政策を立案する必要がある。

環境に関する規制の強化の政策案が提示されると、多くの場合、関連業界から抵抗の意志が示される。これに対して「利潤を優先して、市民の健康を軽視している」といった批判がなされることが多いが、別の見方をすると、「規制された以上は遵守しなければならない」という最低線だけは守る意志があるためである。残念ながら多くの途上国では、書類の上で先進国を上回る厳しい基準があっても、実態が伴っていない場合をよく見かける。この原則が外れてしまうと、さまざまな分野で、次々と「規制あれども実態なし」という状態が広まるおそれがある。これは非常に警戒すべき現象である。

市民運動の側でも、企業が利益に固執しているためにある規制が実現できないのか、経済的に成立する実施技術がまだ整備されていないのか、また行政的に手続を決めても、それを実施（強制、チェック）する体制が整っていないのか、いずれが真の問題なのかをみきわめ、必要なポイントに運動の目標を定めないと、労力が無駄になる。このような問題は、情報源をマスコミの報道に依存していているだけでは捉えられない。専門的、実務的な検討が必要である。たとえば「安価に効率良く汚染物質を除去する技術が開発された」というとき、実験室で成功したレベル（特別に管理された状況で、専門家が取り扱って成功した）なのか、不特定多数の市民に広めても機能し、副次的な害がないところまで洗練された技術なのか、確認が必要である。どのような技術でも、メリットだけがあってデメリットがない、などという技術はありえない。いかに環境に良いといっても、新しい技術には必ず新しい害が伴う可能性がある。

5 不特定多数の関係者への影響

交通問題では、たとえば汚染物質の排出を減らそうとしたり、汚染物質の濃度を基準以下に保とうとしても、それが不特定多数の人々の自動車の使用の集積によって生じているという点が、最大の難点である。工場のように特定の一カ所から、あるいは複数であっても、それぞれどこ（固定した場所）でどれだけ汚染物質が出されているのかを、管理したり測定したりできるのであれば、対策のための明確な根拠となる。しかし自動車は、このような意味での対策情報を得ることがむずかしく、かりに実行しようとしても天文学的な費用と手間がかかる。

このため不特定多数の利用者、あるいは多数の企業の行為を、現実的な方法でコントロールする必要がある。このような場合、①規制的手法、②自主的取り組み、③経済的手法が考えられる。規制的手法は、法律・政省令あるいは条例によって、直接になんらかの基準や制約を強制する方法である。その実施を確実にするために、最も強い手段として罰則が設けられることもある。また自主的取り組みでは、業界や個人で目標を定めて、それを守るように申し合わせを行なうなどの方法である。この方法では合意が得やすいが強制力はない。規制的手法の中にも、自治体の条例によくみられるように、強制力を設けず努力目標的な性格の規制もある。これは法的な手段ではあるが、自主的取り組みの性格に近い。

経済的手法としてはいくつかのメニューがある。大別して税金（課徴金）と補助金がある。税金による手段としては、環境負荷の大きな製品に増税し、少ない製品に減税する方法である。ただし、燃料やエネルギーに一律に課税する方法もある。補助金としては、環境負荷の少ない製品に補助金を与える方式である。

また若干異なった方式としてデポジット制がある。製品の廃棄時に処理を必要とする製品について、あらかじめ購入の時に処理費用を徴収しておく方式である。それぞれ、概略のメリット・デメリットと、交通分野における事例を表3―2に示す。また、性格が若干異なるが、ロードプライシング[25]も経済的手法の一つと言えよう。

表3—2　交通環境部門の管理手法

手法		メリット	デメリット	交通環境対策での事例
規制的手法		罰則により強制力を持たせることが可能	監視や管理に多大なコストがかかる。一定水準まで達成すればそれ以上のインセンティブがない。 社会的合意の形成が難しい	自動車排気ガス規制 自動車NOx法 自動車燃費規制
自主的取組み		社会的合意が得やすい	必要な水準（基準）が達成されるとは限らない フリーライダー（自分は負担せず他人の負担にただ乗り）の発生	アイドリングストップ運動など
経済的手法	税金 課徴金	制度運用のコストが比較的少ない	社会的合意の形成が難しい 逆進性のおそれがある	自動車グリーン税制 ロードプライシング
	補助金 デポジット	社会的合意が得やすい ビジネス化、商業ルートに乗りやすい	財源に限界がある 額の決定が難しく小額では効果がない	低公害車補助 公害防止装置の購入補助 自動車リサイクル法

いずれの方法も、何か一つですべて解決という効果はまず期待できない。典型的な例として、自動車排気ガス規制がある。

現在、個々の自動車そのものについては、新車の時点で規制を満足していると考えられる。現時点での最新規制条件に違反していない限り、それ以上の改善をメーカーに求める根拠は、抽象的な道徳論以外には見い出せない。またユーザーに対しても、車検に合格した車両を使用している限り、責任を求める法律的な根拠はない。

このように、現時点では誰も違法な行為をしていないのに、自動車交通全体の集積として現実の大気汚染が発生している。すなわち規制的手法だけでは、大気汚染を改善する枠組みとして十分でないのである。

6 基本的な情報の充実

交通実態の調査

交通政策の立案、さらに具体的な交通計画の策定にあたって、当然ながら交通の実態の把握（人や貨物が、どこへどれだけ、どんな方法で何のために等）が不可欠である。しかし現在、そのデータの整備は充分とは言えない。その理由は、これまでの交通調査が「交通需要の増大に応じて（または予測して）、交通施設を整備する」という観点を主に行われてきたからである。しかし、環境面の負荷を正確に把握したり、人々ができるだけクルマを使わずに済むような都市計画をいかに実現するかといった観点で交通データを解析しようとすると、必要な情報が整備されておらず、困難に直面する。

同じ名称の統計でも、調査年度の間隔が長かったり、調査のたびに集計項目が変わったり、平日・休日の変動がわからないなど、交通環境対策のコントロールという目的にとっては、まだまだ欠けている情報が多い。また都市でのデータはあっても農山村部のデータが乏しい。公共交通の旅客の動きについては、乗車券などの記録が残るため比較的正確に捉えられる一方で、道路交通はさまざまな自動車が各自の目的で通行し、バス・タクシー・一部のトラックを除くと個別の運行記録も残されていないため、調査に手間がかかる。さらにその中でも、人間（旅客）の移動はあるていどデータを把握することができる一方で、貨物は一台のトラックに複数の貨物が積み合わせられるなど、個々の貨物単位の真の動きを追跡しにくい[26]。こうした制約から、検討や分析に使うデータにも間接的な推計が含まれたり、各種の資料を組み合わせて相互に整合性のあるデータを使おうとすると、新しくても数年前、ときには十年前くらい、まさに一昔前の情報をもとにせざるをえない等の問題も生じる。

ここで、国あるいは広域レベルの大きな調査として、どのような調査があるかを要約したものが表3—3である。

表3—3　交通調査の一覧

区分	名称	対象	特徴	問題点・制約
旅客	旅客地域流動調査	公共交通機関のみ	都道府県間の旅客の移動	クルマ関係は不明 年間データしかわからない
	幹線旅客純流動調査	公共交通の幹線と都道府県間の自動車交通	都道府県間の旅客の移動	年間データしかわからない
	全国道路交通情勢調査・自動車起終点調査	自家用乗用車・貨物車・ハイヤー・タクシー・バスなどおおむねすべての自動車	市区町村を数区域に分割したゾーンごとの自動車の動き	旅客の属性がわからない 時間帯別・休日のデータがある
	全国街路交通情勢調査（都市OD調査）	自家用乗用車	人口五〇万人以下の都市圏、市区町村を数区域に分割したゾーンごとの自動車の動き	旅客の属性がわからない 時間帯別・休日のデータがある
	東京都市圏パーソントリップ調査	全住民から無作為抽出（交通機関側からでなく、ユーザー側から調べる）	東京都市圏のみ 市区町村を数区域に分割したゾーンごとの自動車の動き	目的別・手段別にわかる 業務用車は明確に区分できない

旅客	道路交通センサス	おおむねすべての自動車	自動車起終点調査に駐車調査などを加えた総合的調査	自動車起終点調査と同じ
	大都市交通センサス	公共交通機関のみ	三大都市圏	通勤・通学のみを把握
	国勢調査（の一項目）	全国	全数調査ができる	通勤・通学のみを把握
	家計調査年報	全国の標本調査	世帯での自動車使用状況がある程度わかる	交通調査そのものが目的ではない 町村部のデータが少ない
	NHK生活時間調査	全住民から無作為抽出	全国	交通調査そのものが目的ではない
貨物	全国貨物純流動調査	事業所から無作為抽出	都道府県間の貨物の移動	貨物側からの調査により積み替えなどの状況も把握
	貨物地域流動調査	各種調査から推計	都道府県間の貨物の移動	細かい経路不明

貨物	内航船舶輸送統計調査	内航船舶事業者		他の交通機関との関連不明
	航空貨物流動調査	航空貨物取り扱い事業者		他の交通機関との関連不明
	全国道路交通情勢調査・自動車起終点調査	自家用乗用車・貨物車・ハイヤー・タクシー・バスなどおおむねすべての自動車	市区町村を数区域に分割したゾーンごとの自動車の動き	旅客の属性がわからない　時間帯別・休日のデータがある
	東京都市圏物資流動調査	事業所から無作為抽出	東京都市圏	

こうした調査には、現時点でも膨大な手間と労力がかかるが、[27] それでも限定的なデータしか採取できない。道路の新設・拡張をめぐって、対象となる地域や現状の道路に、どれだけの自動車が、どの目的で、どこからどこまで走っているのかといった、ごく当たり前と思われる情報についても、意外にも整備されておらず、議論がとたんに行き詰まってしまうのである。本当に道路の拡張が必要なのか、あるいはその地域に関係ない自動車交通を制限するような交通対策によってそれを回避しうるのか、といった評価を下すのに必要な情報が得られない。このため、惰性的に道路建設による「解決」が提唱され、結果としてそれがますます自動車需要を誘発する循環現象を招く原因にもなっている。

精密な情報の必要性

筆者らは、市区町村ごとの具体的な温暖化防止政策の立案・実施を支援することを目的として市区町村ごとの温室効果ガス（CO_2）の発生量を推計する研究[28]を実施しているが、このようにごく基本的なデータすら、少なくとも交通部門についてはいまのところ得られていないのである。これがわからなければ、その市区町村の家庭や業務に起因する交通がどれだけ発生し、自治体の政策によってどれだけコントロールしうるのか、といった検討は不可能である。

従来のように、都市間に高速道路を敷設したり、道路を交通量の増大に応じて拡張しようといった発想なら、従来の調査でもこと足りた（それでも、未来のことを予測するにあたっては、かなり恣意的な要素が入りうる）。しかし、たとえばある地域に大きな商業施設が建設される計画がある場合、その地域の交通がどうなるのか、その地域に用事のある自動車がどれだけで、また関係ない通過交通がどれだけか、といった議論になると、それを直接的に示すデータは存在しない。いくつかの情報を組み合わせて推計することは不可能ではないが、市民がそれを容易に活用できる形では提供されていない。

さらに警察が、信号関係の情報や、道路交通情報の公開に消極的であることも、分析の目的によっては検討を妨げる要素になる。

ＧＩＳ（デジタル化された地理情報システム）を活用して、より精密な交通量予測を行おうとする試みもある[29]。また、前述のように限られた測定データから、目的の情報を精度よく推定しようとする試みもあるが、まだ模索段階である。[30]

こうした統計の利用にあたって、一つの制約はプライバシー情報の秘匿であるが、自動車の使用が環境的・社会的に重大な影響を及ぼしている以上、公益的な目的（環境負荷の低減、渋滞の緩和、交通事故の防止）に寄与する範囲内において、自動車交通の実態調査はより精密化されるべきであろう。

また、道路上を無数に走行しているクルマの、現実の正確な燃費（実態燃費）も公式にはわかっていない。インターネットを利用して、会員制のユーザーからの情報提供により実態燃費を測定するシステムもあるが、[31]限定的な情報にとどまる。クルマのエネルギー原単位の定義にも疑問がある。例えば、朝の通勤時に、バスが不便なために駅まで家族にクルマで送ってもらう、いわゆるキス・アンド・ライドを行っている人の場合、もしそれだけが目的でクルマが使われているとしたら、駅からの帰路はタクシーの「回送」に相当する。

ところがクルマ（マイカー）の統計では、ドライバーだけでも乗っていると人の移動とみなされ、原単位の計算に含まれる。これに対してタクシーでは、乗客が乗っていないと人の移動とみなされず、むだな走行として計算される。このため統計でタクシーのエネルギー原単位が大きく計算される結果になるが、その結果を以て、タクシーよりも、個人が個別にマイカーを動かしたほうが、交通手段として効率が良いと判断できるだろうか。

この問題ひとつとっても、自動車交通の実態は正確に捉えられていない。行政機関や研究者の努力がさらに求められる。

7 警察をどう動かすか

いろいろな都市で交通対策の現状や問題点を調査して、どこでも必ず聞かれるのは「交通環境対策や、TDMを実施しようとするとき、最大の抵抗となるのは警察だ」という苦言である。何も新たな設備を必要としないバス専用（優先）レーンの設置ていどのことでも、警察の協力が得られない場合がある。

関東地方のある都市で、社会実験としてパーク・アンド・バスライドを行おうとして、行政の担当者から「実験期間中だけでもバス専用レーンを設けたい」と警察に交渉したところ、渋滞が起きるからだめだとして言下に一蹴されたという事例を聞いた。またそれ以前からバス優先レーンを設けているカ所について、警察から「優先レーンが設けられていることをあまり宣伝しないでほしい」とさえ言われたという。

第2章3項で述べたように、道路交通法に「交通の円滑」という趣旨が加わったのは一九六〇年である。それから、警察分野での交通行政の関心は、いかに自動車を円滑に流すかに集中してしまったようである。また「公共交通」という視点が乏しく、路線バスも単なる大型車としか認識していない。
一方で交通事故の防止、より正確にいうと「現状よりも交通事故を増やさない」ということが、現場をあずかる担当者に課せられた重い義務であることも事実である。このため、よかれと思って変えたことでも結果として事故が増えたらどうするのか、また最終的に改善が予測される対策でも、何かを変更する過渡期に事故が増えたらどうするのかといった懸念のため、保守的にならざるをえない。結局、ひたすら個人の注意に依存することが、交通警察の基本的な姿勢になっている。

バスのサービス改善で実績を挙げている某社の運行担当役員の話をうかがったときも、国交省・警察の連携した取り組みができておらず、事業者の努力が活かされないことを強く指摘されていた。この会社では、エコドライブ（省エネ運転）に取り組み、バスの燃費を一一パーセントも向上させたにもかかわらず、その間に利用者が一〇パーセント減ったため、原単位としての改善が打ち消されてしまったという。長年の経験から利用者のバスに対する要望として主なものは、便数の増加と、定時性の確保が大部分であるという。定時制の確保については、何も特別なシステムを必要とせず、交通規制でかなり対応できる余地があるが、警察と交通行政の連携が不十分なために、思うに任せない。

そもそも交通行政と警察の連携は、法律で規定された義務でもある。たとえば、大気汚染・騒音・振動が一定限度を超えたとき、都道府県知事（大気汚染について）や市町村長（騒音と振動について）は、それぞれ大気汚染防止法[32]・騒音規制法・振動規制法[33]にもとづき、道路交通法の規定による交通規制を実施するように、公安委員会に要請することとなっている。「要請できる」ではなく「要請するものとする」という命令規定である。しかし、有効な規制が発動されたことがない。ここでは警察の問題というよりも、要請限度が設定されている物質がCO（一酸化炭素）のみであり、その限度も非現実に高く、現実に規制が発動する機会がないためである。この枠組みを、より一般的に交通環境対策に利用することも考えられる。

欧米では、交通行政が警察を傘下に含めているシステムが普通であり、TDMや交通環境対策に関連した交通規制や、交通方式の変更は日本よりもずっと整合的に行われる。しかし日本ではそのような仕組みが存在しない。そこで、日本で交通対策に取り組む関係者の方々からうかがったところ、警察を動かす方法は二面あるという。すなわち下からと上からである。まず上からは、「自動車をいかに円滑に流すか」を考える時代はすでに終わり、TDMが交通事故の防止にも環境対策にも有効であり、道路交通法をはじめとする交通警察行政の趣旨に最もマッチした施策であることを政策担当者に理解してもらうことである。

一方で下からの方法として、交通の現場をあずかる担当者は、自分からはなかなか変革を言い出せないので、「市民からの強い要望」という大義名分を用意することが必要となる。また特定の担当者のみに責任を求めるのでなく、複数の担当者の共同責任という形をとると動きやすくなる。行政機関を通じての働きかけも重要であるが、時として組織同士のタテマエのぶつかり合いも生じるので、市民からの強い要望と連動することが大切である。バス優先レーンの設置さえままならないという一方で、日常的に大がかりな交通規制を実施している例はめずらしくない。たとえば祭礼、商店街のイベント、駅伝大会などでは、日常には考えられないような交通規制が行われる。

ある意味で、警察は市民の意見に敏感である。現場で市民と接するのはその地域の警察であり、直接的に交通に関する苦情をぶつけられる関係にある。大阪府豊中市のトランジットモール実験[34]の様子を報じたニュースを見たことがあるが、規制区域に進入しようとしたクルマのドライバーが、警官に殴りかからんばかりの勢いで抗議している場面が録画されている。警備に立っていた者が民間ガードマンや行政職員であったら、実際に暴力事件になっていたかもしれない。警察の姿勢も、市民との相対的な関係により決まる。前述のバス優先レーンについて、現地の警察がきわめて消極的な姿勢を示しているのも、「バスをもっと円滑に運行してほしい」という要望よりも、「渋滞して困る」という市民の声のほうがずっと大きいからであろう。ここにも市民運動の課題が見出される。

自転車政策で知られる渡辺千賀恵氏は、行政も市民もよく見れば同じ思いを持っており、それぞれ散在している関心をひとつにしようと呼びかけている[35]。

「北広島市内の裏道のある交差点で、子供の自転車が出会い頭にクルマに衝突しかけたことが何回もあった。そこで住民は自分たちの判断でその交差点に「停止線」を引いたが、道路標識などを勝手に設けるのは違法行為だから、停止線を消すよう警察から求められた。しかし、停止線を消させても危険性はなくならない。では、子供たちの命を守りたいとの思いが警察官にないのかといえば、決してそうではない。警察官の思いも住民と同じなのだが、その個人的な心情を社会のしくみ（法律レベル）が汲みとれていないのである。〔中略〕個人レベルの内面に着目すれば、各人の思いに根本的な違いがあるとは思われない。散在している関心を一つの市民的機運にまで高めうる展望が、ここにある」として、関心の体系化を提言している。

8 各セクターの課題

交通計画への市民参加

渋滞の解消を願って道路の建設を求める「市民」の圧力は依然として高いが、渋滞といっても、道路容量に対して何倍もの交通量が押し寄せているのではなく、せいぜい数パーセントの超過が原因であることは、交通工学の常識として知られている。

そこで、この分をカットするために、さまざまな手段で、自動車の通行のほうを削減する試みが提唱されてきた。しかし、誰も自分自身がその「数パーセント」にはなりたがらない。不特定多数の市民を説得するには多大な手間がかかる。それよりも、道路容量を増加させることのほうが社会的に言いわけが立つことから、行政としては大都市内でさえも道路建設を続けざるをえなかったのではないか。

しかし局部的にでも渋滞が緩和されると、情報を知ってそこに自動車が押し寄せ、増加した道路容量はただちに埋め尽くされてしまう。市民がもっと交通現象に関心を持ち、自動車がもたらす負の側面を理解し、自動車交通量を減らすように多面的な協力を行うことが、渋滞緩和の正道である。

それには、費用と労力をかけて、情報提供を行い、交通に関して市民の合意形成をはかってゆくことが必要である。これまで交通計画に市民参加がなされなかったことが、無駄な道路建設が続けられている一つの要因である。交通計画に対する市民参加が促進されれば、際限のない道路建設の必要性は薄れるのである。

市民参加のスタンス

「官がだめだから民がやる」といった二者択一的な発想や、行政敵視の議論は、持続的な交通にとって有害無益であろう。市民運動に携わっている人と、企業や行政の人が話し合ってみると、考えていることや、目指しているところはほとんど変わらないことがわかる。ただ、さまざまな立場、現実の制約から、思うように動けない面があったり、実現のための道筋、手法が異なったり、理想形を論じているのか現実形を論じているのか、などの差異による齟齬《そご》が生じることがある。小規模な自治体の交通担当者ともなれば「道路で動物が轢かれているので片付けてくれ」といった日常業務まで、小人数でこなさなければならない。市民が何でも「行政、行政」と言って要求を突き付けても、対応に限度があることも事実である。

また行政に所属する人は、すべての発言、行動が「行政権の発動」と解釈されるから、個人の価値観では動けない。役人をひとくくりに「市民的な権利に無関心な人々」とみなし、対立的な議論をしかけても労力の無駄である。また企業に所属する人は、程度はともかくとしても、採算性の確保と事業の継続性の制約は無視できない。これらを無視した議論や、要求をしても無駄である。行政や企業を市民が求める方向に動かすには、それに必要な条件、動きやすい背景を整える運動が必要となってくる。むしろ市民運動の側に、わざと突拍子もない提案を持ち出して社会的な関心を惹こうとしたり、弱者や被害者を引き合いに出して情緒的な共感を強要する姿勢がみられるが、これらは有害無益であろう。

市民としても、交通計画が立案されてから実施されるまでの過程を見通して、望ましい結果を効果的に実現するノウハウや、さまざまな利害関係者のなかだちをする能力が問われてきた。市民の課題として、①議論に必要な、基本的な知識を身につける、②行政や事業者の中で活動の核となるキーパーソンを見い出し支援する、③さまざまなチャンネルを通じて情報を集める、などが必要とされる。

また、議論にあたって、コスト感覚を持つことが重要である。過大な事業費の算定が行われていないか、より安価で効果的な対策がないかといった議論のために必要であるだけでなく、コストを考える過程そのものが、問題の理解に効果的だからである。

分野は異なるが、次のような事例が報告されている[36]。ある自治体のごみ焼却炉の選定に際して、工学知識を持った市民コンサルタントの参加により、地域のごみ特性に合った最適な選定ができた事例が報告されている。一方で、経験豊富なメーカーの実務技術者も協力し、費用にして数億円の節減効果を挙げた。このような協働体制が機能する要件として、報告者は、市民側の参加者にも技術的な素養が必要なこと、現場の技術者の声にも耳を傾けること、などを挙げている。

この報告者は、市民がこうした決定に参加する条件として、技術に関する基礎知識が必要であるとともに、実務にたずさわる技術者とのつながりを持たないと、重要な情報を見落としやすいという点も指摘している。技術に関する基礎知識がないと、ただ「行政不信」を表明するだけであったり、逆に何でもお任せの対応になってしまう。また多くの学識経験者は、第一線の技術者、実務担当者の声を聞く機会が乏しく、実際の設備の細部を熟知していないために、メーカーの説明を伝達するだけになりやすい。逆に「市民側」の学識経験者は、市民にとって都合の良い意見を述べてくれるかもしれないが、やはり実務知識がなければ抽象論に過ぎず、いずれの関係者からも重視されない。

クルマや道路の問題に関して、市民参加の手続きはまだ模索中であるが、参加の機会はしだいに整備されつつある。その時に何が必要な「基礎知識」なのかを整理しておかないと、機動的に対応できない。市民運動では、交渉や調査をするにも会員からカンパを集めて予算を用意し、仕事をやりくりして労力を提供し、乏しい資源を活用しなければならない。交渉に参加する代表者が、基礎的な知識が不足しているために必要な活動ができなかったら、多くの会員の善意をむだにすることになる。

よく、専門家と市民のすれちがいとして「専門家が、重要な事実をわざと黙っていた」という応酬に発展することがある。しかしそれらの多くは、故意に隠していたというよりも「常識のギャップ」が原因であるケースが多いように思う。専門家には、素人にもわかりやすく説明する「説明責任」がある一方で、そもそも何から説明すべきかについて双方が食い違っている状態では、いかに良心的な専門家でも適切な説明はむずかしい。ていねいに話そうとすると、一つの用語を説明するだけで会合の時間が終わってしまう。少なくともNGO、NPOと称している市民団体ならば、基本的な専門知識を勉強するなど「被説明責任」もあると思う。

市民の側から「行政は既定の結論しか示さず、代案や、結論に至る条件を説明しない」と批判されることがよくある。このとき、行政の実務担当者も板挟みになっていることが多い。実務家であるために、あまりにも具体的かつ厳密に考えてしまい、たくさんのケースのシミュレーションに費用がかかるとか、そんな予算をどこから出すかとか、先走って考えてしまう。それは実務家が抱え込む問題ではなく、社会的な合意形成にどれだけの情報を必要とし、どれだけ時間と費用がかけるべきか、行政の外枠で決めるべきことで、実務家は技術的良心に従って、科学的・客観的な結果を示せば良いのだという信念を持つことも必要であろう。一方で、実務家にそのメッセージを伝えることは、市民運動の課題でもある。

専門家と実務家の課題

道路問題で活動している人は、専門家について〈より公正な意見をと考えても、一般に客観的と思われている専門家、特に交通の専門家というものは事業者の方を向いており、冷静な事実を語ってくれる方はほとんどいない〉と評価している。[37] 筆者の見るところ、すべての専門家がそうした姿勢ではないものの、少なくとも市民から一般的にそのように思われていることを気に留めておく必要がある。

姿勢の問題だけでなく、説明のスキルの問題も大きい。技術者や専門家はいわゆる「職人かたぎ」の人が多く、説明が下手という傾向もある。しかし「専門的な事項を、専門外の人にもわかりやすく説明できる」という能力は、交通にかぎらず、すべての専門家に求められる必須の資質であろう。また専門外の市民と積極的に接し、専門家に何が求められているかをじかに受け取ることは、自らの専攻分野にとって貴重な情報源となるはずである。

環境のような問題は、旧来の縦割り学問では対応できない。あくまで筆者の知るかぎりという条件では、日本の人文・社会科学の研究者の思考の硬直化、自然科学に関する基本的な知識の不足が目立つ。また現象面そのものに対する知識が乏しいために、すぐ「人権」を振りかざして、相手を黙らせようとする習慣を持つ人たちもいる。環境破壊や安全の問題は、あくまで物理現象の改善が最終目標なのだから、理念を振りかざしても、改善の方向は示されない。いまだに「大衆は無知であり、知識人によって指導される必要がある」という位置づけでしか発言のできない研究者も時にみかけるが、もはやその種の研究者は社会にとって無用である。

一方で、理工系の研究者の中でも、特に機械系・電気（電子）系の研究者の中には、交通体系全体に対する見とおしを欠き、末端技術のみに特化してさまざまな提案をする者がみられる。これらは多くの場合、持続的な交通にとって役立たないだけでなく、トータルとしてますます環境負荷を増大させかねない提案もよく見かける。こうした姿勢は、自分の専門分野を社会のために役立てたいという良心的な動機にもとづいていることはわかるが、有害無益である。まして学生の卒論テーマづくりや、研究助成金の取得のために、環境問題を口実にするのはやめてほしい。そのような予算があるなら、専門的なＮＧＯの支援に充てたほうが、社会全体として、より効率的に有用な成果物が得られるであろう。

1　第二次世界大戦後の欧州の復興のために一九四八年に設立されたOEEC（欧州経済協力機構）を発祥として、一九六一年にOECDが設立された。日本は一九六四年に二一番目の加盟国として加盟した。先進国を中心とする加盟国間の、経済政策や途上国援助政策の調整を役割としている。環境問題に関しては、各国での公害問題の深刻化を契機として、一九七一年に環境委員会が設立された。

2　VOC 揮発性有機物質（Volatile Organic Compound）の略で、通常の気温で大気中に蒸発して汚染物質となる化学物質の総称。自動車に関しては、ガソリンそのものや、ガソリン中に含まれるベンゼン等が該当する。これらは給油のとき、燃料系統からの漏洩、エンジンの排気ガス中の未燃分などの経路で大気中に放出される。また自動車の製造工程、修理工程などから放出される塗料などの有機溶剤もある。

3　桑田まさ子「OECD―ESTプロジェクトの発想　バックキャスティングとESTガイドライン」OECD―EST名古屋大学プレシンポジウム資料、二〇〇三年三月より。

4　上岡直見「エコモビリティの世紀　地球をレールで埋めつくせ（連載）」『JRガゼット』二〇〇三年五月、四六頁。

5　*Guidelines for Environmentally Sustainable Transport(EST) presented and endorsed ay the International EST Conference*, 4-6 October 2000, Vienna, Austria.

6　人間が聴き取れる最小の音のエネルギーを基準として、音の大きさを倍率（対数表示）で表わした数値。環境の分野で単に「デシベル」という時は、人間の聴覚特性（高い音ほど強く感じる）に合わせて補正した「A特性」を指す。「ホン」と同じであるが現在は「ホン」は使われない。
7 上岡直見『自動車にいくらかかっているか』コモンズ、二〇〇二年。
8 （財）地球・人間環境フォーラム「ローカルアジェンダ21策定ガイド」三頁、一九九五年。
9 本田豊「LRTによる新しいまちづくりを実現するために」自治研中央推進委員会事務局編『月刊自治研』（特集「使えるか？特区制度」）四五巻五二三号、八〇頁、二〇〇三年。
10 街路にクルマの乗り入れを禁止（制限）し、歩行者と路面公共交通（路面電車・バス）のみの通行を認める方式。日本では短期間の実験的として実施された例があるが、道路交通法にはトランジットモールの規定がないため、警察が実施に消極的であり恒常的な実施の妨げとなっている。
11 東京カーフリーデー実行委員会『環境対策とバリアフリーをめざす自治体の交通政策調査報告書』二〇〇二年四月。
12 正式名称は『高齢者、身体障害者等の公共交通機関を利用した移動の円滑化の促進に関する法律』、二〇〇〇年五月成立。
13 環境自治体会議「「自転車のまちづくり」についての全国自治体調査自転車アンケート」二〇〇二年四月。
14 国土交通省では、一九九八年度および一九九九年度に一九のモデル都市を指定し、これらの自治体に施設設備の支援を行った。その他の自転車交通施策を含め、国土交通省ホームページ http://www.mlit.go.jp/road/road/bicycle/policy/program/index.html を参照願いたい。
15 原田尚彦『環境法』弘文堂、三二頁、一九九二年。〈しかし、企業が相当の設備をすれば、たとえ公害が発生しても被害者はこれを受忍すべきだとするのは、企業利益の擁護に偏し、公平に反する。そこで、当時の判例の中にも「化学工業に従事する会社が亜硫酸並硫酸瓦斯が現に其設備より遁逃することを知らざる筈なく又遁逃したる是等の瓦斯が付近の農作物其の他人畜に害を及ぼすべきことを知らざる筈もなく若し之を知らざりとせば之れ其作業より生ずる結果に対する調査研究を不当に怠りたるものとして之を知らざるに付き過失あるものと認むるを相当とする」（大阪控判大正四年七月二九日法律新聞一〇四七号二五頁。前記大判の原審判決）と述べて、損害の発生につき予見可能性があるのに操業をして被害を発生させたときは、工場に過失があるとしたものがある。この基準によれば、企業側はたんに相当な設備をすればそれで免責されるのではなく、公害発生を予見し防止するためのきびしい注意義務が課されることになる。〉

16 「ひとまず」と限定した理由は、たとえば道路からの大気汚染の場合、個々の自動車に排気ガス測定装置が取りつけられていないために、沿道で測定したデータは不特定多数の自動車からの集積であり、それから逆に個々の自動車に対して責任分担を割り振ることは容易でないといった制約もあるからである。

17 たとえば、ある工場から有害物質を含んだ汚水が海や河川に排出されていたとして、その時期や量の関係と、周辺で健康被害を生じた被害者の発生状況の間に統計的な因果関係が認められれば、その物質の生成過程での工場側の過失や、物質の移動経路、被害者の摂取過程などを個々に追跡・立証しなくても、工場の責任を問えるとする考え方である。

18 河村武・高原榮重『環境科学Ⅱ』七三頁（橋本道夫氏担当）、朝倉書店、一九八九年。

19 佐藤信之「都市鉄道の整備運営に関する枠組み」『京都の公共交通の未来を創る市民フォーラム第6

回　公共交通は誰が支えるのか――財源から考える』シンポジウム資料、二〇〇三年一月より。

20　同じ補助制度の中でも、条件によって詳細な算定式があるが、概略を示す。

21　高橋伸夫『鉄道経営と資金調達』有斐閣、八頁、二〇〇〇年。この中で著者は、旧国鉄の累積債務の原因を分析している。それによると、国鉄の発足（一九四九年）から一九六七年までの十九年間に、国の政策の肩代わりとして、通勤・通学定期、新聞・雑誌等に割安運賃を設定することによる公共負担に加えて、地方財政健全化のために課された市町村納付金（固定資産税的な負担）の合計が一兆〇五一一億円（一年あたり平均にして五五三億円）があった。この分を内部留保に回せなかったことが、後年の二〇兆円にのぼる累積債務の発端となった。この問題によって、交通市場における鉄道の地位低下や、人件費の膨張と関係なく、国鉄の経営が破綻したと分析している。すなわち「鉄道がクルマに負けた」わけではないのである。

22　渡辺千賀恵「自転車を活かすまちづくり――助走期の胎動と苦しみ」『CEL』二〇〇二年一二月号、三四頁、大阪ガスエネルギー・文化研究所、二〇〇二年。

23　桑原雅夫（講演会記録）「交通渋滞のいろいろと需要の時間平滑効果」『日交研シリーズ』B―83、一〇頁、二〇〇一年四月。

24　菱田一雄「環境対策技術者への期待」『日本機械学会誌』一〇三巻、九七四号、二〇〇〇年、三三頁。

25　都市の一定区域に乗り入れる自動車の台数を制限するために、ある境界線やゲートを通過する自動車に料金を課すシステム。実施例ではシンガポールがよく知られている。東京都でも検討され、二〇〇一年六月に報告書が提出されている（http://www.kankyo.metro.tokyo.jp/jidousya/roadpricing/hokokusyo/hokoku.htm）。二〇〇三年以降の早期導入をめざすとなっているが、具体的な実施についてはまだ不透明である。

26 「全国貨物純流動調査」では、輸送機関側からでなく貨物側からの視点により、一つの貨物の輸送の発生から到着までを追跡する調査が行われる。

27 パーソントリップ調査の例では、住民基本台帳から無作為に抽出した世帯（抽出率二～三パーセント）について詳細なアンケート票を戸別に配布し回収するため、それだけでも膨大な労力を必要とする。

28 環境省『平成一四年度地球環境研究計画―地球環境研究総合推進費による研究計画―』七五頁、二〇〇二年。

29 GISと微視的交通プロジェクト「地理情報を活用した微視的交通状況の推計可能性の検討（日交研シリーズA―298）」日本交通政策研究会、二〇〇一年。

30 道路交通統計の精度プロジェクト「道路交通統計の精度改善手法の開発（日交研シリーズA―268）」日本交通政策研究会、一九九九年、同報告「その2」二〇〇〇年など。

31 インターネット上で、ユーザーが刻々と自分のクルマの燃費を入力する「e燃費」というシステムが運用されている。（http://www.autoascii.jp/auto24/e-nenpi/）

32 大気汚染防止法 第二一条「都道府県知事は、前条の測定を行なつた場合において、自動車排出ガスにより道路の部分及びその周辺の区域に係る大気の汚染が環境省令で定める限度をこえていると認められるときは、都道府県公安委員会に対し、道路交通法（昭和三五年法律第一〇五号）の規定による措置をとるべきことを要請するものとする」。騒音規制法、振動規制法にも同様の規定があるが、要請の主体が市町村長となっている点が相違。

33 第一一〇条の二「公安委員会は、大気汚染防止法（昭和四三年法律第九七号）第二一条第一項若し

くは第一二三条第二項、騒音規制法（昭和四三年法律第九八号）第十七条第一項又は振動規制法（昭和五一年法律第六四号）第一六条第一項の要請があった場合その他交通公害が発生したことを知った場合において、必要があると認めるときは、当該交通公害の防止に関し第四条第一項の規定によりその権限に属する事務（註・交通の規制）を行なうものとする」。

34　二〇〇〇年四月に、大阪府豊中市で、中心市街地活性化や渋滞対策などを目的として、駅前をトランジットモール化（バスのみの通行を認めた、歩行者専用道路）の実験を四日間にわたって行った。

35　『自転車とまちづくり』学芸出版社、一九九九年、二一六頁、二一七頁。

36　森住明弘「市民参加のコンサルタント機関の創設を」『月刊廃棄物』一九九九年一一月号、七〇頁。

37　江崎美枝子「新たな道路づくりに必要な手法」『ＢＹＣＹＣＬＥ ＮＡＶＩ』二〇〇三年新春号、一三五頁、二〇〇三年。

第4章　クルマ依存転換の指標

1 指標化の重要性

指標化の重要性

「指標」は、ものごとの状態をあらわす尺度であるが、その数字自体が目的とは限らない。たとえばＧＤＰや経済成長率は一つの指標である。これらの指標が重視されるのは、ＧＤＰや経済成長率が大きいほど、全体として人々の利益が増大する、あるいは増大する可能性が高くなると考える人々が多いためである。しかし、ＧＤＰや経済成長率の大きさが人々の幸福と必ずしも一致しないことも、以前からたびたび指摘されている。また「幸福」といっても、それをどのように定義するのか、また指標であらわすことができるのか、という疑問も常についてまわる。

このように、客観的に割り切れない部分も多いが、前章で政策化の必要性を述べたとおり、政策には多くの人が納得する客観的な根拠が必要である。たとえば、大気や水は清浄なことが望ましいからといって、「汚染は少なければ少ないほど良い」という評価基準だけでは、逆に何も決めないのと同じであり、誰が・いつ・どのように責任を持って政策を立案し、実施してゆくのか、方針を立てることもできない。指標をどのように選び、政策とどのように関連づけて行くのかを議論しなければならない。

また行政の責務は交通だけでなく、福祉、教育、産業など多岐にわたるので、政策の企画・実施に際しても、行政が活用できる予算や労力（行政資源）が現に有限である以上は、それを何らかの基準に従って配分する必要がある。性格の異なる問題を同時に扱いながら、多くの人が合意できる妥当な指票を見い出すための手法として、「環境指標」という方法論ができつつある。[1] 道路公害問題に見られるように、現在でも生命・健康を守る最低限の基準さえも満たされていない状態であるが、単に生命・健康に影響がないていどに基準を満たしていればよい、という指標だけでは不十分である。

また交通はきわめて地域性の強い問題である。その地域で望ましい交通はどのような状態か、必ずしも一律の基準を設けることができない。その地域にとって、何が重要か、どれだけ達成したらよいかという計画と評価を、住民（利用者）参画のもとに行うことが重要となってくる。

指標の種類・使い方

例えば「環境が良い、悪い」といった人々の生活上の実感では、人によって感受性の差はあるにしても、多くの人がおおむね共通した受け止め方をしている。家を買おうとするとき、もし他の条件が同じなら、空気が汚い場所のほうが良いと考える人はいない。だからこそ、不動産の広告に環境が良いといった文言が含められるのである。しかし、単にその良し悪しを人々の主観の集積に任せておくだけでは、適切な政策を立案・企画することはできない。何らかの目標を定め、その達成が可能な方法を考え、さらに実施した後は目標が達成されたか、あるいはどのくらいされなかったかを評価して、次のステップにつなげる必要がある。

ここで、大気汚染や騒音のように、いま起きている現象が刻々と数字でわかる場合もあるが、地球温暖化のように、今日、明日の範囲での生活実感としては被害が感じられなくても、科学的な推定によって将来に深刻な被害が予測されるケースもある。あるいは環境ホルモンのように、人間が現に摂取していても短期的には影響がなく、かつ微量のために、人間の五感では摂取そのものに気づかないが、長期間にわたって微量の摂取を続けることによって健康への影響が出現するといった性格の問題もある。

こうした問題に対処するために、最も基本的な指標として、大気や水、あるいは食品などに含まれる有害物質の濃度や、騒音・振動を○○以下に維持すべきであるという基準が設けられる。この種の指標は、人間の健康の維持にかかわる分野であり、生活の質を云々する以前に、最低限の健康的な生存にかかわる指標である場合が多い。現在もなお、大都市や幹線道路の沿道で大気汚染の環境基準を上回る数字がみられたり、ダイオキシンやその他の有害な化学物質の濃度が基準を超えた地点が発見されたりする。この最も基本的な指標もまだ充分にみたされているとはいえない。

次の段階では、人間の健康、生命といった生物的な意味での持続性を満たすだけでなく、より高度な指標も求められている。たとえば、緑の多さ、生き物との触れ合い、気持ち良く散歩やサイクリングを楽しめるなど、より総合的な快適性などをあらわす指標である。より高度な段階では、資源やエネルギーの使いすぎに関して、次世代以降の人や、途上国の人々の持続性に負の影響を及ぼすことにも関心が向けられるようになる。より高度で倫理的な指標をもとに、私たちの暮らしのあり方を見直そうという考え方も出てくる。基本的な指標から高度な指標になるにつれて、国による一律の規制にかかわる指標から、しだいに自治体ごとの特性を反映した指標へと展開する必要性も生じてくる。

同様の発想に立つ提言として、新田保次氏は「人間発達の階層性」における交通の役割を提示している。[2] 人間発達の階層を三つに大別すると、①生命の保全、②健康増進・暮らしの維持、③発達・成長である。ここで成長とは、子どもから大人へという意味だけでなく、成人であっても、より多様で有意義な活動への参加など、自己実現をめざすことも含まれる。①では、交通事故や交通公害による生命への脅威、生活必需品の入手などが対象である。②では、福祉や健康に関するサービスへのアクセスなどが対象である。③では、教育や文化、レクリエーションなどへのアクセスが対象である。

これまで交通にかかわる指標は、いわゆるハードウェア（設備）指標であるか、またはそれに伴う物理的な指標であることが多かった。最も単純にはスピードであったり、高速道路の整備率などの指標もある。

しかしそれらの指標は、それ自体が最終の目的ではないし、往々にして政府の側が市民のライフスタイルを一律に規定した上での指標になりがちである。それよりも、市民の暮らしがどのように豊かになるか、安全、安心で住み良い社会になるかが、本来の目的なのであるから、市民が求める「指標」とは何かという議論も必要となるだろう。

2 都市と交通を数字であらわす

快適環境指標

前述のように、暮らしの質（QOL）をより高めるという観点からは、大気汚染物質や騒音など、機械的な測定値のみによる指標だけでは十分でない。たとえば「快適性」といった感覚的な問題については、どのような要素から構成され、さらにそれが交通とどのようにかかわっているかを考える必要がある。感覚的な評価といっても、各自の主観を言い合っているだけでは、政策の指標にならない。一つの試みとして、東京都環境管理計画で、都市の快適環境をあらわす総合指標を作成する試みが行われ、一九八六年に報告されている。[3]

表4―1のように、それぞれの指標の構成要素について、現在の東京で最も良いところ・悪いところと思われる場所の写真のセット（たとえば「清々しさと静けさ」指標について、空気・水・清潔・静けさ・日当たりに関する五種類）を示し、この指標を良くするのに、どの項目をどのくらい重視するか、マグネットチップを置いてもらう、というようにして、重みづけをもとめた。これに対して、それぞれの地域（この調査では、都内を地図上で五〇〇メートル四方の格子に区切った各エリア）ごとに、

環境上の因子がどのように総合的な快適性に影響を及ぼしているかを、統計的に解析した。

表4―1 「住み易さ」指標の構成要素

快適環境指標の構成	
清々しさと静けさ指標	空気のきれいさ 池や川のきれいさ まちの清潔さ まちの静けさ 日当たりの良さ
自然とのふれあい指標	緑とのふれあい 水や水辺とのふれあい 土との親しみ 野鳥や昆虫との親しみ 自然景観の楽しみ
美しさとゆとり指標	街並みの美しさ 街並みのゆとり 歩行者街路の快適さ 公共の広場との親しみ レクリエーション施設の身近さ

その結果、「自動車交通量」「道路面積率（面積に占める道路の割合）」などの、自動車交通にかか

わる因子はすべてマイナスの値、すなわち総合的な快適性を低下させる因子であるという結果になった。

たとえば、「清々しさと静けさ」の指標を構成する項目の中に「池や川のきれいさ」という小項目がある。住民が「きれい」と評価した指標に対応する地域の、環境データとの間の相関係数を求めると、次式のように整理され、地域の面積に占める道路面積率が大きいほど、池や川のきれいさが減少する方向に作用する（符号がマイナス）相関関係を有していることがわかる。

［池や川のきれいさ指標］＝－0.1042×［道路面積率］＋8.4215×アクセス可能水辺数－12.2248×Log［BOD濃度］－74.3404

この他に、「空気のきれいさ」「まちの静けさ」「土との親しみ」「野鳥や昆虫との親しみ」の項目で、道路面積率や自動車交通量がマイナスの要素として相関関係が求められている。これを解釈するなら、住民（ここでは都民）は総合的な快適性を最終的な結果として求めているのであって、自動車や道路そのものが欲しいわけではないという、総合的な判断が表されていると解釈できるのではないだろうか。

地方都市の交通指標

クルマから公共交通への乗り換えをうながすためには、公共交通のサービス水準の向上が重要な要素である。運輸政策研究機構では、大都市および地方都市について、公共交通をはじめ、クルマ、自転車、歩行者など、各種交通手段のサービス水準を数字化し、順位付けを行った報告書[6]を作成している。これは、順位づけ自体が目的ではなく、逆にどの指標がどれだけ総合的なサービス水準に影響をおよぼしているかを分析し、どこを重点的に改善すべきかの指針とすることが目的である。

たとえば鉄道については表4―2のように、利便性・速達性・経済性などの大きな分類があり、さらに利便性ではその下にアクセス・イグレス性（自宅や勤務先からの到達しやすさ）、駅前広場の利用しやすさ、駅構内の移動のしやすさ（バリアフリー）、列車の頻度、終発時刻の遅さなどの指標がある。さらに、どの項目にどれだけ重みがあるかについて、自治体職員と学識経験者にアンケート調査を行って決定した。この際、都市の規模によってそれぞれの項目の重みが異なることも考慮し、都市の規模別に重みをつけている。

表4―2　公共交通サービスレベルの指標

要素		指標	解説
利便性	アクセス・イグレス	鉄道駅密度（平方キロメートルあたり駅数）	鉄道駅が多いほど、駅までのアクセス・イグレス距離が短くなり、利用者にとって便利である。
	駅前広場	駅前広場設置駅比率（地下鉄・路面電車を除く）	駅前広場が整備されていると、バス・タクシーの乗降がスムーズにでき、歩行者も鉄道駅に安全にアクセスできる。

利便性	鉄道駅（駅構内）	エレベータ、エスカレータ設置駅比率（路面電車を除く）	エレベータ、エスカレータが設置されていれば、乗換などに負荷が少なく利用者にとって快適である。
	乗車	一路線あたりピーク時運行頻度	ピーク時の運行本数が多いと、待たずに乗れ、利用者にとって便利である。
		中心駅での終発時刻	終発時間が遅いと鉄道を利用できる時間が長く利用者にとって便利である。
速達性	乗車	ピーク時表定速度[7]	表定速度が速い路線ほど乗車する時間が短く、利用者にとって快適である。
	乗車	五キロメートル乗車の運賃	運賃が安価に設定されているほど利用者の負担は少ない。

この結果、人口一〇〇万人以上の都市の「公共交通」では、広島市が最も良い評価結果となった。[8]「自動車」「自転車」「歩行者」ではいずれも札幌市が一位、広島市がいずれも最下位となった。人口三〇万人以上一〇〇万人未満の都市の「公共交通」では、長崎市が最も良かった。この報告では、それぞれのサービス水準が、交通手段の分担率にどのように影響を及ぼしているのか、クルマ以外の手段に乗り換えを促すためにどのくらいのサービスレベルが必要なのか、等の分析までには至っていない。しかし概略ではあるが、住民一人あたりのガソリン消費量を都市別に比べると、六大都市

以外では長崎市が最少に位置している（第2章参照）ところから、公共交通のサービスレベルとクルマ依存度の間に、一定の相関関係が存在することが推定される。

バス交通の評価指標

中村文彦氏は、生活交通として最も身近（徒歩や自転車以外で）な路線バス、ことにコミュニティバスを念頭に置いて、評価指標を提示している。[9] たとえば、コミュニティバスのルートを決める際に、地区内をきめ細かく回るルートを設定すると、利用者にとって停留所までのアクセスが良く（距離が短い）便利だが、目的の場所まで時間がかかる可能性が高くなる。逆にルートを単純にすると、停留所が遠くなる可能性が高くなる反面で、所要時間が短縮される。いずれが好ましいのか、利用者としてどのような立場の人を想定するかによっても異なる。こうした判断のために評価指標が重要となり、各種の定量的なデータが必要となる。

表4―3の中で、福祉面での副次的効果として外出促進効果は、注目される要点である。東京都武蔵野市の「ムーバス」の検討過程でよく知られるようになったが、外出を促進することによって高齢者など移動制約者の閉じこもり（閉じこめ）を防ぎ、社会との交流を保って、できるだけ長く自立して質の高い生活を営めるようにすることが、結果として福祉施設などへの入所を少なくし、行政の負担を総合的に軽くするという点である。

なお評価指標と直接の関係はないものの、低床車などバリアフリー対応の車両を導入しながら、道路側の状況が対応していないために、車いすの乗降が困難となっている例がよく見られることが同報告で指摘されている。行政の関連組織が連携して対応することが求められる。

表4—3　バス交通の評価指標

関連主体	評価指標	留意点
利用者（潜在利用者）	バス停アクセス時間	乗車側と降車側の区別、地区別の差異の扱い。
	バス停待ち時間	運行間隔の半分の値が必ずしも適切でない。
	バス乗車時間	自動車での所要時間との比をとるなどの工夫。
	総所要時間	自動車での所要時間との比をとるなどの工夫。
事業主体	初期費用	車両の選定に依存。関連する道路整備や停留所整備も含まれる。
	運行費用	委託事業者の経営体質に依存。
	運賃収入	サービス内容で需要が変化することへの配慮。
計画の視点	モビリティ向上への寄与	利用者側指標をもとに計算を工夫。
	自動車依存からの脱却	自動車を使わなくても済む交通行動パターンの集計。
	福祉面での副次的効果	外出促進効果から計算。

3 自動車の社会的費用

社会的費用の考え方

市場メカニズムや競争原理によって望ましい交通体系を達成しようとするのなら、クルマのユーザーが、クルマの保有と使用によって生じた費用のすべてを負担する必要がある。しかし実際にはそれらを負担せずに第三者に転嫁しているために、市場メカニズムによる正しい調節が妨げられ、自動車の過剰な使用を促進する方向に作用し、過度にクルマに依存した交通体系が作り出され、持続的な交通とは逆の方向に向かっている。

ここで自動車の「社会的費用」の問題が以前から指摘されている。社会的という意味は、自動車のユーザーが本来支払うべき費用でありながら、本人がそれを負担せずに、他者に転嫁している費用のことである。別の意味では、社会的に多額の補助を受けていることになる。もし自動車のユーザーがこれらを正しく負担しているならば、自動車の過剰な使用は抑えられ、適切な水準に近づくはずである。そこで実際に、ユーザーが自動車の費用をどのくらい負担し、あるいは負担していない分がどのくらいあるかを試算してみよう。

自動車工業会の試算[10]をもとに、一八〇〇cc級のガソリン乗用車（新車）を一八〇万円で購入し、九年間使用すると仮定したケースで検討する。平均的な燃費をもとに、毎年一〇〇〇リットルのガソリンを消費するものとし、車両購入費、車両の取得や保有にかかわる税金、燃料に伴う諸税も年間に割り振る。車両費や維持費を含めて走行一キロメートルあたりの平均費用を算出すると、平均で走行一キロメートルあたり四八円となる。なお、自動車工業会のモデルでは駐車場代が含まれていない。もし自宅に車庫がなく、有料の駐車場を借りていると、全体の経費がさらに高くなる。また、一戸建て住宅など自宅に車庫があるとしても、その分は不動産価格に含まれているはずである。

通常の自動車ユーザーが意識する費用は、ガソリン代と高速（有料）道路料金であろう。しかしクルマにかかわる全経費を含めて計算すると、走行一キロメートルあたり四八円であるから、そもそも社会的費用を含めなくても、意外に多くかかっていることが理解できる。それに加えて、ユーザーが負担していない費用はさらに多額にのぼる。自動車がもたらす社会的なマイナス面として、交通事故、地球温暖化、都市の熱帯化、大気汚染、騒音、振動などがある。交通事故については、保険というシステムを通じて、その一部がユーザーによって負担されていると考えることもできる。しかし現実は、被害者やその家族の苦痛が、金銭的な意味にかぎっても充分に補償されているとはいえないし、警察や救急の費用は公費である。

温暖化（気候変動）では、海面の上昇による居住地の損失、気象災害、農作物の生産に対する被害、生態系の変化などが挙げられる。これらの中でも、経済的な価値に換算できる項目と、換算しにくい項目があるが、いずれにしても自動車のユーザーはその損害に見合った分の負担をしていない。大気汚染や騒音についても同様である。都市の熱帯化にも自動車がかかわる。自動車の利用を便利にするために、細い路地まで舗装し、駐車場を作り、水面、植物、土を消失させてしまったことにより、都市の気温調節機能が低下している。

人間に直接ダメージを及ぼすマイナス面の他に、道路の建設費用の中で、ユーザーが負担していない部分も考慮しなければならない。ガソリンや軽油に課せられる税が道路建設に使われること、つまり特定財源であることを指して、道路の費用は自動車ユーザーが負担しているという解釈もみられる。しかし道路に対する全投資のうち、ユーザーが負担している比率は四割のみであり、残りの六割（二〇〇〇年度予算で約一〇兆八五〇〇億円）はユーザーにより負担されていない分である。

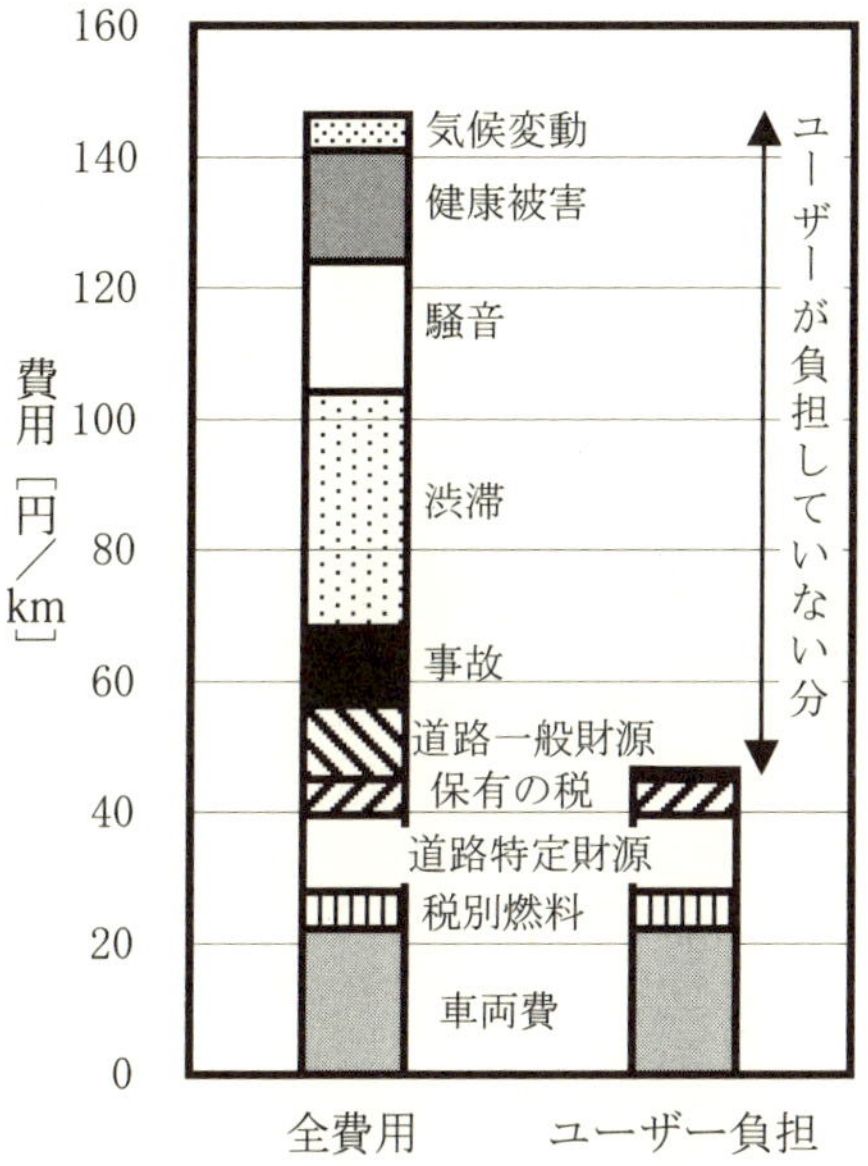

図4—1　自動車走行 1km あたりの費用

道路のうち高速（有料）道路は、料金収入で建設費と経費を賄う独立採算制といわれるが、すでに膨大な累積債務を抱えている。建設費に充てられる財政投融資や、その他の資金は、要するに借金である。これを通行料の収入から長期にわたって返済することになっているが、最終的な処理は確実ではない。もし債務放棄などの事態となれば、旧国鉄債務の「国民負担」と同じ結果を招き、高速（有料）道路を使用しない国民も含めて、国民全体の負担となるだろう。

このように、ユーザーによって負担されていない費用を集計すると、自動車の走行一キロメートルあたり、実際には少なくとも一四六円の費用がかかっている。[11] この金額から、実際にユーザーが負担している分を除くと、ユーザーが負担していない分は、自動車の走行一キロメートルあたり、およそ一〇〇円となる。これらの費用は、人口が密集した都市と農山村部など、条件によって（例えば人口密度が低い地域では、同じ騒音や排気ガスでも影響を受ける人口が少ない）変わるが、ユーザーが負担していない費用がかなりあるという事実は同じである。以上の関係をまとめて図4―1に示す。

社会的費用の意味

こうした社会的費用が存在するという現実と、持続的な交通とはどのようにかかわりがあるのだろうか。現状では、自動車のユーザーは真の費用のごく一部しか負担していない。残りは税金、社会的厚生の低下、将来へのつけとして埋められおり、その分だけ過剰に自動車が使用されている。すなわち、持続的な交通に対する妨げとなっている。かりに費用を負担したとしても、健康被害や交通事故のように、それが起きたあとでいくら補償金を積んでも、人々が被った苦痛を回復しえないという問題も考慮しなければならない。[12]

しかしながら、クルマのもたらすさまざまな負の側面を理解できたとしても、人々は仕事や生活の必要上から使わざるをえない、あるいは自分だけが使わないことによる損失を避けるためにクルマを使っているというほうが適切かもしれない。これでは、いくらクルマの負の側面を訴えても、クルマ依存社会からの転換は不可能であろう。そこで、不特定多数の人々の選択の集積が、おのずとクルマ依存からの転換に作用するように、経済的な誘導のしくみを設ける必要がある。これが社会的費用のひとつの意義である。さらにそこから得られた収入（たとえば税収）を、クルマに代わる公共交通の充実に用いることによって、いっそうクルマからの転換を促すというサイクルを作り出すこともできる。

もう一つの意味は、より積極的に、環境負荷そのものの低減を促す作用である。排気ガス規制や燃費規制は、たしかに一定の強制効果を有するが、逆に「規制値までは出してもいい」という解釈をもたらす可能性もある。規制と組み合わせて、「減らせば減らすほどトクになる」経済学的な仕組みを設ける必要がある。これは、被害が起きてから補償するという意味での対策でなく、未然防止のインセンティブを与えるという点でも、意義がある。

また間接的ではあるが、社会的費用がかかっていることをアピールすることによる、教育効果がある。単に「環境を考えてクルマの利用を控えましょう」と呼びかけるよりも、具体的な数字を示すことにより、説得力を高める効果がある。また社会的費用の議論に際して、対案を提示することも重要な条件である。社会的費用の意義は、いずれの側にしても「最初に結論あり」の議論をするためにではなく、交通にかかわる多くの人が、社会的な合意に到達するためのツールとしても意味がある。

このまま自動車に依存した社会を続けたいなら、理論的には、かかっている費用をユーザーにすべて負担してもらう方法が考えられる。しかしながら、その額をたとえばガソリン税に含めて賦課したとすると、ガソリン一リットルがおよそ一〇〇〇円にもなってしまうため、あまりにも非現実的である。その上に逆進性（経済的な弱者や、生活のために自動車を使わざるをえない人ほど負担が重くなる）が避けられなくなる。

この現実的な解決としては、ユーザーに部分的に社会的費用を負担してもらい、それをクルマの負の側面を軽減する対策にあてることによって、社会的な負の絶対量を低減させる方法など、合理的な政策スキームを設けることが合理的であろう。このとき、前述のように逆進性を避けるために、単にユーザーに対して一律の費用を賦課するのでなく、ユーザー相互の不公平を是正するような仕組みを工夫することが必要であろう。その一例として、後述するように、環境負荷の少ない車種には税を軽減し、多い車種には重課することにより、全体として中立的（総額では変わらない）にする方法などが考えられる。このような政策スキームの一例を第5章に示す。

社会的費用の算出と基礎数値

次に、社会的費用の具体的な数字を検討してみたい。社会的費用は次のようなステップで算出される。①自動車交通によりもたらされる現象（好ましくない）面や被害実態を把握する、②自動車交通と、その被害の因果関係、メカニズムの解明、③負の側面や被害を経済価値に換算し、それぞれの自動車交通の走行量あたり、あるいは台数あたりに配分する、という手順である。実際問題として、①のようなごく基本的なステップを具体的に計算しようとしただけでも、現状では被害実態すらまともに整理されていないために、行き詰まってしまうことが多い。また、汚染物質がどの自動車から、どこで、どれだけ発生しているかについても、それを直接に測定している装置や行政機関はどこにも存在せず、間接的な推定によらざるをえないのである。こうした解明のステップを通じて、クルマ依存社会からの転換を考えるのに必要な情報として、何が欠けているかを洗い出すことも、間接的ながら社会的費用の意義である。

社会的費用の具体的な計算方法や値には、さまざまな提案があり、必ずしも定説はない。全体の状況を拙著[13]に要約して示したので参照していただきたい。ここでは現時点で最も現実的と思われる試算として、兒山真也氏・岸本充生氏による整理を示す[14]。大気汚染・気候変動・騒音・事故・インフラ（自動車利用者が負担していない分）・混雑に関して、「自動車走行キロメートルあたり」と「人および貨物の単位輸送量あたり」について算出が行われている。検討を要約すると、次の表4―4のような数字となる。

なお報告では、計算に用いている基礎数値の出所によって結果に開きが生じるため、最大・中間・最小の数字が提示されているが、ここではそれぞれについて中位の値を表示している。数字は車種別（乗用車・バス・大型トラック・小型トラック）に対して割りふりが行われているが、地域別・時間別の割り振り、すなわち大都市と農村部や、同じ道路でも、混雑時と閑散時のちがいなどについてはまだ今後の課題である。ただし、欧米におけるこれまでの研究と比較し、総合的に一致した数字であることが示されており、妥当な数字であることが確認されている。

表4—4　兒山氏らの社会的費用

項目	総費用（円）	走行距離あたり（円／台km）				輸送量あたり（円／人km・円／トンkm）			
		乗用車	バス	大型トラック	小型トラック	乗用車	バス	大型トラック	小型トラック
大気汚染	八兆二八〇四億	一・八	六九・二	五九・一	一三・八	一・三	四・八	一九・八	一一四・一
気候変動	八兆二八〇四億	二・二	九・四	七・八	三・一	一・六	〇・七	二・六	二五・九
騒音	五兆八二〇二億	三・六	九・四	七・八	三・一	一・六	〇・七	二・六	二五・九
交通事故	五兆〇一六八億	七・一	七・四	七・九	四・九	五・〇	〇・五	二・七	四〇・八
インフラ	五兆〇七〇六億	七・〇	七・〇	七・〇	七・〇	五・〇	〇・五	二・四	五八・二

混雑	六兆〇〇〇〇億	七・三	一四・六	一四・六	七・三	五・二	一・〇	四・九	六〇・三
合計	三一兆四五〇五億	二九・〇	一一七・〇	一〇四・二	三九・二	一九・七	八・二	三五・〇	三一五・二

4　社会的費用の具体的な適用

前述のように基礎数値が求められたとしても、自動車の走行一キロメートルあたり、あるいは輸送量あたりの単価として示されるだけなので、現実の交通手段として、ユーザーが払っている費用と、外部に転嫁している費用が、どの程度の額に達しているのか、実感が捉えられない。これまでEU域内の試算[15]が報告されているが、日本でのこうした試算はいまだ見かけないので、現実にありうる交通パターンを設定して、交通手段による社会的費用の構成をみてみよう。

国内といっても、都市内部の移動と長距離の移動では異なり、通勤・通学・レジャーなど、交通の目的によってもさまざまな数字がありうるが、いくつかのケースを設定して、交通の手段によって社会的費用がどのくらい異なるか試算した。なお、人の移動と貨物の移動について算出しているが、貨物については、鉄道を使うとしても駅と駅の間の輸送だけでは輸送の用をなさず、鉄道の利用には必ずトラックによる端末輸送を必要とする。このため、端末のトラック輸送にかかわる社会的費用も加味した計算を行っている。

事例——家族で旅行

まず、東京都足立区に住む家族（大人二人・小児二人）[16]が、福井県福井市の郊外まで一緒に旅行（例えば帰省）するケースを想定する。考えられる交通手段と費用は、次の表4—5のようになる。ただしマイカーを除いては、都内を移動して高速バス・飛行機・新幹線に乗るまでのアクセス交通機関、また福井駅あるいは小松空港に着いてから、最終目的地まで移動するための電車や路線バスなどイグレス交通機関も必要になる。なお費用は片道の数字である。

計算は、ある程度の誤差を含むものであることをあらかじめお断りしておく。たとえば、新幹線や高速道路は経路が固定しているが、航空機は起点と終点が同じであっても、天候や航空管制の状況によって、途中の具体的な飛行経路が必ずしも一定していないし、個々のフライトで選定した高度や風向きによって燃料消費量も変動がある。このため、年間を通じた平均の航行距離[17]と燃料消費率によって算出している。高速道路[18]ではサービスエリアでの休憩時の費用は考慮していない。

表4―5　東京都区内から福井市までの経路

手段と詳細	具体的な経路
①クルマ	自宅～都内一般道～東京インター～東名高速道～小牧ジャンクション～名神高速道～米原ジャンクション～北陸道～福井インター～福井市内一般道～目的地（合計五四二キロメートル）
②高速バス・デッカータイプ、二九人乗り	自宅～東武～営団～東京駅八重洲口～高速バス～福井駅前～福井市内路線バス～目的地（高速バス乗り場までの鉄道、路線バスによるアクセスを含み、合計五五六キロメートル）
③飛行機・エアバスA三〇〇―六〇〇R型	自宅～東武～営団～京浜急行～羽田空港～航空機～小松空港～福井駅前連絡バス～福井市内路線バス～目的地（空港までの鉄道、路線バスによるアクセスを含み、合計六二四キロメートル。うち航空機五二八キロメートル）
④新幹線・ＪＲ特急・バス	自宅～東武～営団～東京駅～新幹線（ひかり）～米原～ＪＲ特急（しらさぎ）～福井・福井駅前～福井市内路線バス～目的地（五六四キロメートル）

この条件で、まず表面的な費用を計算すると、家族四人で一緒に移動するという条件もあって、クルマが圧倒的に安い。クルマなら家族四人で一万四〇〇〇円（見かけ）のところ、鉄道では四万二〇〇〇円もかかる。しかもクルマはドア・ツー・ドアの利便性があり、他人と混在して乗車する気づかいも必要ない。運転の労力さえいとわなければ、あえて公共交通を選ぶ動機は弱くなるであろう。ただし、クルマの費用として高速代とガソリン代を計上しているが、実際にはそれだけでは済んでいない。クルマの購入費、税金・保険など維持費もかかっている。

前述の自動車工業会のモデル計算のとおり、平均的なクルマを所有し、平均的に使用すると、クルマの走行一キロメートルあたり、平均四六円の費用がかかっている。実際の経路にあてはめてみると、ユーザーが負担している分は一万四〇〇〇円ではなく二万五一六〇円となる。しかしながら、それを考慮しても、多くの場合、クルマが最も安くつく。マイカー以外の公共交通では、路線バス・鉄道・航空機の順に高くなる。

これに対して社会的費用を含めて考えてみるとどうだろうか。ただし公共交通機関も、程度の差こそあれ環境負荷や渋滞（バスに関して）などの社会的費用を発生させている。電気で動く新幹線・特急列車は、それ自体ではCO_2や大気汚染を発生しないが、発電所を通じて環境負荷を発生させている。航空機は輸送量あたりの燃料消費量（CO_2発生量）が多いうえに、高空でのCO_2放出は、地上での放出の二〜四倍の温暖化影響がある[19]とされている。また航空機は大気汚染の負荷も大きい。

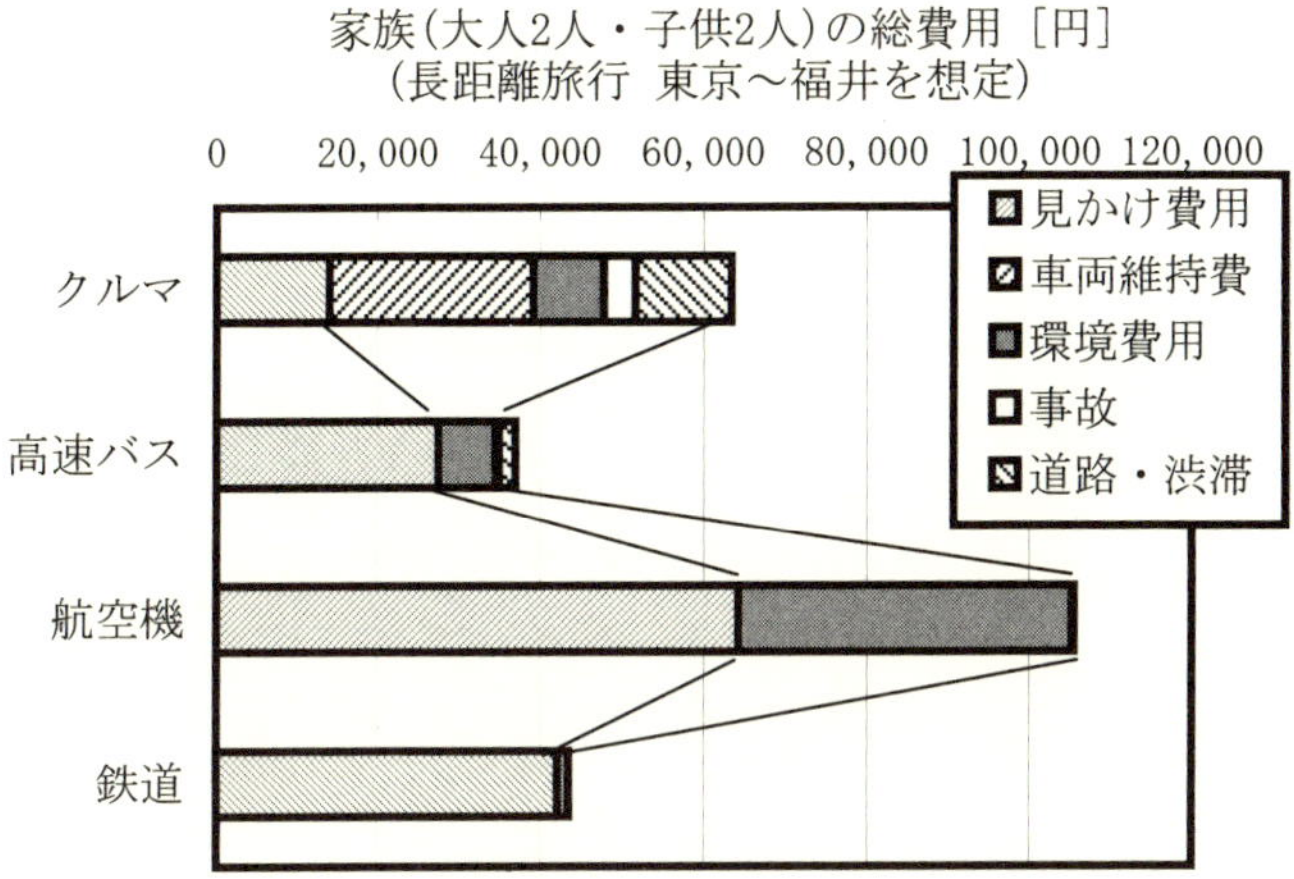

図4―2　長距離旅行の見かけ費用と社会的費用

バスについては、CO_2の面ではクルマより有利である一方で、現状ではディーゼルエンジンを主としているために大気汚染では不利となる（ただしそれは車両あたりの評価であって、乗客一人あたりにするとクルマより有利）。また交通事故や渋滞、道路設備に関しては、クルマもバスも自動車の仲間であるので、双方とも影響を及ぼす。こうした影響を、前述の報告されている基礎数値によって計算し、経済価値に換算[20]して図示すると、図4―2のようになる。

すなわち、ユーザーが直接負担している費用で比べれば、マイカー・高速バス・鉄道・航空機の順に安く、しかも家族で一緒に乗っても費用がほとんど変わらないマイカーが圧倒的に安くつく。しかし社会的費用を加えて計算すると様相は異なってくる。鉄道では、社会的費用の追加分はごく少ない。一方でマイカーでは、ガソリン代と高速道路料金の分だけでなく、社会的費用と維持費を加えて計算すると、条件によっては家族で一緒に乗っても鉄道より高くつく。これには駐車場の費用が含まれていないので、それを加えるとさらにクルマのほうが高くついている。繰り返すが、見かけ上クルマのほうが圧倒的に安くつくのは、ユーザーが社会的費用を負担していないからである。

事例――家族で近距離レジャー

ここでは、前例と同じ東京都足立区に住む家族が、四人で横浜みなとみらい地区のレジャー施設に遊びにゆくというケースを設定する。近距離のため、航空機や高速バスは対象外となり、クルマと鉄道の比較となる。クルマの場合、この程度の近距離では給油の必要がないことも考えられ、ガソリンの費用も意識されないかもしれない。試算では首都高速道路を使用[21]するとしているが、時間がかかるのをがまんすれば首都高速道路を使わずに行くことも可能であり、ユーザーの実感として「クルマはタダ（に近いくらいに安い）」と感じられるであろう。これに対して鉄道では、家族四人で二五五〇円になる。具体的な経路は次の表4―6のようになる。

表4―6　首都圏の近距離レジャーの経路

手段	具体的な経路
①クルマ（首都高速経由）	自宅～入谷ランプ～首都高速～みなとみらいランプ～目的地（合計四四キロメートル）
②鉄道	自宅～東武～北千住～ＪＲ～桜木町（合計四六キロメートル）

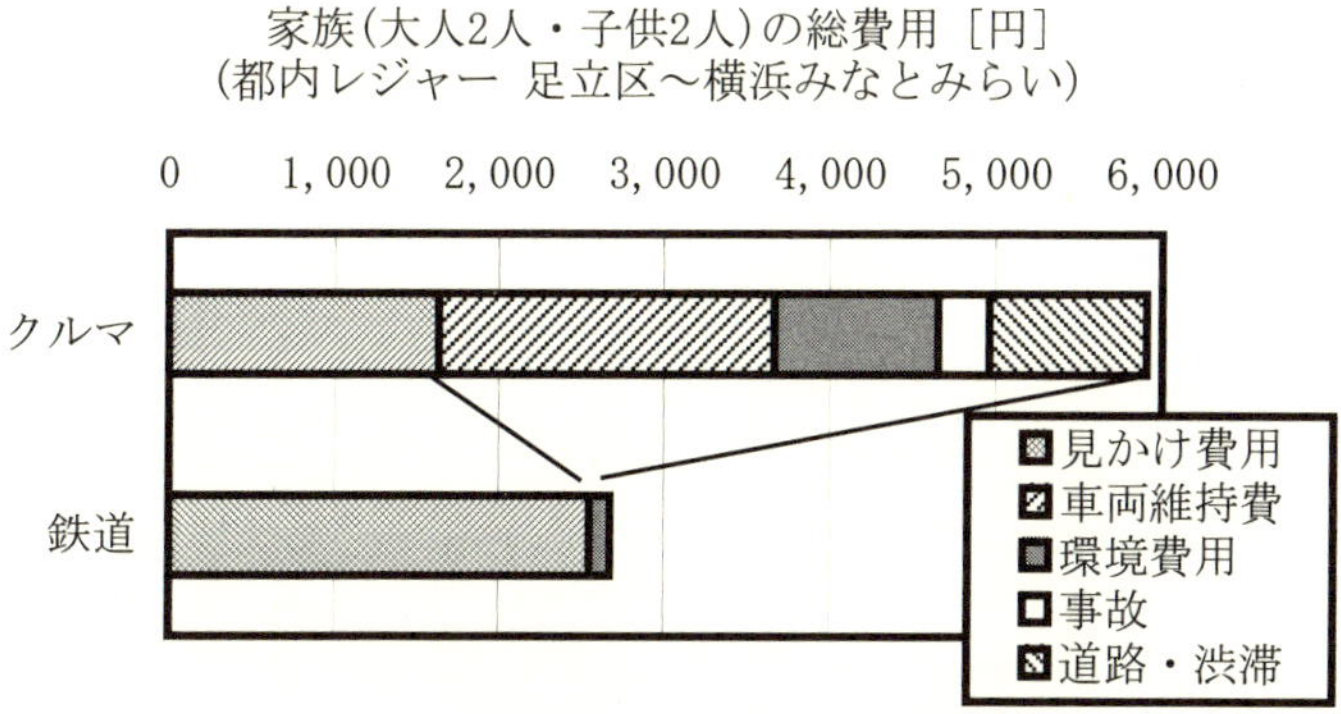

図4—3 都内移動の見かけ費用と社会的費用

これに対して、前項の長距離の移動と同じく、社会的費用を含めて試算した結果を図示すると、図4—3のようになる。近距離では、クルマと鉄道の差はいっそう大きくなる。

鉄道とトラックの比較

鉄道貨物といっても、駅と駅の間で貨物を移動させるだけでは輸送の用が完結しないので、末端部分のトラック輸送が必要となる。具体的な設定例として、秋田県二ツ井町から、東京の淀橋市場（東京都中央卸売市場の一つ）に農産物を送るケースを想定する。淀橋市場の供給圏は、有名な築地の市場におよばないものの、周辺区部及び多摩地区を中心に、青果物を日に一一〇〇トン扱っている。あえてこのようなルートを設定したのは、現在の鉄道貨物輸送にみられる問題点が総合的に含まれているためである。

計算の前に、ＪＲによる鉄道貨物の現実を把握しておく必要がある。秋田県二ツ井町にはＪＲ奥羽本線が通っており、関西と北海道を結ぶ日本海側の鉄道貨物の主要ルートとして、貨物列車が運転されているにもかかわらず、二ツ井駅における鉄道貨物の取り扱いが廃止されているため、二ツ井駅からは鉄道貨物が利用できない。もし鉄道貨物を利用しようとすると、最も近い貨物駅として秋田県の東能代駅までトラックで持ち込む必要がある。ところが、ここでも貨物列車に積み込めない。東能代駅は書類上の鉄道貨物取り扱い駅（二〇〇二年一二月現在）であるが、実際には貨車を扱わず、トラック代行便により五〇キロメートル先の秋田貨物駅まで持ち込んでいるためである。このようにＪＲ貨物会社自身が、鉄道の活動領域を極度に縮小している。

秋田貨物駅でようやく貨物列車に積み込み、ここから東京までおよそ六〇〇キロメートルの鉄道路線を走る。貨物列車が隅田川貨物駅（常磐線の南千住駅に隣接）に到着すると、そこからトラックに積み替えて淀橋市場へ向かうことになるが、そのためには都心をトラックで通過することになる。現在、都内の貨物取り扱い機能が極度に縮小されてしまったため、せっかく貨物列車で東京まで着いても、その先の都区内の移動は、ディーゼルトラックで東京の街中を走らなければならない。もし新宿駅での貨物の取り扱い（一九八四年に廃止）の機能が残されていれば、少なくとも淀橋市場については、都内でのトラックによる移動を最小限（新宿駅のすぐ近く）にすることができたのである。

「物流」というと、製造業に関連した輸送のような印象を受けるが、人が集まる大都市には必ず物流が、少なくとも食べ物の輸送が発生する。大都市は当然人口密集地域であるために、同じトラックの排気ガスでも、沿道の人々に対して、より深刻な被害となって出現するのである。

いま、都区内で利用できる鉄道貨物路線は限られている。かろうじて使われていた山手貨物線も旅客線（埼京線）に転用され、貨物列車の運転本数は少ない。東京都は「ディーゼル車NO作戦」を実施するが、国の交通政策としてトラックが余計に走らざるをえない仕組みにしておきながら、一方で走るなと規制したところで、問題を順送りにするだけではないだろうか。東京の大気汚染を加速しているのは、トラックではなく交通政策の無秩序である。

具体的な費用の試算

ここで、秋田県二ツ井から東京の淀橋市場までの具体的な輸送モードとして、①全経路をトラックによったケース、②現実のJR貨物輸送のケース、③起点と終点の最短距離まで鉄道を最大限利用した仮想的なケースの三種類を設定する。具体的には次の表4―7のようになる。

表4―7　秋田県から東京都内への貨物ルート

手段	具体的な経路
①全経路トラック	二ツ井～東能代　一般道路で小型トラックにより持ち込み 高速道路～高松ランプ～一般道路～淀橋市場
②現実の鉄道利用	二ツ井～東能代　一般道路で小型トラックにより持ち込み 大型トラック（JR貨物代行便）に積み替え　東能代～秋田貨物駅～ 鉄道に積み替え　秋田貨物駅～奥羽本線～羽越本線～上越線～東北本線～隅田川貨物駅

③鉄道の最大限利用（貨物取扱駅近接）	二ツ井で鉄道に積載～秋田貨物駅～奥羽本線～羽越本線～上越線～東北本線～山手貨物線～新宿貨物駅～小型トラックに積み替え 新宿貨物駅～淀橋市場

旅客のケースと同様に、貨物についても各ケースの社会的費用を計算して図示したものが図4―4である。ただし旅客のケースと異なるのは、利用者が支払う表面上の運賃は除き、社会的費用の額だけを示している点である。貨物列車では、異なった種類の貨車を連結して運転されることがあり、一方のトラックも複数の荷物を混載して輸送することがある。このため旅客のように、個々の荷物ごとに厳密な数字を算出することが難しい。あくまで平均的な貨物一トンあたりという概略の評価にとどまるため、社会的費用の部分のみを示したものである。

国鉄貨物政策の社会的損失

図に示されるように、旅客の場合に比べて、手段による社会的費用の差はより大きくなる。鉄道を最大限利用すれば、二ツ井～淀橋市場間の社会的費用が貨物一トン当たり二〇〇〇円あまりで済むところが、全経路トラックを利用すると、一五万円となる。またここで注目してほしいのは③と②の比較である。全行程およそ六八〇キロメートルのうち、起点側（秋田県二ツ井）と終点側（東京都区内）の末端部分の八〇キロメートルにトラックを使用しただけで、トータルでの社会的費用が、貨物一トンあたり二〇〇〇円から一万六〇〇〇円にはねあがってしまうことである。

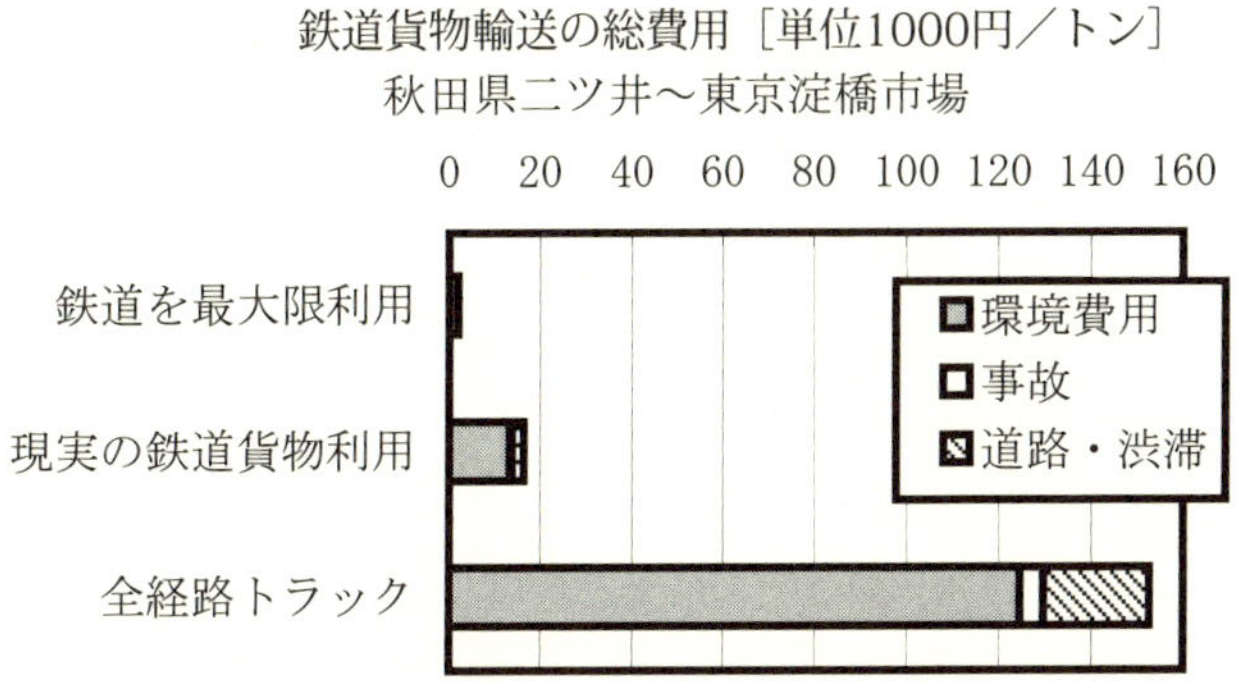

図4―4　貨物輸送のモードによる社会的費用

鉄道貨物といっても、駅と駅の間で貨物を移動させるだけでは輸送の用が完結しないので、末端部分で一定のトラック輸送が必要となることはやむをえないが、トラック輸送の環境負荷が大きいため、その末端輸送の比率がわずかでも増えると、全体としての環境負荷が急激に上がってしまうのである。従って、総論的にモーダルシフト（トラックから鉄道への転換）を推奨するという方向性だけでは不充分であり、トラックによる末端輸送をできるだけ少なくするという具体策が伴わないと、環境改善の効果は著しく薄れる。

旧国鉄の貨物駅を集約して、末端部分でのトラック輸送の比率を増やしてしまったことは、鉄道貨物輸送の社会的なメリットを失わせる施策であった。そこで、鉄道貨物の社会的意義を活用するために、各駅での貨物取り扱い機能を復活させるという対策が理論的には考えられるが、現実には貨物設備の跡地を鉄道以外の用途に転用し、ビル等を建ててしまっているケースが多いために、実際の復活は不可能である。国鉄の分割民営と、それにともなう鉄道貨物システムの縮小は、後世に悔いを残す愚策であった。

クルマが歩行者に及ぼす費用

社会的費用について報告されている多くの試算事例では、自動車が社会に及ぼす影響として、自動車の走行そのものに伴う影響のみを想定している。しかしこのほかに、クルマが歩行者の通行を妨げることによる費用の発生も考える必要がある。主にクルマと歩行者が混在して通行する街路では、歩行者に対して特に負担を及ぼすのは路上駐車である。陳章元氏は、ソウルの街路を例に、路上駐車がもたらす社会的費用を試算している[22]。ソウルの事例として試算されているが、考え方は共通であり、基礎数値の置き換えによって日本にも適用可能である。これによって、適正な反則金の額を定める根拠ともなる。

クルマと歩行者が混在して通行する街路における外部費用は、①駐車占有（駐車車両それ自体が空間スペースを占有する費用）、②はみ出し（駐車車両があるために他の交通がそれを避けて通行するための空間・時間の負担）、③駐車車両に起因する事故、④大気汚染、⑤歩行者の歩行のさまたげによる歩行の速度の損失、⑥景観の阻害などが挙げられる。この中で、実際に積算できる項目とできない項目があるが、結果的に路上駐車による社会全体の外部費用は表4―8のように計算されている（一ウォンを〇・一円として換算した）。

表4―8　路上駐車が歩行者に及ぼす社会的費用

単位（円換算）	車種	交通量による要素				小計	
		はみ出し	速度損失	大気汚染	交通事故		駐車占有

台・キロメートル	乗用車	二・三〜一〇・六	九・二	〜〇	五・八	一七・四〜二五・七	一一・九〜五四・一
	トラック	二・二〜九・九	二九・一	〇・三〜〇・四	五・四	三七・〇〜四四・七	一一・〇〜五〇・一
人・キロメートル	乗用車	一・一〜四・九	四・二	〜〇	二・七	八・〇〜一一・八	五・五〜二四・七

交通事故削減の費用対効果

図1—8・図1—9（第1章）に示したように、ある地域の自動車分担率や、住民一人あたりのクルマによるトリップ回数と、人口あたりの交通事故死者数の間には、一定の統計的関係がある。つまり、クルマ以外の交通手段に転換したり、移動の必要性を少なくするなどの施策によって、その地域でのクルマによるトリップ数を減らすことによって、どのくらい交通事故を減少させることができるのかが、数字的に推定できる。

この関係を用いて試算してみると、たとえば人口一〇万人の都市で、人の移動における自動車分担率を七〇パーセントから六五パーセントに下げると、その都市で毎年平均二・二人の交通事故死者を減らすことができる。あるいは自動車トリップ数を一日あたり三・五回から三・〇回に減らす（実際には〇・五回という移動は数えられないので、二日に一度、自動車を使う用件の一回を別の交通手段に変えると考えてもよい）と、同じく一・二人の交通事故死者を減らすことができる。ここで、交通事故死者の減少効果が、年に一〜二人では、政策効果としてあまり注目すべき数ではないように感じられるかもしれない。しかし、もっと具体的に政策指標としてあらわすために、これを社会的費用に換算してみる。

人命を経済価値に換算することの倫理上の問題点についてはここで触れないが、人命を一人救うために、人々がどれだけの費用を負担する意志があるかという観点の金額として検討する。このような金額はWTP（Willing to Pay・支払意志額）[23]と言われ、アンケート調査などを通じて、一定の金額を推計する方法である。推計例によると、二億六一八〇万円といった額が得られている。[24]なおこの額は、死亡保険金として通常支払われる補償額よりもかなり多い。人命の損失に関して、事故が起きてからの補償額よりも、未然に防止することに対して人々がより多くの費用を負担する意志があることが示されており、この点については倫理的に整合性がある。

これに加えて、死亡事故一件の陰には、件数にしておよそ一〇〇件の負傷事故がある。つまり死亡事故一件を減らすことは、同時に負傷事故一〇〇件を減らすことにもなる。負傷についてもWTPの額が推計されており、図1―8および図1―9を統計的に分析すると、前述の人口一〇万人の都市で、交通事故の減少にかかわる社会的費用の軽減は、自動車分担率を七〇パーセントから六五パーセントにするケースについて一三億二〇〇〇万円、あるいは住民一人あたりの自動車トリップ数を一日あたり三・五回から三・〇回に減らすケースについて九億九〇〇〇万に達する。

これは逆に、自動車分担率やトリップ数を減らす方法として、同じ相当額の費用を自動車の代替となる公共交通機関を整備したり、運行を補助する対策のために使ってもよいと考えられる。もちろん、自治体の財政が厳しい折から、この根拠だけで自治体の一般会計から公共交通に対して単純に補助金を支出することは困難かもしれない。

しかし財源はいろいろ考えられるだろう。自動車の社会的費用を、より多く発生させている利用者に、より多く負担してもらう適切な方法を考えることである。この対策によって、現状を放置することに比べると、社会的な総費用は変わらないにもかかわらず人命や健康が救われるという、経済学的にも最適（パレート最適）な状態が達成される。

低公害車の経済的意義

自動車のさまざまな用途の中には、どうしても他の手段に転換できない部分もある。また公共交通としてのバスは、道路空間の効率的な利用やエネルギー効率の面ではクルマより良いとしても、ディーゼルエンジンを使用した車両であれば大気汚染の面から歓迎できない。またトラックに起因する大気汚染の問題もよく知られるとおりであるが、生活必需品の輸送に不可欠な輸送手段である。このため、自動車そのものの低公害化も促進する必要がある。しかしながら現状では、低公害車の普及がごくわずかにとどまっている。

なお「低公害車」にはいろいろな定義があり、電気自動車・ハイブリッド自動車・天然ガス自動車・メタノール自動車のように、動力系統そのものが在来のエンジンと異なる車種に加えて、在来のガソリンエンジンやディーゼルエンジンを改良して、最新の規制基準に適合している車種も低公害車に含めてカウントすることもある。しかしそれらを加えても、国内で二〇〇〇年に出荷された全車種のうち、低公害車は〇・六パーセントにすぎない。これでは、総合的な改善効果はきわめてわずかである。

低公害車の本格的な普及が制約されている最も大きな理由は、それを購入してもユーザーにとって利益が乏しいからである。本格的な普及策には経済的な助成が必要である。その額を設定するために、社会的費用の考え方を応用できないだろうか。

そこで、在来の車両を低公害車（低燃費車）に代替した場合の社会的費用の変化を推計したものが表4―9である。ここで交通事故と道路空間の利用については、低公害車であっても在来車と変わらないとした。したがって社会的費用の項目には、低燃費化による化石燃料の削減を通じた気候変動（温暖化）の軽減効果と、大気汚染の軽減を計上することになる。走行一キロメートルあたりの社会的費用の額は、前述の表4―4のとおりである。ただし比較のために、電気自動車などまだ実績が少ない車種や、燃料電池車のように試作段階の車種についても、一定の仮定のもとに求めている。

表4―9 在来車と低公害車の社会的費用の差（大気関係のみ）

車種		気候変動 円／走行キロメートル	大気汚染 円／走行キロメートル
在来車	軽乗用車	一・〇	
	乗用車	二・〇	一・八

在来車	バス	六・〇	六九・二
	小型貨物車	二・三	一三・八
	普通貨物車	四・四	五九・一
低公害車	乗用車（純電気自動車）	一・一	〇・六
	乗用車（天然ガス起源水素〜燃料電池）	〇・八	〇・九
	バス（圧縮天然ガス）	五・五	五・四
	普通貨物車（圧縮天然ガス）	四・〇	四・〇
	バス（天然ガス起源水素〜燃料電池）	二・三	一・四
	普通貨物車（天然ガス起源水素〜燃料電池）	一・七	一・〇

さらに、乗用車・トラック・バスなど、車種によって年間の走行距離がかなり異なるので、各車種に対して、自動車統計から各車種の年間の走行距離を求めて、走行キロメートルあたりの外部費用にかけ合わせて、総節約額を求めた数字を、表4―10に示す。

これらのケースで低公害車に代替したとき、社会的費用を完全に反映するならば、表の額に相当する補助金か、逆に税の軽減があってもしかるべきである。ただし、これを単に「補助金」として与えようとしても、その総額が巨額になるので、一般会計から支出するのでは普及台数がきわめて限定される。そこで前述のように、環境負荷の少ない製品の税を軽減し、多い製品に重課するという税体系によって、全体として中立（総額一定）を保ちつつ、低公害車の普及を促進する方法も考えられる。

表4—10　年間の走行距離を考慮した社会的費用の総額の比較

転換ケース	節約される社会的費用（走行キロメートルあたり円）			年間走行キロメートル	社会的費用年間節約額(円)
	気候変動	大気汚染	合計		
ガソリン乗用車を電気（純電気自動車）	○・九	一・二	二・一	一万○○○○	二万○七○○
ガソリン乗用車を燃料電池車に	一・二	○・九	二・一	一万○○○○	二万一一○○
大型ディーゼルトラックを圧縮天然ガス車に	○・四	五五・一	五五・六	三万七○○○	二○五万五四○○
ディーゼルバスを圧縮天然ガス車に	○・六	六三・八	六四・三	二万八○○○	一八○万一四○○
大型ディーゼルトラックを燃料電池車（天然ガス起源水素）	二・七	五八・一	六○・八	三万七○○○	二二四万九一○○

5 ナショナルミニマムとしての公共交通

自治体資源としての鉄道

公共交通の価値を別の側面からみてみよう。前述のように、公共交通は地域の暮らしのライフラインとはいっても、その維持に税金を使うとなると社会的な合意が必要である。そこで富山県高岡市の事例によって、公共交通（ここでは鉄道）の社会的価値をみてみよう。富山県高岡市は人口一七万五五〇〇人（五万五七〇〇世帯）で、富山県内で富山市に次ぐ第二の規模の都市である。この高岡市から隣接する新湊市にまたがって、加越能鉄道（通称「万葉線」）が運行されていた。路面電車で単線の線路という小規模な鉄道であるが、年間およそ一二〇万人を輸送している。しかし経営は厳しく、高岡市と新湊市による赤字補塡を受けていたが、それが限界に達するとともに事業者が撤退を表明し、存廃の瀬戸際になった。

そこで第三セクター方式による存続が選択肢に挙がったが、県と市、事業者で交渉の難航、また市議会でも存続の必要性に対する賛否両論など、存続にさまざまな障壁が生じた。このような状況の中、住民の意向と、住民の協力が存続の鍵を握ることとなった。ここで大きく貢献したのが、公共交通を守ろうという市民セクター（路面電車と都市の未来を考える会・高岡ＲＡＣＤＡ）の活動であるが、その中で特に注目されるのは「出前キャラバン」である。

これは、公共交通とまちづくりに関する市民の意識啓発のため、町内会などの協力を得て地域の集まりに出かけ、公共交通の意義をアピールし、同時に住民から交通について困っていることをヒアリングする活動である。これまで三〇回以上も開催した。こうした一連の活動の中で、次のような情報が提供されている。もし万葉線の維持に公費を投入するとしても、それが住民一人あたりいくらにあたるかという数字である。表４—11のように、万葉線の維持や車両の更新に要する住民一人あたりの費用は、他の公共事業に比べて小額である。その一方で年間の利用者数は格段に多く、鉄道の社会的価値を示している。

表４—11　鉄道とその他の行政施設の比較

公共施設の年間	利用者数（人）
万葉線	一二二万二〇〇〇
県立高岡文化ホール	一四万四〇〇〇
高岡美術館	八万三〇〇〇
新湊中央文化会館	九万一〇〇〇
住民一人あたりの負担額	単位（円）
万葉線	二五八

新型車両購入	一〇〇〇
市内幹線道路整備費（一二年度）	三七五〇
市営御旅屋駐車場建設	一万二五〇〇
市営中央駐車場建設	二万二〇〇〇
福野町文化創造センター	二二万九〇〇〇

このような活動の結果、公共交通の新しい形として、市民参加を含めた第三セクターを設立して存続を図るという方針で各方面の合意が成立し、二〇〇二年に新会社（万葉線株式会社）による運行が開始された。

また本多義明氏らは、地方鉄道の社会的意義の全体像をとらえることを目的に、地方鉄道の一〇六事業者について分析を試みている[25]。検討の対象となった事業者の平均的な姿として、沿線に接して存在する市町村の数が平均して四つ、沿線人口の平均がおよそ三三万人という数字がある。すなわち鉄道の社会的価値は、単独の市町村に対して存在するものではなく、少なくとも沿線の市町村が連携し、広域的な考え方が必要であることがわかる。結論として、鉄道は地域政策にとって、単なる輸送手段ではなく、まちづくり・地域づくりにかかわる多様な価値を提供する要素であることが示されている。

一方、二つの事業者（愛知環状鉄道と福井鉄道福武線）をモデルケースとして、アンケート調査などから分析した結果として、それぞれの地域特性によって、鉄道に期待されている要素の重要度は多様であることも指摘された。愛知環状鉄道は、名古屋周辺の都市鉄道としての性格も有し、通勤・通学の手段と、道路の渋滞緩和にも貢献していると評価されている。これに対して福井鉄道福武線は、自動車を利用できない人に対するモビリティの提供や、気象条件から冬期の降雪時に頼りになるといったように、福祉・まちづくり的な観点からの評価がなされている。

英国の試み

英国では、一九七九年から一九九七年までの保守党政権下で、規制緩和と公共交通の民営化が推進された。しかしそれらは公共交通の機能や安全性を大きく後退させ、民営化そのものが完全に破綻しただけでなく、クルマ依存をいっそう促進する結果を招いた。政治的な意図（対立勢力である労働党との関係）も存在したことはもちろんであるが、結果として一連の民営化という交通政策が、鉄道やバスなど公共交通のサービス低下・信頼性低下[26]をもたらしたことは否定しようのない事実である。この反省から、労働党政権に交替して以後、交通政策の見直しと新たな試みが実施された。

英国のバスの規制緩和では、需給調整の撤廃、新規事業者の参入自由化の結果として、新規事業者が、既存事業者のダイヤの直前に自社便を設定して利用者を奪うなど、節度を欠いた事業者の行動などもあって、規制緩和により期待される効果に反した結果が続出した。全体として乗客数が三割減、料金が二割上昇して、すべてがクルマ交通の促進の方向に作用した一方で、バス事業者の事業活動量（バスの台・キロメートル走行量）が二割増加したため、バス事業者側にとっても運行効率が低下し、環境的にもマイナスの結果を招いた。

これに対して、一九九八年の新交通白書『交通新政策・すべての人にとってより良く』では、農村地域の人々への配慮を打ち出している。[27] これと前後して、二〇〇〇年に『新田園地域白書―私たちの田園地域・その未来―イングランドの田園地域への公平な対応』が発表された。その中で、田園地域の人々が、各種サービスにアクセスする自由を確保するために、ナショナルミニマムと呼ぶべき考え方によって「田園地域サービス基準」が示されている。その内容の一例として、バスサービスへのアクセスについて地方公共団体は、よりよいバスサービスに徒歩一〇分以内にアクセスできる人口を現在の三七パーセントから二〇一〇年までに五〇パーセントに拡大すること、中間目標として二〇〇四年までに四二パーセントとすることが挙げられている。また田園地域の鉄道サービスについて、事業者は列車本数の増加はできるが、減少はできない、等が提示されている。考え方とともに、具体的な指標を提示していることが重要である。

地域の取り組みと指標

第3章で述べたように、地域における持続的な交通をめざす取り組みの一つの指針は「ローカルアジェンダ」である。各地方政府（自治体）は、ローカルアジェンダを策定し、実施すべきことになっているが、具体的にどのような施策を定めたらよいのか、日本では交通に関して、まだ整理が不充分であるように思われる。こうした中で、英国のLGMB（Local Govermmental Management Board・自治体環境管理プロジェクト）というプロジェクト[28]が参考になると思われるので紹介したい。これは、持続的な社会に対してマイナス（プラス）の影響をおよぼす政策課題のガイドライン、メニュー集である。

それぞれの自治体は、このリストから、市民参加などの手続きを経て、その地域にとって重要と思われる項目を採用する。ガイドラインのすべてが採用されるわけではないが、クルマに依存しない地域づくりのための多数の項目が、表4―12に示すようにガイドラインとして提示されている。各々の自治体は、選んだ項目に対して、目標値や達成すべき期間を定め、それを政策目標として達成に向けた施策を講じることになる。

表4―12　LGMBにおける交通関連項目

健康の安全、清潔、快適性、健康サービスによる保護	
一〇〇〇人あたり小児ぜんそく保有者数	－
EU基準に違反する周辺騒音レベル	－
一〇〇〇人あたり交通事故数	－
一日一マイル以上徒歩・自転車を利用する人口割合	＋
会話しながら歩ける街路数	＋
自動車の環境制約を考えた施設・サービス・商品・人へのアクセス	
公共交通に四〇〇メートル以内でアクセスできる人口比率	＋
平均通勤距離	－
一定距離内で基礎的サービスが受けられる人口比率（ヘルスケア、食品店、銀行、学校）	＋

歩行者街路のある延長またはタウンセンター比率	＋
自転車専用道路延長	＋
道路支出に対する公共交通への投資比率	＋
総輸送量に対する非道路貨物輸送量	＋
自転車・公共交通への補助・貸し付け制度のあるキャンペーン数	＋
人口あたり交通手段別旅客輸送延長	※
リサイクル施設に一キロメートル以内に行ける人口比率	＋
車の保有と利用	−
公共施設へのアクセス（障害者含む）	＋
二マイル以内の自動車利用率	−
犯罪や人種・性別による差別がなく信頼しあった生活	
道路交通事故負傷者数	−

注 右欄の＋ 増加が望ましい項目、− 減少が望ましい項目、※ 内容により異なる項目を示す。

1 日本計画行政学会編『「環境指標」の展開』、学陽書房、v頁、一九九五年。
2 新田保次「コミュニティ交通育成の社会的意義と課題」『第二五回土木計画学研究発表会（春）分野C7 規制緩和とバスサービスI』二〇〇二年六月より。
3 前掲1、八頁。

4　対数表示を示す。

5　生化学的酸素要求量（Biochemical Oxygen Demand）の略で、河川などの水質汚濁を示す指標であり、水中の油や浮遊物を微生物が分解するときに必要とされる酸素量を示す。それが大きいほど汚濁が多いことを示す。

6　運輸政策研究機構「大都市圏の鉄道サービス水準の実態について」および「地方都市の交通サービス水準の実態について」二〇〇二年四月。

7　表定速度は、鉄道やバスについて、利用者の立場から、出発駅（停留所）から到着駅（停留所）まで、停車時間なども含んで平均した総合的な移動速度を示す。列車（バス）の車両としての性能が高くても、ダイヤ上の停車時分が多いと表定速度が遅くなる。

8　点数そのものは相対的な尺度であり、サービスの絶対量を示す尺度ではないので、ここでは数字を省略する。

9　中村文彦「生活交通の再編に向けての一考察」『運輸と経済』六二巻三号、四三頁、二〇〇二年。

10　自動車工業会『二〇〇二日本の自動車工業』四五頁、二〇〇二年。

11　上岡直見『自動車にいくらかかっているか』コモンズ、一〇八頁、二〇〇二年。

12　ただし、裁判などで要求される補償にはいろいろな目的があり、直接的に被害者の生計支援が必要な場合も多々あるので、補償の必要性そのものを否定しているわけではない。

13　前掲11。

14　兒山真也・岸本充生「日本における自動車交通の外部費用の概算」『運輸政策研究』四巻二号、一九頁、二〇〇一年。

15　*External Costs of Transport, Accident, Environmental and Conjestion Costs in Weatern Europe*, INFRAS/IWW, 2000。

16　公共交通の運賃・料金が半額になるという意味での子供を想定する。

17　日本航空協会『航空統計要覧』各年版より。

18　いくつかのルートが考えられるが、日本道路公団ホームページ「ハイウェイナビゲーション」（二〇〇二年一二月）による検索から最短コースを採用する。

19　*Synthesis Report of the OECD project on Environmentally Sustainable Transport(EST) presented on occasion of the International EST Conference*, 4-6 October 2000, Vienna, Austria、一八頁、二〇〇〇年。本書の検討では、地上での放出に対して三倍の温暖化影響という係数を採用した。

20　前掲14。

21　いくつかのルートが考えられるが、ルート検索ホームページ「るーとＭａｐ」（二〇〇二年一二月）による検索から最短コースを採用する。

22　陳章元「歩車混合空間における交通環境評価指標に関する研究」（東京大学大学院工学系研究科博士論文）一七六頁、一九九八年。

23　人命や健康の価値、環境の価値、快適さなど、直接に数量化できない価値を金額に換算するための考え方の一つ。ある人が、何かの「良い価値」を手に入れること（たとえば健康、良い環境など）に対して、あるいはリスクを防止すること（交通事故や災害の防止など）に対して、その人が実際に負担できる範囲で支払っても良いと考える金額を、アンケートや質問によって集め、統計的に処理して求められる。

24 前掲14。

25 本多義明・川本義海「地方における鉄道の社会的意義――「地域貢献」の視点から」『運輸と経済』六二巻三号、三四頁、二〇〇二年。

26 クリスチャン・ウルマー（坂本憲一監訳）『折れたレール　イギリス国鉄民営化の失敗』㈱ウェッジ、二〇〇二年。

27 松井真理子「英国の田園地域の交通政策」『地域政策研究』一三号、四三頁、二〇〇〇年一二月。

28 持続的発展のための指標研究会「アジェンダ21等における持続的発展のための指標づくり、目標設定の国際比較に関する研究成果報告書」二一頁、一九九九年一〇月。

第5章　ベストプラクティスと体系的施策

1 施策の分類と紹介

ベストプラクティスの考え方

本章では、クルマ依存社会の転換をめざして、いろいろな分野で行われている優良事例（ベストプラクティス）を紹介・解説する。通常、ベストプラクティスというと実施例の意味に解釈されるが、なにぶんにも国内の交通政策は未熟な段階にあり、たとえば欧州で続々と新設・拡充されている路面電車も、国内ではまだ部分的な路線の延伸や、車両の取り替えを細々と行っている段階にある。また公共交通重視の政策をとる欧州といえども、単一の施策で画期的にクルマ依存からの転換が起きている事例は多いとはいえない。

路面電車によるまちづくりで世界的に注目を集めているフランスのストラスブールでさえも、路面電車システムの整備の前（一九八八年）と後（一九九七年）を比較して、都市圏全体で公共交通の分担率が一一から一四パーセントに増加した一方で、クルマの分担率も七四パーセントから七六パーセントに増加するなど、必ずしも公共交通整備の強力な効果が証明されたとは言えない。現状では「もし公共交通の整備がなかったとすれば、クルマの分担率はより多く増加したであろう」という推定がなされるのみである。[1] 学問的な基準では、この程度の変化ではデータとして採用しがたいと疑問視されかねない。

しかしクルマ依存からの転換は、学問のための研究ではなく、政策のシナリオである。それは必ずしも学問的な基準で評価されるものではない。単一の施策に対して短期的な評価を下すのではなく、少しでも可能性を見い出して粘り強く各種の対策を積み重ねてゆくことが望まれる。こうした現状もあって、実施例の紹介のみに限定せず、注目すべき考え方や、望ましい枠組み（組織）、試算段階の事例も含めて論じたい。

ベストプラクティスの分類

まず、法律や制度の枠組みによって、持続的な交通を促進するように機能することを期待した試みや考え方を挙げる。「交通基本法」のように、理念・規範として交通のあるべき姿を規定する法律や、環境負荷の少ない交通体系をめざした都市計画、土地利用の管理があり、さらには経済的側面から環境負荷の多い製品（手段）を制約する税制や補助金の制度、また都市交通を改善するための手法として「交通税」の提案もある。次に、具体的な政策の企画・実施・評価には、客観的な計測や予測の手法が必要である。何らかの施策を講じた時の効果の予測手法と事例の集積、基礎データの充実、自治体の担当者が使いやすい推計や効果の評価方法の開発などが挙げられる。

このように、仕組みや構造を変えるための手段の一方で、それらが人々の支持を集めて実現するためには、関係者や市民の間での合意を形成する仕組み、社会の関心を高め、啓蒙するプログラムの普及、交通計画への市民参加の機会づくりなどが、並行して必要である。これらの方策は、設備（ハードウェア）の整備をともなう施策に比べて、一般に安価な費用で実施できることが多いために、実施しやすいこと、また試行錯誤を繰り返しながら実施・改善しても、費用の無駄が総額として少ないなどの利点も挙げられる。また交通は、単に「乗り物の手段に何を選ぶか」という観点だけでなく、福祉・教育・産業などあらゆる分野にかかわる問題であるために、複数のセクターにまたがる横断的、総合的な市民運動、市民主導の政策企画、行政と市民のパートナーシップ型の活動も重要である。さらに市民の活動をサポートする専門家集団を構成することも求められる。

本章では、このような観点から分野ごとにいくつかの事例と解説を示したが、もとより筆者の知りえた情報は限られており、取り上げた事例のほかにも優れた事例が存在すると思われる。読者の方々からさらに情報の提供をいただきたい。

2 制度や経済的手法から

何かの政策を行おうとするときに、その根拠、裏づけとなる制度（明文化されたもの）がある場合と、ない場合とでは、政策の実現性に大きな相違がある。その中にも、国民全体に共通の考え方、理念を示す「基本法」から、自治体ごとに特性を反映した条例まで、さまざまなレベルがある。また、同じ法律（政省令・条例）であっても、その運用と解釈によってさまざまな結果がもたらされる。新たな法律（政省令・条例）を作ることに抵抗が大きいとすれば、既存の仕組みを解釈で活用するという現実的な判断もありうる。この部分では、行政の担当者の意識、行動力が大きく影響するであろう。

交通権

健常者が何気なく行っている移動が、障害者には不可能となることがある。「バリアフリー」という用語を通じて社会問題として認知されるようになってきたが、より普遍的に、日本国憲法の第一三条（幸福追求権）、第二二条（居住・移転および職業選択の自由）、第二五条（生存権）などの基本的な権利を、具体的に行使する手段として、交通を捉える考え方がある。またモータリゼーションの進展の裏面として、公共交通の撤退によって移動の自由を制約される人々が存在するようになったり、旧国鉄においてローカル線の運賃を割り増しにする制度が実施され、地域的な不公平が生じた問題などから、移動に関する不自由、不公平な現象への疑問、「権利としての交通」というアプローチがなされてきた。

フランスで社会権の一つとして初めて交通権を明記した「国内交通基本法」（一九八二年）が制定され、またアメリカでは交通上の差別を禁止した「障害をもつアメリカ人法（ＡＤＡ）」（一九九〇年）が制定されている。さらに日本でも、内容的に交通権の一部を包含するバリアフリー法（第３、４章参照）が二〇〇〇年五月に成立した。このような経緯とともに、「交通権を考える会」が一九八五年に結成され、やがて学会体制になり現在に至っている。これに平行して、日本でも交通権を「交通基本法」として明確に法律的な位置づけを求めようという運動も続けられている。一九九九年には、それまでの研究をまとめて『交通権憲章』がまとめられ、公表された。その内容と、各々の条文に関連した解説は書籍として出版されている。[2]

このような動きと前後して、交通権の法制化を目指した「交通基本法案」が、二〇〇一年に民主党（社民党と共同提案）から国会に提出された。その目的は「この法律は、交通が、国民の諸活動の基礎であるとともに、環境に多大な影響を及ぼすおそれがあることにかんがみ、移動に関する権利を明確にし、及び交通についての基本理念を定め、並びに国、地方公共団体、事業者及び国民の交通についての基本理念に係る責務を明らかにするとともに、交通に関する施策の基本となる事項を定めることにより、交通に関する施策を総合的かつ計画的に推進し、もって国民の健康で文化的な生活の確保及び国民経済の健全な発展に寄与することを目的とする」と述べられている。[3]

交通権憲章と比べると、国・自治体・事業者・国民の役割に言及し、財源的措置の明確化、計画に際しての市民参加なども規定しており、より具体的な内容となっている。なお交通権学会の活動や「交通権憲章」と「交通基本法案」の全文はホームページから参照可能である。[4]

これに対して、日本では交通権を普遍的な権利として認めることはまだ難しく「交通権の思想にもとづく都市づくり」を実現するには、自治体レベルでの取り組みが必要と指摘する意見がある。[5]
公共交通充実政策を実施するためには、まず自治体内部で「交通権の思想にもとづく都市づくり」

という目標を共有して、関係組織が連携して取り組む必要がある。そのためには、自治体の長のイニシアチブのもとに「交通権という思想に基づいて都市づくりを行う」という趣旨の条例を制定することによってその意思を示すことが必要であると提言している。

新潟県の線引き見直し

第2章でも示したように、いわゆる郊外型の大型店舗、ロードサイドビジネスが、都市と交通に与える影響は大きい。地価の安い郊外部に、クルマでの来店を前提として、広大な駐車場を併設する店舗が立地し、クルマ交通を誘発するとともに、市街地の在来商店街の存立を危うくする。しかしこれらの店舗も、どこでも自由に土地を取得して開店できるというわけではなく、行政の権限によるコントロールが可能である。基本的な枠組みは「線引き」と言われ、市街化調整区域での開発行為を制限する手法である。

この権限の活用によって、大型店舗の無秩序な郊外への展開をあるていど抑制した事例がある。新潟県は、一九九七年の「線引き」見直し作業の際に、県内の市町村から提示された合計七三ヘクタールの店舗開発の申請に対して、将来の商業需要を厳密に算定することによって、一八ヘクタールに絞り込んだ。[6] 郊外型店舗は、社会的な問題を誘発するとともに、この種の店舗どうしの競争や、経済情勢の変化により、参入・退出が繰り返され、資源の浪費にもつながっている。しかも、これらの施設が建設されるのはたいてい農地である。もし店舗が退出しても、いったんこれらの用途に転用されて舗装が敷き詰められた土地を、もとの農地に戻すことはまず不可能である。こうした観点からも、都市計画機能によるコントロールは重要である。こうした対策によって、交通体系に対してどれだけの数量的な変化が生じたかを短期間に評価することは困難であるが、長期的な展望に立って実施しなければならない。

金沢市の新総合交通計画

東京都区部や大阪市内のような地域では、公共交通の分担率がかなり高く、むしろ混雑の緩和が課題となっている。これに対して人口一〇万人～数十万人クラスの都市、たとえば県庁所在地クラスの都市では、まだ公共交通の利用促進の余地が残されている。

このような条件に該当する事例として、石川県金沢市の事例を紹介する。金沢市は戦災を受けず、城下町特有の歴史的街路が残っている。これまで道路の整備もある程度行ってきたが、ほぼ昔ながらの街が残され、歩行に適した都市構造を有している。しかし一方で、郊外への人口移転は多くの都市と同様に起きており、市内人口に占める中心市街地人口の割合は戦後、一貫して減少を続けてきた。

このような条件下にある金沢市では、以前から金沢市ではＴＤＭ（交通需要管理）に先進的な取り組みを行い、パークアンドライド（周辺部にクルマを置いて公共交通に乗り換え、中心部にクルマを乗り入れない）などの施策を実施してきた。

さらにCO_2の削減が緊急の課題となってきた状況を受けて、二〇〇二年に策定された「新金沢市総合交通計画」[7]では、①二〇一〇年までに公共交通利用者数を一〇パーセント増加、②全市民が月に一度は自動車の利用をやめ公共交通や自転車に転換、③これによって、交通運輸部門のCO_2排出量を一九九五年レベルで安定化させる、といった具体的な数値目標を掲げていることが特徴である。

また都心居住の推進によるコンパクト（高密度）シティの発想を取り入れ、自動車トリップそのものの抑制を施策に含めている。計画の策定に当たり、委員会等への市民参加を奨励したり、意見の公募や、計画の内容を市民に伝えるフォーラムの開催、わかりやすい広報の工夫、社会実験を通じて計画の試行を市民に体験してもらうなど、市民が受け入れやすい下地を作る合意形成にも配慮されている。これまで行われてきた施策を含めて、金沢市で行われている特徴的な施策は、住宅地における通過交通の排除、コミュニティ道路の整備、バリアフリーに関する諸施策、「ふらっとバス」の愛称を持つコミュニティバス、商店街での休日モール（歩行者専用）化、パークアンドライド等である。

パッケージアプローチ

クルマ交通からの転換のためには、個々の公共交通のサービスレベルの向上や、スピードアップだけではなく、人々の移動過程の全体を見通した対策が必要であることが指摘される。また逆に、いくつかの施策を組み合わせたセットメニューによって、それぞれ単独に期待できる効果の合計よりも、より大きい効果が期待できる場合もある。こうした方法は、パッケージアプローチ[8]、パッケージ施策と呼ばれている。

新潟県新津市で「エコ通勤システム」という自転車を利用した社会実験が行われた。新津市の状況として、新潟市のベッドタウンの機能も有しており、通勤時間帯には新潟方向への人の移動が多い。一方で新津市は鉄道の要衝でもあるところから、地方都市として例外ともいえるレベルで鉄道の便が良く、朝の新潟方面は大都市の通勤路線に迫る列車の本数がある。しかし通勤のクルマ依存度が高く、道路が渋滞している。その理由として、鉄道を利用した場合、新潟駅までは行けても、その先の新潟市内での移動が不便なため、どうしても全行程をクルマに依存してしまうという背景が指摘されている。

そこで、新津市により「エコ自転車通勤システムR&B N2」という社会実験が行われた。これは、新津市内の駅から電車で新潟へ行き、新潟駅に隣接する自転車デポから電動アシスト自転車を借りだし、これを利用して職場へ向かう試みである。ただし電動アシスト自転車の利用は有料となっており、システムに参加するためには、利用代金として新津市内の商店街で有効な商品券を購入する条件を設けた。これにより新津市の中心部商店街の活性化も目的としている。新津市の事業でありながら、実際に自転車を利用するのは新潟市であることも特徴であり、複数の自治体の協働による交通対策の試みとしても注目される。

またシミュレーションの事例として、中川大氏ら[9]は、京都をモデルとして、①路面電車の環状線整備、②バス優先レーン設置（拡大）、③駐車課金（都心部での一回駐車あたり五〇〇円徴収）、④ロードプライシング（都心エリア内に入るたびに二〇〇円徴収）、⑤運行情報の提供の五つの施策について、それぞれの単独の施策と、組合せメニューによる便益を求め比較している。まず、都市内の自動車や公共交通などすべての交通の動きを組み込んだシミュレーションモデルにより、①〜⑤の状態を再現する。それぞれに対して、「クルマ利用者」「公共交通利用者」「クルマから公共交通に転換した者」など、主体別に便益と費用を計算する。ここで便益とは、時間短縮により得られる時間価値と走行費用の減少であり、費用とは駐車課金やロードプライシングの課金などの費用である。さらに社会的便益も検討されている。「社会的」という意味は、前述の個々の主体の便益だけでなく、公共交通の利用者増加による交通事業者の収入増加、駐車課金やロードプライシングによる公的セクターの収入増加も加えた、社会全体の便益である。

まず注目される結果として、路面電車の建設・バス優先レーン拡大など、一般に道路交通の邪魔と考えられる施策を講じたとしても、道路全体の有効利用がはかられ、道路の流れが良くなるために、クルマ利用者にとっても便益が向上し、社会全体の便益も向上するという結果が得られた。こうした検討は今に始まったことではなく、「道路交通の邪魔」として路面電車の撤去が始まった一九六〇年代から行われ、路面電車の存続による社会的な便益がすでに指摘されていた。このころ、コンピュータを充分に活用したシミュレーションは困難であったが、いま計算手段の進歩にともなって、ふたたび注目されよう。

また、便益の各セクターへの寄与の度合いはさまざまであるが、全体に①〜⑤の施策を個々に実施したよりも、二つ以上を組み合わせたほうが、合計の便益は大きくなっている。ただし注意すべき結果として、⑤（公共交通運行情報提供）のみのケースで、公共交通の使い勝手が良くなるために乗客が増加するが、そのために乗降時間がかかって表定速度が遅くなるため、公共交通利用者の便益が低下する。公共交通の速度向上が組み込まれていない施策では、一見するとサービス改善であっても、社会的に望ましい結果が得られない。別の見方では、都市の交通環境対策として公共交通のサービス向上によるクルマからのシフトをめざす場合、それを交通事業者の「創意工夫」に依存しているだけでは効果が期待できないことを示唆している。

また別の試算として、京都河原町通りを例に、歩行者の通行環境の改善を実施した場合、それによって歩行者が受ける便益の増加と、来訪者の増加による商店街の売上げ増加をシミュレーションした事例がある。ケース①として歩道の改良、ケース②としてトランジットモール化（第3章参照）を行った場合、における歩行者便益と、来街者の増加による商店街売上増加をWTP（支払い意志額・第4章参照）により試算した。その結果、歩行者の便益は年に六八〜九三億円増加し、商店街の売上は五〜六億五〇〇〇万円増加すると推定された[10]。

自動車税グリーン化

環境負荷の少ない製品や手段を促進する方法として、税による方法、すなわち環境負荷の少ない製品の税を軽減し、多い製品に重課することによって、環境負荷の少ない製品を普及させようとする方法は、その行政コストが比較的少なくて効果を挙げることができるとされている。

自動車に関して、二〇〇一年度の税制改正で、燃費と大気汚染の基準を合わせて、グリーン化が実施されることになった。NOx、PM、炭化水素などの排出が、二〇〇〇年規制に対して二五パーセント少ない車種を「良—低排出ガス車」、五〇パーセント少ない車種を「優—低排出ガス車」、七五パーセント少ない車種を「超—低排出ガス車」と認定する。また、「改正省エネ法」にもとづく二〇一〇年の新燃費基準を、先行して達成した車種を「低燃費車」と認定する。

この基準に従い、「超—低排出」ランクで、かつ低燃費車に対して、自動車税が五〇パーセント（二年間）軽減される。また「優—低排出」ランクで、かつ低燃費車に対して同じく二五パーセント（二年間）、「良—低排出」ランクで、かつ低燃費車に対して同じく一三パーセント（二年間）を軽減する。一方で、車齢一一年を超えるディーゼル車と、車齢一三年を超えるガソリン車に対して、自動車税を一〇パーセントを加算する。この双方により税制中立（軽減と加算で差し引きゼロ）と想定している。

所得税および法人税の面からも、特定の方式による低公害車に対して減免が行われる。エネルギー回生型ハイブリッド自動車・天然ガス自動車・メタノール自動車・電気自動車、および天然ガスやメタノールの充填設備は、初年度三〇パーセントの特別償却または七パーセントを税額控除できる。また自動車取得税について、改正「エネルギー使用の合理化に関する法律（省エネ法）」に基づく燃費基準を上回る低燃費車は、課税標準額から三〇万円が控除され、電気自動車、天然ガス自動車、メタノール車で二・七パーセント、ハイブリッド自動車で二・二パーセント軽減される。また事業用の車両として、低公害車種によるごみ収集車や低公害バスの導入に対して、税制面の優遇措置がある。

なお自治体独自の施策として、三重県久居市では電気自動車等買替え促進税を検討した。市内で新規に在来車を取得する者に自動車税の上乗せ課税を行い、それを財源として電気自動車等に買い替える者に対して購入費の一〇分の一を補助する内容であるが、実施に至っていない。

交通税の導入による都市交通システム改善

クルマに依存した交通の負の側面を軽減するために、都市における鉄道整備の必要性が高まっているが、クルマに対抗しうるだけの魅力を備えた鉄道システムを整備するための投資と、その回収を、鉄道事業者の努力だけに依存することはできない。一方で、現在でも鉄道の整備に対する補助制度がある（第3章参照）が、もともとモータリゼーション初期における、交通市場の調整の失敗という経緯を引きずった枠組みであり、いわば「道路交通を妨げない範囲で」といった及び腰の補助制度である。

このため、クルマに依存した都市交通がもたらす負の側面を総合的に改善するといった観点に欠けている。これに対して鈴木崇児氏は、すでにクルマに依存した交通体系が確立されてしまった中で、鉄道の整備により利用者が鉄道にシフトすることによって、渋滞が緩和されてクルマの利用者にも便益を及ぼす関係を考慮して、クルマから一定の「交通税」を徴収してそれを鉄道の整備に充てることにより、双方の利用者にとって便益を生ずる政策スキームを提案している[11]。

経済学的には、クルマのもたらす負の側面を単独にユーザーに賦課することによって、クルマの利用を抑えることも考えられるが、現実的には、自動車関連業界やユーザーなどの強い抵抗が予想され、このような方法には実施上で社会的な困難が多い。それに対して鈴木氏が提案するスキームでは、鉄道への補助率と交通税を、自治体の交通状況に応じて設定することにより、ある都市の交通体系から発生する環境負荷物質（この報告では温室効果ガス）の総量を一定に抑制することができるとともに、クルマ利用者にとっても便益が向上する結果が得られる。すなわち経済学的に「パレート最適」の実現が可能なため、社会的な合意が得やすいという点も、特徴として提起されている。

このスキームは次のような枠組みにより構成されている。(この報告の中で「中央政府」とは国を、「地方政府」とは自治体を指すものである。)

① 鉄道企業は、地方政府の料金規制に基づき、地方政府の予測に一致する輸送サービスを供給する。

② 中央政府は、鉄道企業に建設費用を基準として補助を実施する(補助率は政策的に決められる)。

③ 地方政府は、道路混雑の緩和と排出ガス削減(鈴木氏の検討では温室効果ガスが対象)を実現するために鉄道企業を補助する。

④ 地方政府の補助財源は、追加的なガソリン課税によって賄われる。このガソリン税を「都市交通税」と呼び、税率はそれぞれの地方政府が別々に設定し、その税収は都市鉄道整備の地方財源に充当される。

⑤ 地方政府は、鉄道企業に対する料金規制に際して、鉄道とクルマとの競合状態(どの程度の料金やサービス水準の変化によって、どのくらいクルマから鉄道への乗り換えが起きるか)を考慮する。

⑥ 地方政府は、料金規制に際して料金・税率設定の変更が道路混雑に及ぼす影響を考慮する。

⑦ 地方政府は、料金規制に際して鉄道企業に赤字が生じないように料金・税率を設定する。

⑧ 地方政府は、規制に際して都市交通システム全体から排出される温室効果ガスの総排出量が

目標値以下になるように鉄道料金と都市交通税を調整する。

⑨　中央政府が実施する道路特定財源からの道路整備への支出は変化しないものとし、道路整備水準を固定する。

仮設例によるシミュレーションによると、クルマ一トリップあたり三〇円の「都市交通税」を課し、それを鉄道整備に回すことにより、都市圏全体ですべての人の便益を向上させながら、同時に温室効果ガスの排出量の制約を満足することができるという結果が得られた。このことは、現行の制度では、クルマ利用者の負担が、経済的に最適な点よりも過少であるために、都市交通システム全体の効率性が低下しているという解釈が可能であるとしている。

3　合理的根拠を求める

ある都市計画を実施すれば、その後数十年から百年にもわたって、その地域の社会・経済に重要な影響を及ぼすことになる。インフラの整備を伴う施策では、いったん作ったら容易に変えることができないし、人々がいったんある場所に住居を定めたら、多少住みにくい状況があったとしても、なかなか転居することはない。(第2章参照) 都市のあり方による交通需要の変化は、都市工学では古くからのテーマであり、多くの提案がなされてきたが、どのような思想にもとづいて都市計画を定めるかは慎重を要する問題である。科学的かつ合理的根拠、その影響の推計の手法の信頼性の向上が求められる。

職住接近や多核都市の影響

仙台市を例に、交通環境負荷の削減を指標として、さまざまな都市対策・交通対策による総合的なシミュレーションを行った事例を紹介する。[12] 都市対策として、①市街地の郊外化（スプロール化）を現状のまま放置する、②仙台都心または鉄道沿線など、交通サービスが比較的充実した地域に人口を配置する（職住接近をめざす）、③都心の東西南北にそれぞれ四つの副都心を想定する（副都心ごとに職住接近をめざす）という三ケースを設定する。このそれぞれに対して、交通対策の下記のメニューを組み合わせて適用する。公共交通の利用を促進する施策として、

(1) パークアンドライド（都心から三キロメートル圏にパークアンドライド設置）
(2) 鉄道サービスの改善（全駅での待ち時間を半減）
(3) バスサービスの改善（全停留所での待ち時間を半減）
(4) 駐車施策（都市内部の一定部分の駐車容量を半減）
(5) ロードプライシング（都心部の速度を半減するような条件を設定し、模擬的に課金するとした）
(6) ボトルネック解消（混雑個所の重点的な道路容量増加）

という六ケースを設定する。

都市政策の三ケースと、交通施策の六ケースをそれぞれ組み合わせてシミュレーションを行い、結果をCO_2の排出量として比較している。都心居住の促進は、現状放置よりCO_2の排出量を減少させるが、副都心の形成は逆に排出量を増加させる。また交通施策との組み合わせでみると、現状延長・都心居住・副都心形成のいずれに対しても、パークアンドライドを組み入れた施策は、かえって自動車の利用を誘引し、CO_2の排出量が増えてしまう。これに対してCO_2の減少に最も効果が大きいのは、鉄道のサービス改善であり、次いでバスのサービス改善である。

ここで、交通の評価要素はCO_2の排出量だけではなく、さまざまな要素があるが、CO_2の排出量すなわち交通のエネルギー消費量が、基本的にクルマ依存度の尺度であり、交通事故・大気汚染・騒音など、都市の「交通三悪」がクルマの依存度と強い相関関係を持っていることを考えるならば、都市政策および交通政策として、目指すべき方向を与える指針となるであろう。シミュレーションは机上の計算ではあるが、政策の整合性を事前に評価するツールとして有効である。

ただし効果の大小といっても、現状に対して多くても数パーセントの増減の範囲内である。シミュレーションはさまざまな不確定要素を含み、仮定にもとづいた計算であることに注意する必要がある。単一の施策だけで画期的な効果を期待するのではなく、環境負荷が減る傾向を持つ複数の計画を、整合的に連動させて、息長く続けることが必要であろう。現実には、公共交通のサービス向上を唱えながら、一方で駅前に大規模な駐車場を建設するなど、整合性を欠いた都市政策・交通施策が乱立している。このような状態ではいずれも所期の効果が相殺され、税金の無駄づかいに終わる。

中規模都市での路面電車の効果

実際の都市を具体例として、鉄道やバスのサービスレベル、すなわち速度・乗り換え時間の短縮・運転頻度などを改善したときに、どのくらいクルマ利用者から転換が起こり、CO_2の排出量の低減につながるかを予測した研究[13]がある。改善項目は表5―1のとおりである。

表5―1　公共交通のサービスレベル改善

①	鉄道の運転頻度向上（一運行単位あたり最低輸送人員を四〇人として、最短二分間隔とする）。
②	鉄道の速度向上（速度を六〇km／Hとする）。
③	アクセス短縮（アクセス時間差をゼロ、すなわち交通機関相互の乗り換え待ち時間を解消する）。
④	バスの運転頻度向上（一運行単位あたり最低輸送人員を一二人として、最短二分間隔とする）。
⑤	鉄道・バスの運転頻度向上に加え、アクセスを短縮した組み合わせ。

このような条件の設定のもとにシミュレーションを行うと、最も効果が大きくなる⑤は、次の表5―2のようにCO_2の排出削減量が推定される。すでに鉄道がかなり密にあって分担率が高い東

京では、シフトによるCO_2の削減比が一〇パーセント程度である（ただし、もとが大きいので量的な効果は期待できる）が、中規模都市ではさらに大きな削減率が期待できる。このシミュレーションは、具体的な車両や路線を想定した推計ではないが、「一運行単位あたり最低輸送人員を四〇人、最短二分間隔」という条件は路面電車に相当すると考えてよい。

表5—2　公共交通のサービスレベル改善によるCO_2削減

都市	現状の旅客交通に関するCO_2排出量（炭素換算トン／日）	改善によるCO_2削減量（炭素換算トン／日）と［削減率％］
金沢市	一九〇	一二〇［六三］
熊本市	二四〇	一六〇［六七］
長崎市	一一三	六五［五八］
福井市	七九	四五［五七］
東京都	二三二〇	二三〇［一〇］

脱クルマの経済効果と産業連関分析

人々がクルマを購入することや、道路の建設需要が、それに直接に関係する産業だけでなく、派生的に多くの産業の生産を誘発し、雇用を産み出すという関係が指摘される。自動車に起因するさまざまな負の側面を軽減することが重要課題であるからといって、それが経済システムに負の影響を与えるようでは、社会な合意が困難である。その関係から逆に、クルマと道路中心の交通体系を方向転換すると、経済や雇用にマイナスの影響があるという過度の懸念が、あたかも信仰のように語られてきた。[14]

しかしながら、経済や雇用への波及効果は、自動車や道路だけが有しているのではなく、公共交通も同じく効果を有している。同じ金を使うなら、環境負荷の大きい生産活動や事業でなく、環境負荷の少ない生産活動を行ったり、バリアフリーを促進する事業を行えば良いのである。経済や雇用へのマイナスの影響なしにクルマ依存社会からの転換を達成すること、むしろそれが、経済にも雇用にも良い影響を与えるようにすることは可能である。

もとより、どのような生産活動にも一定の負の側面があり、メリットだけが得られて何のデメリットもない、というようなシステムはありえない。現実社会の中でどう折り合いをつけるか、という問題を避けては通れない。どれだけ「脱クルマ」を実施したら、どのような影響が出るかという数量的な目安を示すことが必要である。また、クルマ依存からの転換を提唱すると、とかく「規制」「がまん」といったネガティブな印象を抱かれる場合が多いが、それよりもポジティブな展望を示すことが、社会的な合意の上でも必要である。

ここで「産業連関分析」という方法を応用すると、個別にエネルギー消費量や環境負荷を追跡しなくても、ある製品がどのくらいエネルギーや汚染物質にかかわっているかを分析することができる。またこの手法は、製造業（製造物）に関する分析だけでなく、たとえばある県にサッカーのワールドカップの試合を誘致した場合に、県内の経済にどのくらいの影響が生じるかを推計することもできるし、実際に産業連関分析による推計にもとづいて計画が策定されている（もちろん、環境に対する負のインパクトも計算可能である)。

どのような産業活動も、何らかの生産の要素(原料、エネルギー、労働力)を投入して、生産を行っている。生産といっても有形の物質にかぎらず、いわゆる第三次産業に分類されるような業種は、無形のサービスを生産している。また、ある産業は別の産業に対して買い手となると同時に、また他の産業に対して売り手にもなる。その集積が、経済システム全体のネットワークを構成している。なお商業はいわゆる製造業ではないが、商品の流通を通じて、商業マージンを付加する生産行為とみなされる。

この「ある産業の製品は別の産業の原料に……」という流れを、逆に下流から、つまり最終の消費者の側からたどってみると、消費者が商品Aを百円で購入したとき、それを生産した者に百円の収入をもたらすだけでなく、その生産者に原料を供給する別の者に、また何円かの金の流れが生じているはずである。さらに、その原料の原料に対して……という関係が何十、何百と積み重なって、経済システムの全体が成り立っている。産業連関分析では、ある最終の需要が、経済全体に対して、どのくらいの波及的な生産を引き起こしているかを推計できる。繰り返しになるが、こうした波及効果は、クルマや道路にだけ存在するのではなく、すべての生産活動(公共交通もその一つである)に対して存在することを忘れてはならない。

交通バリアフリーの経済効果

前述の産業連関分析により、バリアフリーに関してシミュレーションを行ってみよう。ここで、国内の路線バス全部を、五年間ですべてノンステップに交換し、かつバリアフリー法による基準の制約にかかわらず、国内の全鉄道駅に五年間で昇降設備を整備するケースを想定する。

前者のケースの必要性は言うまでもないだろう。後者については、二〇〇〇年五月にバリアフリー法[15]が国会で成立し、鉄道事業者に対して、駅にバリアフリー対応設備を設けることが求められることになった。しかし新設駅に対しては義務であるが、既設駅に対しては努力規定にとどまっていたり、対象となる駅が一日当たりの乗降客数が五〇〇〇人以上という限定があることなど、まだ充分なものとは言えない。むしろ、無人化された小さい駅や、社会的にバリアフリーの概念がなかった時期に建設された古い駅において、上下移動に関する困難が大きいと考えられる。そこで、国内の全鉄道駅に五年間で昇降設備を整備（一駅あたり平均四基）することを想定したものである。

バスに関しては、国内に存在する路線バスの約六万台あまりを五年間で全部交換するとすると、一年あたり一万二四〇〇台の買い替え需要に相当する。それによる自動車産業への直接の需要額は、一台あたりの価格を二〇〇〇万円として、年間二四八〇億円となる。また全国に鉄道駅が九六〇〇駅あるのにたいして、平均的に一駅あたり四基の昇降設備（たとえばエレベータ二基・エスカレータ二基など）を設けたとすると、一年あたり七七〇〇台の需要となる。一台あたりの機械費（電機メーカーへの需要）を二〇〇〇万円、および駅の改造など関連工事費（建設業への需要）を一〇〇〇万円とすると、直接の需要額は二三一〇億円となる。

これらの需要によって、自動車産業や機械産業への直接需要に加えて、国内の全産業に対する生産波及効果は一兆二四〇〇億円に達し、国内生産額（ＧＤＰ）は四三〇〇億円増加する。また雇用についても五万人の増加が期待される。[16]

地域への経済効果

一般に自動車は、特に公共交通が不十分な地域では、交通手段として必需品と考えられるが、地域の経済や雇用への効果という点でどのように作用するであろうか。米国の交通研究者のT・リットマンは「自動車に関する支出、特に石油関係の支出は、地域外に持ち去られ、また資本集約的なので、地域の経済にほとんど貢献しない。これに対して、地域の公共交通は、そこでの生産に寄与し、労働集約的である。テキサス州ベクサー郡での検討（一九九九年時点）によると、地域の自動車交通の一パーセント（約八五〇〇万台・キロメートル）が公共交通にシフトすると、二九〇万ドルの収入（約三円／台・キロメートル）が地域にもたらされ、二二九の雇用が新たに生じる」と報告している。[17]

地域における公共交通の整備が、地域の雇用や経済に結びつくという観点が重要である。筆者は同様の観点から、地域産業連関表を用いて福井県を事例に試算を行った。[18]

福井県内のクルマによる交通の一〇パーセントが、福井県内のバスと鉄道にシフトした場合の経済・雇用効果を計算した事例を紹介する。高速道路を除いた一般道のクルマ交通の一〇パーセントがバスと鉄道にシフトしたときに、それに応じてバスと鉄道に対する民間消費支出が増加し、一方で乗用車関連の民間消費支出が減少したとして、双方の影響を同時に考慮して産業連関分析により計算を行った。

具体的な条件として、公開されている福井県産業連関表（一九九五年度）と雇用表（同）を用いて行った。道路交通センサス等より推計すると、福井県内のクルマによる交通は、三八億人・キロメートルの旅客交通量となる。この一〇パーセントがバスと鉄道に転換し、その部門に対する消費支出の増加となるものとする。一方、クルマの利用に関する影響として、乗用車の走行が減少した分に対応して、石油製品（ガソリンと軽油）の消費支出が減少するとした。ただしクルマそのものを手放したり、新車の購入が減るなどの影響はないものとし、乗用車部門に対する消費支出を不変とした。この結果、県内で九八億円のプラスの生産誘発効果と、七六〇人のプラスの雇用創出効果が推定される。

一般に、クルマを減らすと経済や雇用にマイナスになると信じられている傾向と逆の結果が得られている。その理由の一つは、県内でいくらマイカーを保有・使用しても、その経済効果は県外の自動車産業や石油産業に持ち去られ、もともと地域の経済に貢献していないためである。一方で、地域で公共交通を経営すると、その経済効果は地域に還元される。もとより産業連関分析の推計に計算上の制約[19]があるため、推計がそのまま実現するとはかぎらない。あくまで可能性を示すにとどまるが、少なくとも公共交通にシフトしたほうが、福井県の経済と雇用にプラスになる方向性が示される。

同様に、産業連関分析を利用して環境負荷（CO_2、大気汚染など）の改善効果、交通事故の減少効果なども推計することができる。これらを社会的費用と考え、その防止が社会的便益であると解釈すれば、公共交通のシフトによる効果はより大きく評価されるであろう。

市町村ごとのCO_2削減

環境に配慮した交通政策といっても、何をどれだけ変えればよいのかという、数字的な目標がない限り、精神運動になってしまう。「環境にやさしい公共交通（または自転車、徒歩など）を利用しましょう」と呼びかけるポスターが貼ってあっても、具体的な目標がないと、どのような施策をどれだけ実施すればよいのか、計画が立てられない。筆者は東京都市圏パーソントリップ調査（二〇〇〇年度）のデータを利用して、東京都立川市を例に、市内の交通（起点と終点がともに市内にあるトリップ）について、どのような交通を、どれだけ変えるのかについて指標を与える検討を行った。

大都市の近郊では、自治体といっても、住宅街がほとんど切れ目なく隣の区（市）とつながっていたり、都心への通勤・通学が多いため、複数の区や市をまたがる交通が多く、自分の自治体だけで交通対策を実施しようとしても、独自にコントロールできる部分は少ない。しかしその中でも、一つの自治体の中で完結するトリップについては、対策を考えやすく、また目標を設定して実行し、結果を管理することが可能であると思われる。このため、市内で完結する交通（起点・終点がともに市内にある）を対象として考えてみる。

立川市内のデータを整理してみると、図5—1のように、クルマは市内のトリップの二〇パーセントを占めているに過ぎないのに対して、市内の交通に起因するCO_2の発生量の八九％を占めている。したがってCO_2に注目するなら、ここがポイントとなる。一方で、トリップ数でみると自転車が三二パーセント、徒歩が四一パーセントも占めており、現実に立川市は徒歩と自転車でかな

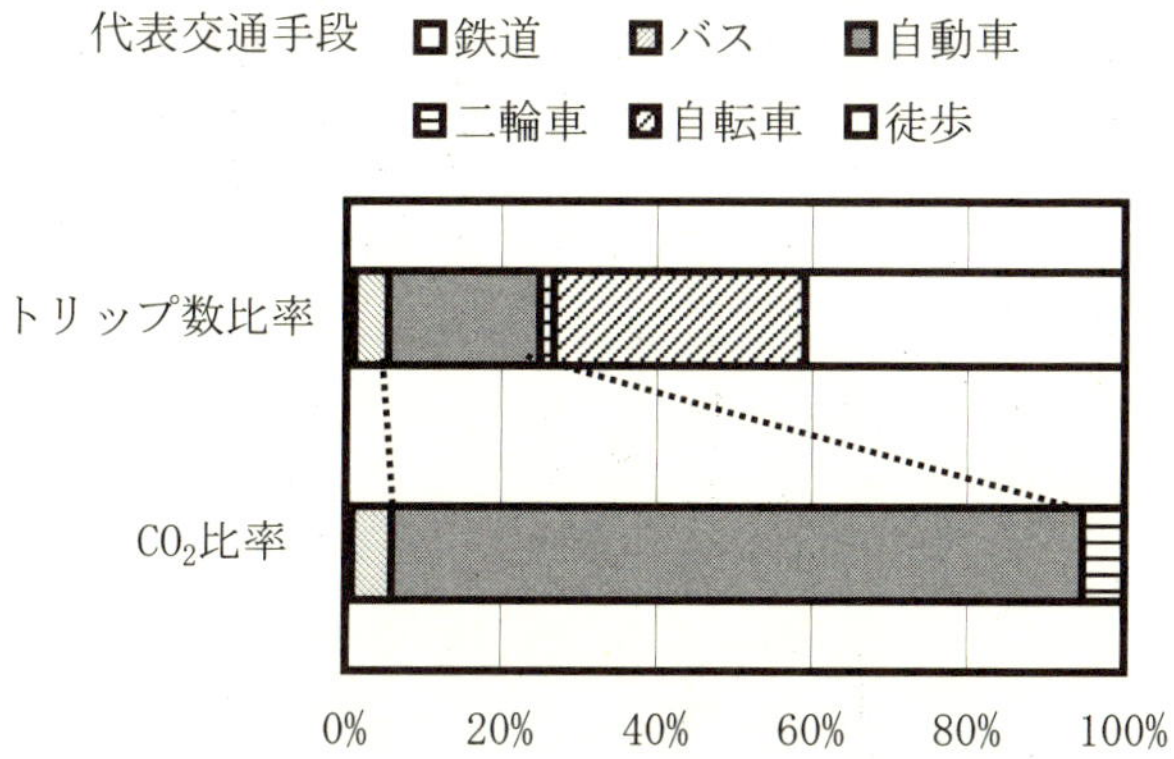

図5—1　立川市の市内交通の分担とCO_2発生量

り用が足りている都市であるとみることもできる。

したがって、全体としてCO_2を一定の比率（たとえば六パーセント）で減らすことを目的とするとしても、市民の交通全体を制限するような施策を立案する必要はなく、市内の交通のうち、多少の部分をクルマから徒歩や自転車に転換する工夫によって、目的が達成できると考えられる。歩きやすい道の整備、自転車が通行しやすい道路環境の整備や駐輪場、自転車共同利用、またそれらと公共交通の組み合わせなど、さまざまな対策が考えられる。

4　社会的な合意形成を求める

「心理的ＴＤＭ」の試み

クルマ依存からの転換の方策として、本書では主に交通政策や交通インフラの整備・改良の側面から検討を加えてきたが、これと異なった方向からのアプローチとして「心理的方略」が注目されている。[20] これは、個人の良識に働きかけることによって交通行動（交通手段の選択、使い方）の変革を促す方法である。政策を実施するには多くの関係者の合意を得るのに時間と労力を要し、また交通インフラの整備・改良には多額の費用を要するなどの制約が多いが、心理的方略はそのような制約が少ない。一方で、心理的方略は社会心理学の分野でその有効性が実証され、環境分野（省エネルギー、ごみの分別や減量）などの分野では一定の効果を挙げているにもかかわらず、交通の分野ではまだ応用例が少ない。

ここで心理的方略といっても「電車やバスを使いましょう」というポスターを掲示しているだけでは効果が期待できない。組織的なシナリオとノウハウが必要である。知識として知っていることと、実際の行動に移すことの間には、大きな隔たりがあるからである。環境を守るために公共交通を利用しようという総論には多くの人が賛同するとしても、それが「反対なければど実行なし」では目的とする効果が得られない。実行に移すには、各人が自主的に行動を起こすだけの動機づけと情報が必要である。たとえば、日ごろ公共交通を積極的に使わない人は、時刻や路線の情報を知らないために利用が億劫になり、ますます公共交通を使う意欲が生じないというサイクルに陥っている。

人々が問題を認識してから、具体的に行動変化にまで結びつけるまでの過程を考察して、それに応じた方策を講じなければならない。そのステップとして、①自分の交通行動が環境にどうかかわっているか知る、②自分の行動の結果を、数量的な指標で知る、③具体的に代替手段の利用情報（鉄道やバスのダイヤ、路線など）を知る、という段階的なコミュニケーションが必要である。またこれ以前に、たとえば地球の温暖化などについてマスコミを通じて言葉だけ知っていても、正確な原因と結果を知らなかったり、他の問題（オゾン層破壊など）と内容を混同している人も少なくないなど、正確な知識を伝えることも重要なステップである。

具体的なコミュニケーション技術として、「依頼法」「アドバイス法」「行動プラン法」「フィードバック法」が挙げられる。依頼法は、ある協力行動に参加すること（しないこと）が、その人を含めて全体にどのような影響をもたらすかを伝え、協力を呼びかける方法である。ポスター、パンフレット、公共広告による方法がこれにあたり、これまでによく実施されているものの、効果が不充分あるいは不明なケースも少なくない。

アドバイス法は、協力行動をするとしたらどのようにすべきか、という情報を伝えるものである。行動プラン法は、対象とする人自身に行動プランを策定してもらう方法であり、アドバイス法に比べてさらに具体的な行動に近づける技術である。さらにフィードバック法は、対象とする人に対するコミュニケーションで得られた情報を、フィードバックする方法である。これらの方法の中でも、一回だけ（片方向）のケースと複数回（双方向）のケース、個人別にコミュニケーションするケースと、集団的にコミュニケーションするケースなどの分類がある。商業的なマーケティングの手法にならって、個別マーケティング手法と呼ばれることもある。

欧米と日本の事例

欧米で「トラベルスマート」という試みが実施された。パース（オーストラリア）で二〇〇〇年に、市民三万五〇〇〇人、一万五三〇〇世帯に対して、交通習慣を変えて、クルマの使用を減らす個別マーケティングの大規模な実験的試みが行われた。この実験では、あらかじめ対象者にアンケートを実施し、交通行動の転換に関心があるか否かなど個別の対象者の興味を調査した。それに応じて、バスの時刻表など公共交通の具体的な利用情報を提供するとともに、無料チケット、自転車専用道路のマップ、さらには歩くための日焼け予防ガイドブックまで用意された。そのほか停留所に大きな掲示板を設けたり、バスの時刻表を各戸に配布するなどの広報を行った。さらに地域の歩道、自転車道、公共交通路線図などを市民に配布した。

その結果、図5―2に示すように、クルマの分担率が数パーセント減る一方で、公共交通や徒歩の分担率が数パーセント上昇した。なおパースの例では、このコミュニケーションに一人あたり二八〇〇円（日本円換算）の費用がかかるのに対して、クルマ交通削減による経済的効果はその三〇倍に達すると試算された。このパースでの試みは成功と評価され、続いてグロチェスター（英国）でも同様のプログラムが実施された[21]。

この結果について、わずかな変化であり学問的には有効なデータではないと評価される可能性もあるが、世界中のほとんどの都市と農村で、クルマの分担率が上昇を続けている中で、方向を逆にしただけでも重要な成果と評価すべきであろう。クルマ依存社会からの転換は、単独の施策だけで画期的な成果は期待できない。各種の対策を積み重ね、それぞれが他の方策の支援にもなる（シナジー効果）という戦略が必要である。

一方、日本ではＴＦＰ（トラベルフィードバックプログラム）という手法が考案され、北海道札幌市[22]と大阪府和泉市[23]で試みられた。まず、小学校五年生の「総合的な学習の時間」の授業で、前

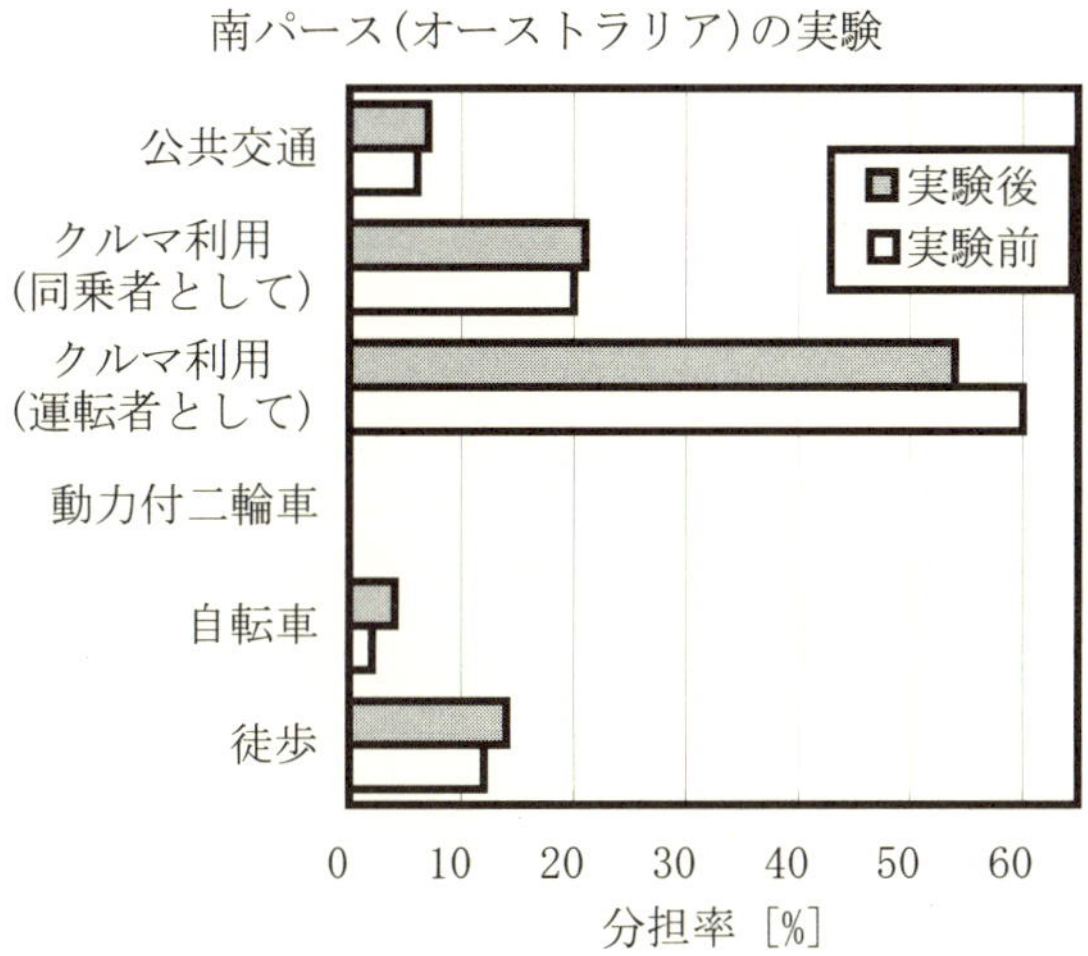

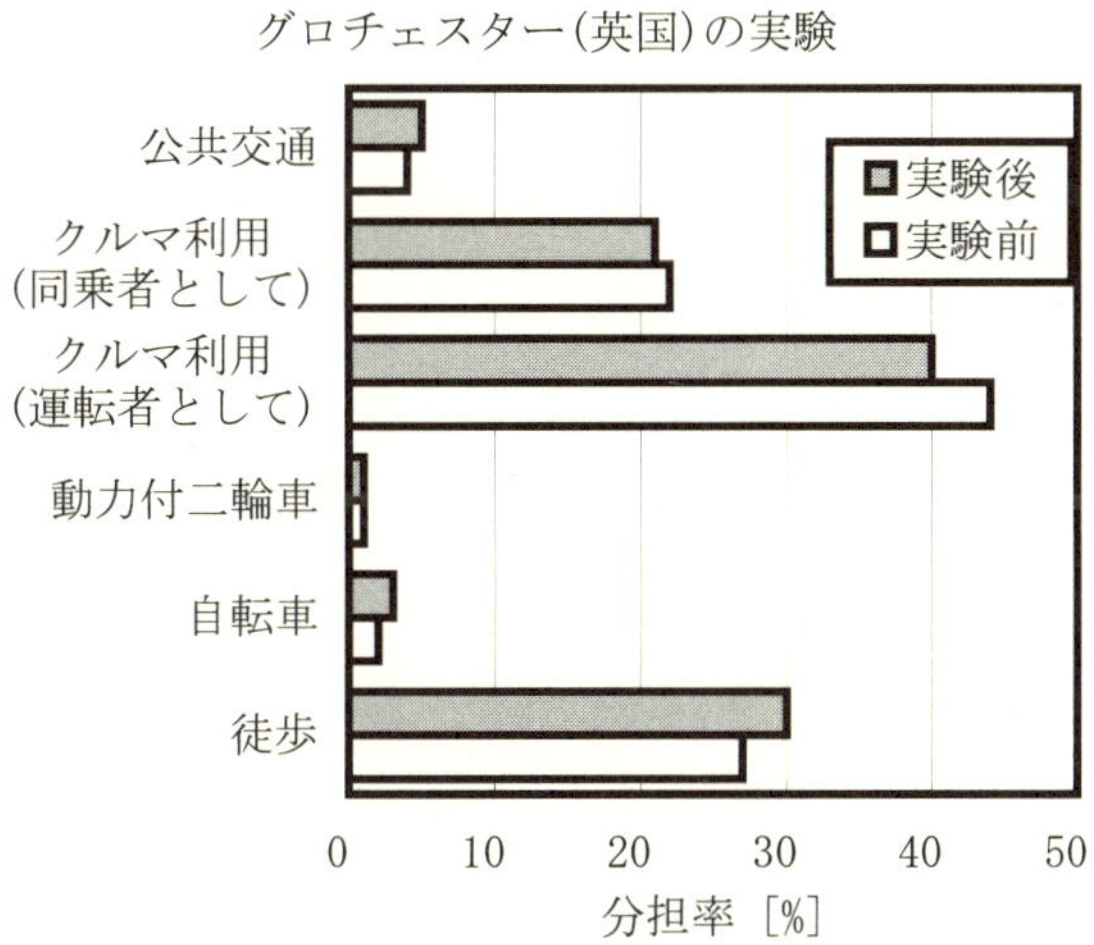

図5―2　実験による交通手段分担率の変化

述の①（自分の交通行動が環境にどうかかわっている）と②（自分の行動の結果を、数量的な指標で知る）の基本的な知識を教え、次に生徒を通じて保護者に交通日誌を配布し、一週間の交通行動を記入してもらう。その日誌を回収して、専門家がそれを分析し、各自の交通行動が環境に及ぼしている影響を数字で示し、交通行動の変更を助言（クルマ以外の手段のすすめ等）する。その後、次の一週間に再度日誌をつけてもらい、交通行動がどのくらい変化しているかを調べる。

北海道札幌市で試みられた例では、徒歩が一二パーセント、公共交通が四パーセント増加した一方で、逆にクルマの利用が一三パーセント減少するという結果が得られた。また後日の調査では、実験終了後もその効果が持続していると報告されている。さらに二〇〇二年度には、規模を拡大し、教材の整備も加えて、同様のプログラムが大阪府和泉市でも試行された。その結果、学校全体として、家庭の交通にかかわるCO_2を一六パーセント減らすことができた。教材費とスタッフの人件費が必要であるが、インフラの整備を伴う施策と比べれば、費用対効果が大きい点も注目される。

群馬県の試み

群馬県は典型的なクルマ依存型の地域であり、家計調査年報によると、前橋市では、市民の自動車関係消費支出額が、全国の都道府県庁所在都市の中で最高である。交通政策として、これまでにも公共交通の利用促進などを試みてきたが、クルマ依存の加速、公共交通の地盤沈下が止まらず、旅客輸送分担率のデータによると、マイカーが全国トップの一方で、バスが全国最下位という状態が続いている。ことに最近は、バスの分担率が一パーセントを下回る状態となった。

クルマはたしかに便利である一方で、家計の負担になっていることも意味する。前橋市では新しい試みとして、大気汚染や健康への影響、家計負担、道路整備の費用など、いわゆる社会的費用をバランスシートで数値化したり、アンケート調査で個人の生活スタイルを分析するプロジェクトを発足させた。[24] 県庁内の複数の組織が共同して取り組むとともに、県内の大学研究者も加えた検討チームを構成し、二カ年度計画で実施する。県民が一生の間で車にどれくらいの金額をかけているかを、社会的コストを含めて経済価値に換算して表示する。他県との比較、公共交通の価値の検証も行い、交通分野での県民のライフスタイルを転換したり、公共交通の活用を促す手がかりとなる情報を提供する。

PI（パブリック・インボルブメント）とポンポコ会議

東京外かく環状道路（外環）の関越自動車道と東名高速道路を結ぶ約一六キロメートルの区間は、一九六六年に都市計画決定されたが、一九七〇年に沿道住民の反対で建設が凍結された。しかし最近、事業者側（国・東京都）が建設の促進に動いている。一方で、各地の道路公害裁判で道路管理者の責任を問う司法判断が下されたり、社会基盤の整備の必要性に対して、社会全体に懐疑的な見方が広まっていることもあって、PI（パブリック・インボルブメント）の手法が試みられることになった。PIは、公共事業の計画を作る過程で、関連する住民の意見表明の場を設け、意見を計画に反映させるしくみのことである。

どのような社会的インフラでも、公営・民営を問わず一定の公共性がある反面で、近隣の住民には負担や被害を生ずる。道路や鉄道はその典型であるが、その施設の必要性そのものから始まり、どのようなメリット、デメリットがあるのか、技術的ないくつかの選択肢、さらに必要性が理解されたとして、住民が納得するような方法でデメリットを回避する方策をどうするかなど、各種の側面にわたり、利害関係者の間での合意を求める手続が必要である。

外環の事業では、まず二〇〇一年に「東京環状道路有識者委員会」が開催されてＰＩのあり方を議論し、続いて二〇〇二年に国土交通省と東京都により、沿線七区市の関係者、地元区市、国及び都で構成された「ＰＩ外環沿線協議会」が発足した。しかし、協議会には市民委員も参加しているが、協議会での議論を計画にどのように反映させるのか、制度的に位置付けがない。実際の協議会の運営でも、出席者が多く、一回り発言するだけで終わってしまうという、運営上の問題も指摘されている。しかも、協議会の進行や討議と無関係に、事業者側から大深度地下案による推進が提示されたこともあり、ＰＩといっても「市民の意見を聞き置くだけではないか」という懸念が示されている。

こうした中で、道路建設に際して、市民が何を知って、どのように判断すべきかを自主的に考える試みが始まった。この活動を企画した「喜多見ポンポコ会議」の江崎美枝子氏は、問題の所在について〈本当に必要な道路なのかを冷静に考えようとしても、「地域住民が考える」というだけで、とかく「反対運動」「総論賛成・各論反対」「ＮＩＭＢＹ[25]」という偏見を持たれがちだ。［中略］それとは別の問題として、賛成派・反対派にかかわらず、地域住民は「知る」「聞く」ことを恐れる傾向がある。私たち一般の市民が道路計画を考えようとする際に目の前に立ちはだかる大きな壁とは、実は、こうした人々の誤解や偏見なのである〉[26]と述べている。そもそもこの議論は、事業者か沿道住民かといった立場の相違を超えた普遍的なテーマである。すなわち、交通計画について多くの関係者の社会的合意を得るために、必ず経過しなければならないステップであるにもかかわらず、それを扱う仕組みがどこにも存在していないため、やむを得ず市民が自主的に立ち上げた活動である。

具体的な手法として「ポンポコ会議」ではワークショップを開催した。第一回目は、外環建設予定地域の沿線住民が主に参加し、「残しておきたいところ」「残したくないところ」を地図に出し合うという手法によって、住民が何を大切にしているかをより鮮明に情報化し、共有することを目的として行われた。第二回目は、もし各自が事業者の立場であったら、という想定のもとに、どのような関係者の意見を聞くべきかをリストアップした。外環ができることにより、沿道にかぎらずプラス・マイナスの影響を受けるであろうさまざまな立場の人、たとえば国土交通大臣をはじめ、道路のユーザー（トラック事業者など）、環境が改善されるという都内主要道路沿道の住民などを想定し、「環境」「風景」「暮らし」「交通」の四つの要素について、外環の建設によりどのような変化があらわれるかを評価した。ここで、実際には国土交通省関係者そのほかすべての関係者が実際に参加したわけではないが、模擬的に各々の立場を想定して評価を行った。

第三回目には「住民参加投票ゲーム」を使って、外環に対する期待・不安・疑問の項目に重みづけを行った。点数の高い項目からテーマごとにグループに分かれ「国、都にしてほしいこと」「関連七区市にしてほしいこと」「PI協議会 にしてほしいこと」「市民がすべきこと」を出し合った。こうして、事業者と住民はもちろんのこと、物流企業など道路のユーザー、また現地から広域にわたるさまざまな関係者の視点を含め、互いに何をしてほしいのか、自らは何をすべきかという共通の論点が抽出された。この結果の活用法についてはまだ模索段階であるが、各地への展開が期待される手法であろう。

SCPブロック

これまで日本で交通教育とされる教程の内容は、自動車から児童・生徒を守ることを目的として、交通安全教育が主になっていた。前述（第3章）でも述べたように、交通が環境に及ぼす負荷の大きさに比べると、自治体はもとより国としても、交通を政策課題として捉える取り組みが弱い。この現状を反映してか、学校教育でも交通が体系的に取り上げられてこなかった。これに加えて最近は、交通教育の方向性を、児童・生徒がいずれ運転免許を取得すること、いわゆる国民皆免許を前提とした「よきドライバーづくり」に改編する動きが強まっている。[27] 表面的には安全意識やマナーの高揚がテーマとなっているとしても、基本的な枠組みはクルマ依存社会をより強化する方向であり、持続的な交通体系とは方向を異にする。

こうした現状に対して、公害地域再生センター（あおぞら財団）では、高校生を対象に「SCPブロック」という手法による環境教育のプログラムを試行している。[28] このSCPとは、①科学的な知識をもとに公平な立場で交通に関する理解を深める（Scientific knowledge）、②環境に配慮した交通の態度と行動を自ら選択する環境マインドを身につける（Attitude Change and Behavior Change）、③環境マインドを身につけた個人が持続可能な社会の実現のために積極的に交通計画にかかわってゆく（Civic Participation）という意味を示している。

SCPブロックの第一段階では、ある地域の環境問題の現状や歴史（時間的経過）などを調べて、検討する対象を明確にする。引用した実施例では大阪府西淀川地区のNOxを対象としているが、どのようなテーマにも応用が可能である。第二段階では、対象とする地域での自動車の交通量や、工場の数をもとに、NOxの排出量を計算する。交通量については、簡略化してはいるが道路交通センサスのデータを利用するなど、高校生を対象としながらかなり高度な内容を含んでいる。これらの基礎データに、NOxの排出係数（交通量や工場あたりの排出量）を掛けて排出量を求める。

第三段階では、求めた排出量に比例した高さに、市販されている玩具ブロック（排出源別に色分けされている）を地図の上の対応する位置に積んで立体モデルを作成し、視覚的に排出量の地理的な分布が理解できるようにする。また、このモデルを年代ごと（一九七〇年代、一九八〇年代など）に作成することによって、一九七〇年代の工場（固定排出源）中心の大気汚染から、現在の自動車中心の大気汚染に変化してきた様子なども実感することができる。

第四段階として、ロードプライシングによる交通の誘導（実施例の西淀川地区では、阪神高速神戸線から湾岸線への誘導）を実施した場合のモデルも作成し、それによる排出状況の変化を知る。実施例の高校が湾岸線の近くに位置していることから、ロードプライシングによってかえって生徒たちにとっては大気汚染がひどくなるという側面があることも示される。またロードプライシングは局部的な汚染を分散することができるか、汚染物質の発生総量は減らず、根本的対策ではないといった面も考える材料にする。

最終の段階として、いくつかの政策提言（個人が自動車の利用を自粛する、低公害車の助成制度を拡充する、ロードプライシングを実施するなど）を示し、重要と思う順に生徒にランキングをつけてもらい評価する。このランキングは、どの選択が正しいといった断定的な解釈を与えることが目的ではなく、それぞれの対策についての長所・短所など内容を理解した上で、各自が判断理由を明確にした上で「順位づけ」を行なうことが目標であり、これ自体が客観的なものごとの考え方のトレーニングになり、さらには学校の実情に応じて、政策ディベート等の討議に発展させていく可能性も提言されている。

この「SCPブロック」のプログラムは、前述のように高校生を対象としてもかなり高度な内容が含まれているが、項目を取捨選択することによって、小学校では「地域社会」「公害」「政治の働き」などの学習、中学校では「地理」の学習にも適用できるとしている。

5 交通計画への市民参加

神奈川ネットワーク運動

神奈川ネットワーク運動の「持続可能な環境をつくる政策・制度研究会」では、里山と緑、交通、水、ごみの五つの分科会を設け、その中の交通プロジェクトでは、県内の交通全般の問題を整理した上で、県内の都市ごとに担当者が交通政策を提案している。[29] まず、その都市の中で、交通を「地域内（中学校区）」「都市」「都市間（市外）」に分類し、それぞれについて現状・現状に対する対応・課題というマトリックスを作成し、表5—3のように問題を抽出した。次に、各都市の具体的な地理、交通状況に応じて、徒歩と自転車（レンタサイクル）、バス、タクシー、鉄道の改善策を提案している。共通に指摘された問題として、下記の諸点が挙げられる。

表5—3　交通政策のスキーム

分野	項目	意義
法制度を整備する	①都市計画を見直す	スプロール化の防止、公共交通が機能するまちづくりへ。都市計画審議会に市民公募委員を加えること、都市計画決定に議会が関与できる仕組みを設けることなどを提案。
	②交通政策の分権化を促進する	現在の交通政策は、国と事業者の関係で決まっている。基本的に地域交通は自治体に分権化すべき。
税制を見直す		道路特定財源制度が、クルマ交通偏重の政策を生み出している。道路財源を交通全体で使えるようにする。

公共交通制度を改善する	① 公共交通整備に公設民営方式を導入する	上下分離方式（施設部分を公設、運営を事業者）を採用する。
	② 公共交通料金システムを見直す	事業者ごとに独立の運賃体系を見直し、わかりやすく使いやすい料金体系を樹立する。
	③ 公共交通利用者への優遇制度をつくる	社会的弱者への優遇を強化すると共に、多頻度利用者（リピーター）への優遇を導入する。
市民参加の交通政策を実現する	① 市民参加により地域交通計画を策定する	現在の交通政策は、道路・公共交通など縦割り、かつ国と自治体に分かれているが、利用する地域の人々にとっては総合性、体系性を欠いている。自治体の各部局が連携し、地域交通計画を策定する。市民参加の交通フォーラムの設置、交通計画に議会が関与する仕組みを作る。
	② 交通ＮＰＯを創設する	コミュニティバス、共用自転車、カーシェアリング、移送サービス（ＳＴＳ）にＮＰＯを活用する。
技術開発を促進する		低公害車の普及・開発、情報技術の活用など。

個々の項目では、すでに既往の研究で指摘されてきた課題が多いが、各都市単位で活動する市民の生活感覚で提案していることと、市民参加を重視している点が特徴である。また全体として統一された思想、基準にもとづいて提案されていることも重要である。ＮＰＯの活用等については、ワ

ーカーズコレクティブ[30]など、市民運動やNPOという用語がまだ一般的に使われていなかった時期からのネットワーク運動の経緯に連なる提案といえよう。

長野モデル

長野県地球温暖化防止活動推進センターでは、県内の研究者、NPO、企業、行政など各セクターの委員から成る「信州・地球温暖化対策研究会」を設け、長野県という地域性を反映した温室効果ガス抑制対策を立案し、「長野モデル」として発表した。この活動の背景として、日本は京都議定書により、一九九〇年に対して温室効果ガスを六パーセント減らす約束をしているにもかかわらず、全国平均では逆に六・八パーセント増加しているとともに、長野県ではそれをさらに上回って一二・六パーセントも増加している事実がある。これは、温室効果ガスが増加する根本的な仕組みに手をつけずに、最終段階での「節約運動」に依存するという国の政策の限界が露呈したと指摘している[31]。

対策に重点的な四つの柱を設定し、その中の一つである「ライフスタイルの転換を促す新しいシステム創り」で交通を取り上げている。そのテーマは自動車中心の交通手段からの転換であり、具体的な指標として、①マイカー通勤を市部で五〇パーセント、郡部で二五パーセント削減すること、②公共交通機関や自転車を利用しやすい交通体系を創造すること、③観光地へのマイカーの流入を規制することを提言している。

京《みやこ》のアジェンダ21フォーラム

京都市では、一九九二年の地球サミット（第2章参照）を受けて、研究者・市民団体・事業者団体の代表・行政の職員で協議を重ね、環境行動計画として「京のアジェンダ21」を策定した。

これには、環境にやさしい生活の指針、事業活動における省エネルギー・省資源の指針、行政が進める事業や計画策定の指針などが記述されている。さらにその実行段階でも、異なるセクターの人々が協働して活動してゆくための組織として『京のアジェンダ21フォーラム』が結成された[32]。フォーラムでは、エコツーリズム、省エネルギー・省資源、エコロジー型産業などいくつかのテーマが設けられている中で、公共交通の活用が重視されている。

フォーラムでは二〇〇二年七月から二〇〇三年三月にかけて「京都の公共交通の未来を創る市民フォーラム」を開催し、市民・行政・事業者が意見を交換し、市内の公共交通の望ましい姿を話し合った結果をまとめ、京都の公共交通を改革する行動の呼びかけとして「京都の公共交通を創る市民行動宣言」を公にした。京都議定書に名称を冠する都市として、国際的にも範となる公共交通のあり方を求めて、市民が主体となり、各セクターの協力のもとに交通体系を構築してゆくことを趣旨としている。

宣言の構成としては、①市民、行政、交通事業者が参加する対話の機会を設ける。また公共交通の大切さを訴えるために、区や支所レベルで市民フォーラムを開催する、②交通が暮らしやまちづくりと密接な関係を持つことを考慮し、環境、福祉、教育、まちづくりなど関連分野のグループとの協力関係を作る、③市民が積極的にバスを利用する、[33] ④市民が交通事業者を評価して格付けや表彰を行い、良い事業者を優先的に利用する、⑤公共交通の利用者を優遇・サポートする商業施設や娯楽施設（公共交通による来店（来場）者に割引を行うなどの施策を講じている施設）を優先的に利用する、⑥バスの改善計画、運行計画などを事業者と共に策定する、⑦交通事業者の連合を作るように呼びかけ、運賃面・ネットワーク面で利用しやすくする、⑧市民や企業からの寄付や募金、出資による公共交通市民基金などの費用面のサポートを行う枠組みを作る、などの項目から成っている。

このほか「京のアジェンダ21フォーラム」が協力した活動として「醍醐地域にコミュニティバスを走らせる市民の会」による、本格的な住民参加方式によるコミュニティバス計画の立案の活動が注目される。これまで公共交通のサービスが乏しかった京都市伏見区醍醐地域（対象人口五万四〇〇〇人）でのコミュニティバス運行計画の立案に際して、停留所の位置選びから市民が自主的に検討するという手法のほか、ルート上にある商業施設、観光施設もバス運行の恩恵を受けることを根拠として、経費や利用促進について協力を得る枠組みを設けたという方式も、新しい試みとして注目されている。

カーフリーデー

一九九七年九月、環境政策に熱心なフランスの小都市、ラ・ロシェルで「クルマのない暮らし」を市民が体験する日を設ける試みが行われた。都市の中心部でクルマの使用をやめて大気汚染や騒音の減少を実証し、徒歩・自転車・公共交通を活用することにより、クルマがなくても困らないことを市民が体験し、「クルマ依存社会からの解放」をめざす社会実験である。この試みは好感をもって市民に受け入れられた。九八年にはフランス国内で三五都市が一斉（九月二二日）に実施する全国イベントに拡大した。

九九年にはイタリアなどが加わって、欧州全域の約一六〇都市でやはり同じ日に一斉に実施され、さらに二〇〇〇年には約七六〇都市に増加した。二〇〇一年には、米国テロ事件の影響で、一部で実施が中止されたものの、参加都市数はさらに増加して約九九〇都市に拡大した。二〇〇〇年以降に急増した理由は、都市の環境対策としてEU本部が全体プロジェクトに位置づけ、資金やノウハウの面での支援を行うようになったからである。ところが日本では、まだどこでも実施されていないし、情報そのものが知られていない段階である。

そこで、東京カーフリーデー実行委員会では、同様の試みが日本でも実施されるように、国内の全自治体を対象に、カーフリーデーの宣伝と、実施のためのマニュアル（自治体がどのような準備をして、どのような手順で実施するか）を掲載した雑誌[34]を制作し、全国の三二〇〇の自治体に配布した。この結果、約五〇の自治体からカーフリーデーを実施してみたいとの回答があり、また雑誌に同封した環境と交通に関する政策に関するアンケートに対して多数の自治体から回答を得た。これまで網羅的な情報が少なかった自治体の交通政策情報を収集し、資料的にも価値のある政策情報を収集することができた点も注目される。

現在、実施を希望する都市に個別にヒアリングを行うなど、日本でのカーフリーデー実施に向けた活動がつづけられている。

「所有」から「機能」へ——カーシェアリングの試み

欧米ではカーシェアリング（自動車の共同利用）が急速に普及している。共同利用という側面のみに注目すれば、その歴史は古い。モータリゼーションの開始期に、経済的に個人でクルマを持てない人々が、少人数の私的グループを作ってクルマを共同保有した自然発生的なシステムもその一例であった。しかし現在のカーシェアリングは、クルマの個別・私有にもとづくモータリゼーションの行き過ぎに対する反省に立ち、都市空間の有効利用や環境負荷の低減と、一方では個人にとっての経済的メリットをコンセプトにして、組織化された共同保有が展開している。

スイスでの実績によると、マイカーを所有していた人がカーシェアリングに転換すると、それまで年に九三〇〇キロメートルであった自動車利用が、二六〇〇キロメートルへと大きく減少し、代わって公共交通の利用が増えた[35]。真にクルマが必要なときに限ってクルマを利用するというライフスタイルの転換が行われたのである。しかも、平均的な使い方をするユーザーにとっては経済的負担も軽くなる。すでに多くの企業やＮＰＯがカーシェアリング組織を立ち上げており、欧州および米国で普及しつつあり、すでに数十万人がカーシェアリングに参加していると推定される。代表的な「European Car Sharing」のホームページ[36]によると、European Car Sharing（欧州全域・参加者推定七万五千人）、Mobility Car Sharing（スイス・三万人）、Bundesverband Car Sharing（ドイツ・五万人）といった大きなネットワークも存在し、欧州のほとんどの主要な都市でカーシェアリングが利用できるまでに拡大している。

日本では、まだ小規模であるが実施例がある。東京都北区の民間分譲マンションと、東京都三鷹市の公団賃貸住宅では、二四時間借り出し可能の共用自動車を用いて実験が行われた。前者では会員四三人に対して四台、後者では会員二八名に対して二台の共用自動車が用意された。約一〇人に一台以下の割合にもかかわらず、実施後のアンケートによると、ほとんどの人がカーシェアリングは便利であると評価し、本格実施されたらそのシステムに参加し、マイカーを持たないつもりだという回答も多かった。[37]モビリティと、環境や社会への負荷の低減という、一見すると相反するニーズに対して、クルマの「所有」から「使用」へという発想の転換は、持続的な交通に対して大きな示唆となるとともに、新しいビジネスとしても注目される。

市民技術サポートセンターの構想

例えば、ある地域に道路建設（そのほか、各種の建設、開発なども同じ）の計画が提示され、すぐに住民同士で話し合いたい、検討を始めたいという市民のニーズが、常に多くの地域に存在する。事業者の側から「環境アセスメント（環境予測評価）」が提出されるが、現状では、すでに計画が既定の事実となっている段階で、ごく短期間の閲覧ができるにすぎない。さらに「現状の計画で問題ない」という、最初に結論ありきの内容を説明するにとどまっている。

道路建設の環境アセスメントにおいて、事業者側が想定した交通量の予測が過少、大型車混入率が不適切[38]、実際の自動車がみな速度超過で走っているのにそれを反映していない、などの問題点がたびたび指摘される。住民側がそれを指摘しても、事業者側はなかなか予測を訂正しない。これは行政の側に「専門的な内容を開示しても、どうせ市民には評価する能力がない」という認識がいまだに強いからである。こうした検討を市民側でも行い、計画を変更したらどうなるかを迅速に検討して対案を示すことができたら、より有益な交渉ができるはずである。

さらには、問題が起きてからの対応でなく、計画の初期段階からの市民参画が必要である。その際に、技術的知識について知りたい、あるいは代替案を作りたい、といった市民グループの要求に、できるだけ軽微な負担で応えられるように、各専門分野の人が知識を出し合った「市民技術サポートセンター」とも言うべき組織が必要ではないだろうか。それ自体で、相談に乗ったり実際の計算を担当したりするだけでなく、どこの誰にたずねたら有益な情報が得られるかという仲介も重要であろう。この構想は、拙著『地球はクルマに耐えられるか』[39]で提案しながらも、いまだ具体的に動き出していないため「ベストプラクティス」とは言えない段階であるが、持続的な交通の実現にとって重要な活動であるので、あらためて提案したい。

さらに日本では、交通事故や道路公害の被害者、訴訟団体やその支援団体、道路建設反対などの市民団体が数多く活動している。これらは相互に関連の深い問題でありながら、分野間での交流がまだ不足しているように思われる。参考までに、ドイツにおける都市計画・都市政策に対する市民参加の状況[40]を見ると、こうした関連の団体が「ドイツ都市・環境問題市民会議」として一同に会する機会がある。

参加団体を分類すると、①公共事業計画に反対するために活動している「反対運動型」、②環境保護、自転車の利用促進、公共交通の推進などで全国規模で活動する組織的な「全国組織型」、③

都市計画に行政と協働して参画する「提案・協働型」、④反対運動も視野に含めているが、行政と市民の中立的な立場として専門的な検討を行なったり、情報を提供する「フォーラム型」がある（報告者の分類による）。筆者が提案する「市民技術サポートセンター」は、④のフォーラム型に相当する。今後の課題として設立を目指したい。

---

1 市川嘉一「都市間比較でみた欧米ライトレールの動向」『交通工学』三八巻一号、七七頁、二〇〇三年。
2 交通権学会編『交通権憲章』日本経済評論社、一九九九年。
3 民主党「未来の交通を考える　民主党交通基本法案」二〇〇三年一月。
4 交通権学会ホームページ http://www009.upp.so-net.ne.jp/kotsuken-gakkai/
5 野口健幸「交通権の思想の基づく公共交通充実政策の適用可能性に関する研究—フランスのグランリヨン市における都市交通計画の策定過程から—」『平成十三年度都市計画論文集』日本都市計画学会、五三五頁、二〇〇一年。
6 明石達生「郊外型大型店の立地可否判断過程から見た線引き制度の運用技法に関する研究—新潟都市計画区域を事例として—」『平成一三年度都市計画論文集』日本都市計画学会、三二五頁、二〇〇一年。
7 新金沢市総合交通計画「ひと・まち・環境が共生する二一世紀型の交通体系—『世界都市金沢』をめざして—」より
8 山中英生・小谷通泰・新田保次『まちづくりのための交通戦略——パッケージ・アプローチのすすめ』

学芸出版社、二〇〇〇年。

9　中川大・松中亮治・芦澤宗治・青山吉隆「都市内交通シミュレーションを用いたパッケージ施策の便益計測に関する研究」『二〇〇一年度第三六回日本都市計画学会学術研究論文』五八三頁、二〇〇一年。

10　青山吉隆「中心市街地活性化からみた交通安全環境の評価」『交通安全対策振興助成研究報告書（地域研究）』一三巻、佐川交通社会財団、三三頁、二〇〇二年一一月。

11　第2章43

12　国土交通省国土交通政策研究所・計量計画研究所「環境負荷を少なくするための都市モデルの構築に関する調査報告書」二〇〇二年。

13　須永孝隆「都市圏公共交通のサービスレベル向上による省エネルギーの可能性評価」『エネルギー・資源学会第一六回研究発表会講演論文集』一〇七頁、一九九七年。

14　一方で最近は、交通工学の分野でも「[前略] 種々の景気対策が発動されるなかで、需要創出施策の伝家の宝刀であった交通基盤整備の公共事業が、それほど相乗効果をもたらさないこともまた判ってきた」と指摘されている。竹内伝史・本田義明・青島縮次郎・磯部友彦『土木教程選書 新版交通工学』iii頁、鹿島出版会、二〇〇〇年より。

15　正式名称は『高齢者、身体障害者等の公共交通機関を利用した移動の円滑化の促進に関する法律』

16　産業連関分析での計算は、一単位の生産額あたりの雇用者数を一定と仮定して、比例的にポテンシャルを求める。これに対して現実の企業では、生産額に応じて従業員を採用するのではなく、時間外勤務の増加で対応することも考えられるので、計算とのずれが生じる。

17　Todd Litman, Victoria Transportation Policy Institute; *The Costs of Automobile Dependency and the*

Benefits of Balanced Transportation.

18 上岡直見「交通基本法案と自治体交通政策への展開」『交通権』第二〇号、二四頁、二〇〇三年。

19 産業連関分析による雇用分析では、ある産業部門について、単位生産額あたりの雇用数を一定としている。つまり生産額が増加すると雇用も比例して増加すると仮定しているのであるが、現実の企業は必ずしもそのように行動しないので、あくまで可能性の推計にとどまる。

20 札幌市企画調整局総合交通政策部『平成一四年度「交通日誌」フィードバック実験検討業務』二頁、二〇〇三年三月。

21 WHO Regional Office for Europe, *A Physically Active Life through Everyday Transport*,2002。

22 谷口綾子他「TDMを目的とした交通行動記録フィードバックプログラムに関する研究」『土木計画学研究・論文集』一八巻五号、二〇〇一年ほか。

23 交通エコロジー・モビリティ財団ホームページ http://www.ecomo.or.jp/traffic_work/chiikikotsu_purojekutonaiyo.htm 参照。

24 『上毛新聞』二〇〇二年一一月一四日。

25 Not In My Back Yard の略。ある施設が公的、社会的に必要であることは認めるが、自宅の近くに（あるいは自分の負担で）作られることは容認できないとする社会的な反応。

26 江崎美枝子「新たな道路づくりに必要な手法」『BYCYCLE NAVI』二〇〇三年新春号、一三五頁、二〇〇三年。

27 齋藤基雄「転機を迎えた交通安全教育」『交通権』一五号、一四頁、一九九七年。

28 （財）公害地域再生センター（あおぞら財団）編「交通環境教育のすすめ―SCPブロックでみる地

域環境教育の変化―」環境省総合政策局環境計画課発行、二〇〇二年三月。

29 神奈川ネットワーク運動編『未来につなぐ神奈川の環境 五つのプロジェクトからの市民政策・提案』二〇〇二年。

30 地域に必要な物やサービスを提供する市民グループの事業で、メンバー全員が出資者・経営者・労働者として均等な責任を持つシステム。食品や福祉サービス分野での活動例が多い。

31 信州・地球温暖化対策研究会「地球温暖化対策『長野モデル』第一次提言書」二〇〇二年五月。

32 京《みやこ》のアジェンダ21フォーラムホームページ（http://web.kyoto-inet.or.jp/org/ma21f/）

33 京都市営バスは、各地の公営交通と同様に「赤字」の状態にあるが、フォーラムでは、その額は市民全員が現在よりも月に一回多くバスを利用すれば、解消できる程度の額であると試算している。

34 東京カーフリーデー実行委員会編『車は家でお留守番』二〇〇一年九月。（直販・問い合わせは「NPOレインボー」〇四二―二三一―二六四九へ）

35 太田勝敏「マイカーに代わる新しい交通手段―カーシェアリングの意義―」『交通工学』三六巻に号、一頁、二〇〇一年。

36 ホームページ（英語版）http://www.carsharing.org/english/ 参照。

37 交通エコロジー・モビリティ財団ホームページ（http://www.ecomo.or.jp/）。関連情報およびメーリングリスト、概要資料のダウンロード可能。

38 道路を通過する自動車の台数のうち、大気汚染物質や騒音に影響の大きい大型車が何パーセント含まれているかの予測。アセスメントに際して古いデータを用いていたり、予測が甘いなどの指摘がみられる。

39　上岡直見『地球はクルマに耐えられるか』北斗出版、二〇〇〇年。

40　卯月盛夫「ドイツの都市計画に果たす市民団体の役割に関する考察」『日本建築学会計画系論文集』五二〇号、二七一頁、一九九九年。

あとがき

本書と同じく緑風出版から刊行された交通問題の本、白石忠夫氏の『世界は脱クルマ社会へ』（二〇〇〇年）に、次のような記述がある。ある交通研究者の集まりで、若手の研究者が大胆なCO_2削減策を発表したところ、研究界の重鎮の学者が、あんな大胆なことを日本で言ったら袋叩きにあって学者として活動ができなくなるかも知れないと心配し、産業界にとって目ざわり、耳ざわりな提言が日本では出にくいと発言したという（同書一〇頁）。しかし心配無用である。その若手の学者は、その後も交通工学の先進的な研究者として注目を浴びている。

最近の数年間では、理工学系の交通研究の分野で、環境面の制約を無視した論文や報告はまず見かけないと言ってよい。局地的な問題の検討では例外もあるが、「自動車交通の需要の増加に追随して、道路の建設を続けるべきだ」という趣旨の報告や研究は陰をひそめている。むしろ、そのようなことを主張したら、研究者としての良識を疑われるであろう。現象を数量的に取り扱うことを常とする理工学系の研究者は、クルマに依存した交通体系をこのまま続けるとどのような結果を招くかを熟知しているからである。

これに対して、むしろマスコミや市民の側で、交通問題に対する認識が追いついていない。筆者がよく説明に用いる対比として、ごみ問題との比較がある。ごみの減量や分別に関して、各人がそれにどのくらい熱心に取り組むかは別として、今では減量や分別の必要性を否定する者はいない。消費生活を営む以上、ごみが出ることは避けられないからといって「市民はこれからもいくらでもごみを出すから、行政はそれに追随して焼却炉や埋立地をどんどん作るべきである」と主張する者がいたら、非常識と言われるにちがいない。しかし交通の問題となるや、「行政は、道路や駐車場をどんどん整備し、市民がクルマを利用する際の制約を解消するようにすべきである」という議論が、表現はいずれにせよ、ごく一般的にみられるのが現実である。

第2章でも述べたように、交通需要と道路建設について、あるいは交通事故について、科学的な知識が普及していない。環境問題の他の分野に比べると、市民の側の認識としても、交通環境問題は二〇〜三〇年の遅れがあるように思う。こうした背景のために、依然として道路建設の圧力は止まらず、交通事故は個人の不注意の問題に帰せられるという状況が続いているのではないだろうか。ここに、これからの交通研究の課題や、市民運動の方向性も提示されている。

本書の趣旨を改めて要約すると、①クルマ依存社会が形成された経緯としくみを整理し、理解すること、②観念的なクルマ排斥論や企業悪者論、あるいは個人の「心がけ」の議論でなく、望ましい社会のあり方と交通体系について方向性を定め、それを政策に結びつけること、③誰が、何を、どれだけ実行すべきか、目標と責任を明確にするために数量化した議論をすること、の三点である。これらの論点について、いまクルマを何気なく使っている人にも、問題意識を共有してもらわないかぎり、現状からの脱却はありえない。筆者はこの観点から、持続的な交通についてさらに論じてゆきたいと思っている。

本書の執筆にあたり、先人の研究成果を活用させていただくとともに、多くの方々から直接・間接にご協力をいただいた。『環境自治体会議』の須田春海氏・竹下涼子氏・中口毅博氏・増原直樹氏、『気候ネットワーク』の平田仁子氏・畑直之氏、名古屋大学大学院環境学研究科の柳下正治氏、アトリエＵＤＩの望月真一氏、『青空の会』の国府田諭氏、『喜多見ポンポコ会議』の江崎美枝子氏、交通エコロジー・モビリティ財団の皆様にお礼を申し上げたい。

なお編集者の高須次郎氏には、以前より緑風出版から交通問題の本を出すことをご相談しておきながら、今日までなかなかタイミングが合わなかった。ようやく緑風出版のラインナップに加えていただくことができ、この場を借りて厚くお礼を申し上げたい。

二〇〇三年六月一〇日

上岡直見

【著者略歴】

上岡直見（かみおか　なおみ）

環境自治体会議 環境政策研究所 主任研究員
1976 年 早稲田大学大学院修士課程修了
技術士（化学部門）
1977 年～ 2000 年 化学プラントの設計・安全性審査に従事
2000 年より環境自治体会議環境政策研究所
2002 年より法政大学非常勤講師（環境政策）
著者の HP は次の通りです。
http://member.nifty.ne.jp/railway_ecology/

［著書］

『交通のエコロジー』（学陽書房、1992 年）、『クルマの不経済学』（北斗出版、1996 年）、『地球はクルマに耐えられるか』（同、2000 年）、『地球環境 よくなった？（分担執筆）』（コモンズ、1999 年）、『安全な暮らし方事典（分担執筆）』（緑風出版、2000 年）、『自動車にいくらかかっているか』（コモンズ、2002 年）など。

持続《じぞく》可能《かのう》な交通《こうつう》へ
～シナリオ・政策・運動

2003年7月20日　初版第1刷発行　　定価2400円＋税

著　者　上岡直見©
発行者　高須次郎
発行所　緑風出版
〒113-0033　東京都文京区本郷2-17-5　ツイン壱岐坂
［電話］03-3812-9420　［FAX］03-3812-7262
［E-mail］info@ryokufu.com
［郵便振替］00100-9-30776
［URL］http://www.ryokufu.com/
装　幀　堀内朝彦
写　植　R企画
印　刷　モリモト印刷　巣鴨美術印刷
製　本　トキワ製本所
用　紙　大宝紙業　　E2000

Printed in Japan　　ISBN4-8461-0304-8　C0036